Günther Köhnlein

Phänomen Arbeitsstörungen

Den individuellen
Arbeitsstil optimieren

Verlag für Tiefenpsychologie und Anthropologie

Dieses Buch ist das Ergebnis der Therapie- und Forschungsarbeit des Instituts für Tiefenpsychologie, Gruppendynamik und Gruppentherapie ITGG, Berlin, Gründung und Leitung Prof. Dr. Dr. Dr. h.c. Josef Rattner.

Das Manuskript dieses Buches wurde als Dissertation am Institut für Psychologie, Fakultät Kulturwissenschaften, der Alpen-Adria- Universität Klagenfurt angenommen.

Die Erstveröffentlichung dieses Buches 2010 wurde durch den Forschungsrat der Alpen-Adria-Universität Klagenfurt unterstützt.

2. Auflage 2015
3. Auflage Juni 2017

Bibliographische Informationen der Deutschen Nationalbibliothek:

Die Deutsche Nationalbibliothek verzeichnet diese Publikation in der Deutschen Nationalbibliographie; detaillierte bibliographische Daten sind im Internet über http//dnb.d-nb.de abrufbar.

© VTA-Verlag für Tiefenpsychologie und Anthropologie
Dr. Gerald Mackenthun, Berlin
verlagta@gmail.com; verlag-ta.de

Druck und Vertrieb: Tredition, 20144 Hamburg

Umschlaggestaltung: deblik, 10119 Berlin

Umschlagbild: © Modern Times Roy Export S.A.S. Scan Courtesy Cineteca di Bologna

ISBN **978-3-9816670-4-2**

Geleitwort

Gesundheitsstörungen können letzten Endes nur innere oder äußere Ursachen haben, genetische oder solche aus der Umwelt oder eine Kombination von beiden. „Umwelt" meint dabei alle Einflüsse von außen, mikrobielle ebenso wie technische oder gesellschaftliche; jedenfalls solche, die für Wahrnehmen, Verarbeiten und Gestalten der Individuen und für ihr Zusammenleben von Bedeutung sind. Die Arbeitswelt, in der wir den größten Teil unserer besten Jahre verbringen, ist dabei ebenso ein Einflussfaktor wie ein Ort der Expression von Störungen, die ihre Ursachen in anderen Sphären haben. Auch in der Arbeitswelt gibt es eher individuelle und eher strukturelle Ursachen für Beeinträchtigungen der Gesundheit, des Wohlbefindens und der Gestaltungsfähigkeit.

Strukturelle Ursachen sind, wie Günther Köhnlein sehr schön aufzeigt, z.B. Zustände und Prozesse der Verunsicherung, der Entfremdung, die sowohl am eigentlich vertrauten Arbeitsplatz auftreten können, insbesondere bei Übergängen („natürlichen Krisen") wie etwa von Schule zur Hochschule, Wechsel zu einem neuen Arbeitgeber, oder auch einen Arbeitsplatzwechsel mit anderen Aufgaben, neuen Herausforderungen, anderen Kollegen oder einem neuen Chef.

„Sachzwänge", im politischen Leben die verbreitete und langweilige Ausrede für mangelnden Gestaltungswillen, träufeln ihr Gift auch in das Wirtschafts- und Arbeitsleben, wenn sie über die Menschen herrschen, sie zu Objekten machen und ihre Individualität und ihren Subjektcharakter unterdrücken.

In den 70er Jahren begann das von der damaligen Bundesregierung initiierte Programm zur „Humanisierung der Arbeitswelt". Es hat, obwohl es von den folgenden Regierungen stillschweigend beerdigt wurde, im Detail zwar viele Verbesserungen gebracht, ein grundsätzlicher Wandel aber blieb aus: Der Wandel zu mehr Flexibilität, mehr Teilzeitarbeitsplätzen und zu anderer Verteilung der Arbeitszeit im Lebensrhythmus, der ohne Einbuße an Produktivität dauerhaft schädlichen Stress vermeiden könnte.

In Köhnleins Buch wird deutlich, wie vergleichbare Ursachen je nach individueller Persönlichkeitsstruktur zu unterschiedlichen Ausprägungen von Arbeitsstörungen bis zur Arbeitsunfähigkeit führen können. Wir fühlten uns bei der Lektüre an die „Erfahrungen" von Privatdozenten früherer Jahre erinnert, die sich um einen Lehrstuhl bewarben: Von vier Bewerbern bekam einer die Professur, einer Angina Pectoris, einer Asthma und der vierte ein Magengeschwür je nach individueller Konstitution, obwohl der Auslöser für alle derselbe war.

Sigmund Freud nennt drei soziale Fähigkeiten oder Ressourcen als Basis von Gesundheit: Die Fähigkeit zu arbeiten, zu genießen und zu lieben. Köhnlein arbeitet heraus, und auch viele seiner Fallbeispiele belegen dies, dass diese drei Fähigkeiten oder Ressourcen einander in starkem Maße beeinflussen, und Störungen der einen fast regelmäßig auf die anderen übergreifen, weshalb die Therapie von Arbeitsstörungen die ganze Person in den Blick nehmen muss, nicht nur den Arbeitnehmer.

Das Buch ist theoriegestützt für die Praxis konzipiert und geschrieben. Die enormen Belastungen von und durch Menschen mit Arbeitsstörungen unterschiedlichster Genese lässt der Autor in teils bewegenden, klar strukturierten Fallbeispielen erfahrbar werden. Erfahrbar wird durch die Herangehensweise von Günther Köhnlein auch, dass es im therapeutischen Handeln oder/und in der Beratung nicht nur auf Wissen, Können und die „richtige Theorie von Arbeitsstörungen" ankommt, sondern erst ein intuitives Maß an Mitschwingen, geprägt von Lebenserfahrung, Reife und Offenheit eine reflektierte Zusammenarbeit mit betroffenen Menschen ermöglicht.

Wir wünschen dem Band viele Leser nicht nur, wenngleich vor allem, unter den psychotherapeutisch tätigen Kolleginnen und Kollegen, sondern ebenso unter Ärztinnen und Ärzten, pädagogisch Tätigen, MediatorInnen, Führungskräften in Personalabteilungen von Firmen und Behörden sowie von den individuell Betroffenen selbst.

Berlin, im Januar 2015

Jutta Lack-Strecker
Psychologische Psychotherapeutin
Supervisorin DGSF
Mediatorin BAFM

Georges Fülgraff
Staatssekretär a.D.
em. Professor für
Gesundheitswissenschaften

Vorwort

Seit der Erstveröffentlichung meines Buches „Phänomen Arbeitsstörungen"
(2010) haben sich in Folge der Bankenkrise und zunehmender Globalisierung mit neo-liberalen Tendenzen weitere dramatische Umwälzungen für
das Arbeitsleben ergeben.

Die gesellschaftliche Wirklichkeit prägt die Erfahrungen, Hoffnungen und
Zukunftschancen der arbeitenden Menschen. Die erlebten Arbeitsbedingungen
gehen oftmals mit Symptomen von Burn-out, Depression, Versagensängsten,
Aufschieben (Prokrastination), Stress, Selbstzweifeln und Sinnlosigkeitsgefühlen, aber auch mit Mobbing (Bullying), Kränkungserlebnissen und mangelnder Wertschätzung einher. In der Folge haben krankheitsbedingte Fehlzeiten,
Frühberentung und Arbeitsunfähigkeit aufgrund von psychischen und psychosomatischen Erkrankungen deutlich zugenommen. Mittlerweile hat sich die
Gesellschaft an das Millionenheer der Arbeitslosen gewöhnt (ca. 3 Mio.).

Keine Arbeit zu haben erschwert die sozialen Beziehungen und torpediert
die Bedürfnisse nach Anerkennung und Wertschätzung, die Stabilisierung eines Identitätsgefühls und die Sinnfindung für das eigene Leben. Häufig führt
das Gefühl der Ausweglosigkeit in eine psychotherapeutische Praxis oder andere Beratungseinrichtungen, um individuelle Hilfe zu bekommen. Deshalb ist
eine Auseinandersetzung mit diesem Thema nach wie vor aktuell und ermutigt
mich zu einer Zweitausgabe, um die Diskussion über die Verbesserung von
Arbeitsbedingungen und die individuelle Verarbeitung des Erlebten im Arbeitsleben und deren psychische Grundstrukturen weiter in Gang zu halten. Das
Wechselspiel zwischen objektiven Arbeitsbedingungen und subjektiver Verarbeitung des Erlebten ist kompliziert und vielschichtig, aber der aufmerksame
Leser wird im Buch eine Antwort finden.

Nach Drucklegung hat der Neurobiologe und Mediziner Joachim Bauer ein
Buch über „Arbeit"[1] herausgegeben, in dem er ergänzende Hintergründe und
Einflussfaktoren des modernen Arbeitslebens aufzeigt und somit die Ergebnisse
meines Buches bestätigt.

Mein Anliegen ist es, weitergehende Aufklärung über psychologische Zusammenhänge zu ermöglichen und den Wunsch nach Offenheit und Veränderung

---

[1] Bauer, Joachim: Arbeit – warum unser Glück von ihr abhängt und wie sie uns krank
macht, München 2013

der Arbeitsprobleme bzw. des jeweils typischen Arbeitsstiles zu unterstützen, was Entwicklungsschritte zur Autonomie und Entdeckung von vorhandenen (schlummernden) Ressourcen ermöglichen kann. Denn in jeder Schwierigkeit einerseits liegt auch eine noch nicht erkannte Stärke andererseits verborgen, die es zu entwickeln gilt.

Die erste Auflage des Buches hat eine erfreuliche Resonanz gefunden, und ich möchte mich hiermit bei den Leserinnen und Lesern für die vielfältigen Anregungen, Beispiele und Einsichten herzlich bedanken.

Berlin, im Frühjahr 2015
Günther Köhnlein

Für Eva,
Tina und Sven,
Jens und Nick

Inhaltsverzeichnis

1 Einleitung und Problemstellung

1.1 Einleitung

Als Psychotherapeut in freier Praxis habe ich täglich mit Problemen und Schwierigkeiten meiner Patienten* zu tun, die auch den Arbeitsbereich betreffen. Entweder wird der Problemzusammenhang direkt in den Arbeitsbedingungen gesehen oder es wird vordergründig eine Symptomatik präsentiert, die bei genauerer Betrachtung auch auf den Bereich des Arbeitslebens zurückgeführt werden kann.

In die psychotherapeutische Praxis kommen z.B. Schüler und Studenten, die sich den Anforderungen der Schule/des Studiums nicht gewachsen fühlen oder dem Prüfungsdruck nicht standhalten können und zu versagen drohen. Andere Patienten, die bereits im Berufsleben stehen, sind am Leistungsdruck erkrankt. Sie bilden Symptome aus, geraten im zwischenmenschlichen Bereich am Arbeitsplatz in Konflikte oder werden durch Mobbing in ihrer Leistungsfähigkeit gebremst. In allen diesen Fällen droht die Arbeitsfähigkeit des Patienten eingeschränkt zu werden und es kommt zu vielfältigen Formen von Arbeitsstörungen bzw. -hemmungen.

In der Regel suchen die Patienten einen Psychotherapeuten vordergründig wegen Depressionen, Angststörungen, psychosomatischen Beschwerden und konflikthaften zwischenmenschlichen Beziehungen auf. Bei genauerer Diagnostik stellt sich häufig eine hintergründige Problematik heraus, die im Sinne der Zusammenhangsbetrachtung auch Störungen im Bereich des Arbeitslebens zum Ausdruck bringt. Diese werden mit Symptomen umschrieben wie Stress und Druckgefühle, Burn-out-Syndrom, Arbeitssucht und Alkoholmissbrauch, Mobbing und Konflikte am Arbeitsplatz, Erschöpfungszustände, Prüfungsangst, Konzentrationsstörungen, Zeitdruck, schlechtes Gedächtnis, mangelnde Ausdauer, Ungenauigkeit, Flüchtigkeit, Unselbstständigkeit sowie Müdigkeit, Kopfschmerzen und Schlafstörungen. Diese Symptome führen im Umkehreffekt wieder zu Konflikten im familiären Bereich und in den Sozialbeziehungen.

---

* Aus Gründen der besseren Lesbarkeit steht die männliche Form im Folgenden stellvertretend für beide Geschlechter.

Viele Menschen klagen über selbstentfremdete Arbeit, was mit Schlafstörungen und psychosomatischen Beschwerden einhergehen kann. Andere wiederum leiden unter fehlender Arbeit, unter Kränkungserlebnissen, die Arbeit verloren zu haben, oder dem Gefühl, „zu nichts mehr nütze zu sein".

Bei genauerer Betrachtung wird mir als Psychotherapeut deutlich, welche Bandbreite von Einstellungen zur Arbeit und von spezifischen Arbeitsstörungen existiert, was mit Auswirkungen auf die innere Zufriedenheit, Vitalität und Einstellung zu sich selbst und den Mitmenschen verbunden ist. Ausschlaggebend erscheint mir, ob sich ein Mensch von seinen Minderwertigkeitsgefühlen blockiert fühlt oder ob er im Laufe seiner langjährigen Lern- und Arbeitsgeschichte genügend Mut entwickeln konnte, um diese zu überwinden (kompensieren).

Als Psychotherapeut sehe ich in der täglichen Praxis zahlreiche unterschiedliche Menschen, Charaktere und Persönlichkeiten, die um Hilfe zur Bewältigung ihrer Lebensschwierigkeiten nachsuchen. Dabei hat sich im Erstgespräch als sicheres Diagnostikum u.a. Alfred Adlers[1] Theorie bewährt. Dieser empfahl, den betreffenden Menschen unter dem Blickwinkel zu betrachten, wie er sich in der Welt empfindet, wie er seine Lebensprobleme bewältigt, auf welchem Fundament er steht, wie breit und fundiert er seinen „Lebensplan" entworfen hat. Hier geht Adler von drei (vier) Lebensaufgaben in den Bereichen „Arbeit", „Partnerschaft und Liebe", „Sozialbeziehungen" und „Interesse für Kunst und Kultur" aus. Je nachdem wie ein Mensch zu diesen grundlegenden Fragen Stellung nimmt und diese in sein Leben integriert, wie er bei dieser Problemlösung zu Werke geht, zeigt sich sein individueller „Lebensstil" und man kann erkennen, wie stabil und belastbar er im Leben steht.

Im gleichen Sinne lässt sich der von Ludwig Binswanger[2] geprägte Begriff der „anthropologischen Proportion" verwenden, worunter er das Verhältnis von Breite und Höhe im Dasein eines Menschen versteht. Annähernd gesunde Menschen haben eine realistische Proportion zwischen Breite des Fundaments und Höhe der Ziele und Wünsche entwickelt. Sie verankern sich mit einer gewissen Expansion in der realen Welt, worüber ihre Phantasien und geistigen Ambitionen aufgebaut sind. Bei neurotischen Menschen findet man hohe Entwürfe auf relativ schmaler

---

[1] Adler, A.: Praxis und Theorie der Individualpsychologie (1920), Frankfurt a.M. 1989, S. 19ff.
[2] Binswanger, L.: Drei Formen mißglückten Daseins. Verstiegenheit, Verschrobenheit, Maniertheit, Tübingen 1956

Basis, was die Gefahr mit sich bringt, dass bei Erschütterungen (z.B. Arbeitskonflikten oder Arbeitsplatzverlust) das Gebäude bedrohlich wackelt oder sogar einstürzt.

Demzufolge liegt der Zugang zu einer Untersuchung subjektiver Arbeitsstörungen nicht offen zutage und eine Analyse dieses Phänomens muss daher tiefer und differenzierter ansetzen.

1.2 Fragestellung

Die vorliegende Untersuchung über Arbeit und Arbeitsstörungen tangiert ein weites Feld von wissenschaftlichen Disziplinen, wie z.B. Ökonomie, Politik, Geschichte, Soziologie, Arbeitswissenschaft und Psychologie, die alle aus ihrer Sicht kompetente Beiträge liefern. Diese Disziplinen in einer Arbeit zu berücksichtigen, würde das Thema, aber auch die Kompetenz des Verfassers sprengen. Daher ist eine Eingrenzung vonnöten und nachvollziehbar, dass unser Thema auf den Bereich der Psychologie, vor allem auf die Tiefenpsychologie, beschränkt wird.

Kernpunkt meiner Untersuchung soll daher eine tiefenpsychologische Aufarbeitung der Einflussfaktoren und Bestimmungsgründe für Arbeitsstörungen sein. Im Verlaufe meiner Beschäftigung mit dem Thema Arbeitsstörungen hat sich eine Vielfalt von Fragestellungen ergeben, die in dem Zusammenhang relevant erscheinen:

Wie lässt sich das Phänomen „Arbeitsstörungen" beschreiben und welche verschiedenen Erscheinungsformen sind zu beobachten? Können gemeinsame Strukturmerkmale für Arbeitsstörungen formuliert werden? Wie hängen Arbeitsstörungen mit anderen psychopathologischen Störungsbildern zusammen? Gibt es Gemeinsamkeiten zwischen Charakter, Lebensstil und Arbeitsfähigkeit bzw. -störungen? Welche charakterspezifischen Arbeitsstörungen sind festzustellen und welche Bedeutung haben diese in der komplexen Betrachtung der Persönlichkeit? Warum fällt es vielen Menschen so schwer, ihre Arbeitshaltung zu verändern, obwohl sie guten Willens sind? Geschieht die Wahl eines Berufes oder einer Arbeitstätigkeit rein zufällig oder gibt es hierbei auch strukturelle Gesichtspunkte, die spezifische Arbeitsstörungen provozieren? Kann man mit Hilfe der Psychotherapie auf Arbeitsstörungen einwirken und diese verändern?

Angesichts der aufgeworfenen Fragestellungen schien es mir sinnvoll, von einer allgemeinen tiefenpsychologischen Theorie der Arbeitsstörungen auszugehen, zu denen ich folgende Hypothesen formuliert habe:

a) Die Strukturmerkmale für Arbeitsstörungen lassen sich auch in verschiedenen anderen psychopathologischen Störungsbildern im Sinne der Ganzheitsbetrachtung wiederfinden.

b) Arbeitsfähigkeit setzt ein gehöriges Maß an Beziehungsfähigkeit voraus, so dass Arbeitsstörungen auch einen Hinweis auf gestörte zwischenmenschliche Beziehungen darstellen.

c) Bestimmte Charakterzüge disponieren zu Arbeitsfähigkeit bzw. Arbeitsstörungen.

d) Überhöhte Über-Ich-Anforderungen korrespondieren mit Arbeitsstörungen.

e) Arbeitsstörungen sind Ausdruck für eine mangelhaft entwickelte Fähigkeit zum Humor.

f) Arbeitsstörungen sind ein Indikator für ein personales Defizit.

1.3 Methode

Das methodische Vorgehen bei der vorliegenden Untersuchung orientiert sich an einer tiefenhermeneutischen Betrachtungsweise, die in drei sich ergänzende Teilaspekte unterteilt wird:

a) persönlicher, subjektiver Erfahrungshintergrund, der mitbedacht und beschrieben werden soll und der helfen soll, den Gegenstand der Untersuchung sichtbar zu machen;

b) anschaulich praktischer Zugang zu dem Thema durch subjektive Beschreibung einzelner Betroffener mit Hilfe von 42 Fallvignetten. Der Untersuchung wird ein halb-strukturierter Fragebogen zu Arbeitsfähigkeit und Arbeitsstörungen zugrunde gelegt, der einesteils von Patienten meiner psychotherapeutischen Praxis und andererseits von dem Autor nahestehenden Personen und Kollegen ausgefüllt wurde;

c) Aufarbeitung der Literatur im Sinne der tiefenpsychologisch-anthropologischen Betrachtungsweise und Verwendung von Literaturbeispielen im Hinblick auf Arbeitsfähigkeit bzw. Arbeitsstörungen.

2 Arbeit und Arbeitsfähigkeit

2.1 Einführung

Das Thema „Arbeit und Arbeitsfähigkeit" ist, seitdem Karl Marx seine Theorie der politischen Ökonomie formuliert hat, nach wie vor aktuell. Marx hat sich während der Industrialisierungsphase Mitte des 19. Jahrhunderts ausführlich mit der Entwicklung der Industriearbeit unter dem Einsatz erhöhter Technisierung mit der Folge der zunehmenden Selbstentfremdung für den einzelnen Menschen auseinander gesetzt. Die Industrialisierung brachte einen umwälzenden Umbruch für das Arbeiten und die Arbeitenden, was eine beträchtliche Veränderung zur Situation im Feudalismus bedeutete. Karl Marx prägte die Begriffe von „Basis und Überbau" sowie den Grundsatz „das materielle Sein bestimmt das Bewußtsein", woraus er schloss, dass die reale Wirklichkeit der Arbeitenden am Arbeitsplatz dazu führe, dass das Denken und Empfinden von den existentiellen Bedingungen beeinträchtigt wird und diese zu einer Selbstentfremdung der Arbeitenden von ihrer Tätigkeit und dem hergestellten Produkt führen. Er postulierte, dass die sog. „industrielle Reservearmee", d.h. die Menge der Arbeitslosen, die Arbeit suchen, mit denjenigen, die einen Arbeitsplatz haben, konkurriert mit der Tendenz, dass keine Arbeitsplatzsicherheit gewährleistet sei und damit der Preis der Arbeitskraft nach unten tendiere.

In unserer heutigen Zeit scheinen ebenfalls große Veränderungen die Arbeitslandschaft umzuwälzen, was sich in den Medien als ein vieldiskutiertes Thema über Arbeit, Arbeitslosigkeit und Schaffung neuer Arbeitsplätze widerspiegelt. Die Menschen beschäftigen sich mit diesem Thema und den sich daraus ergebenden Fragen: „Wie sicher ist mein Arbeitsplatz? Hoffentlich verliere ich nicht meine Arbeit. Wie kann ich wieder einen Arbeitsplatz bekommen (bei arbeitslosen Menschen)?" Seit dem Zusammenbruch des Ostblocks und dem Fall der Mauer in Berlin scheinen sich der Kapitalismus und die Vorstellung von der „Verwertung des Kapitals" unter dem Gesichtspunkt des „shareholder value" und im Sinne der Globalisierung und Konzentration zu immer größeren Unternehmenseinheiten ungezügelt ausbreiten zu können. Dieser dadurch konzentrierte Einfluss und die geschaffenen Machtpotentiale entziehen sich zunehmend der Politik der Einzelstaaten und unterliegen eigenen

Gesetzen mit der Tendenz, Kapital, Investitionen und Arbeitsplätze in „rentablere" Länder zu verlagern, welche in der wirtschaftlichen Entwicklung noch zurück sind und wo die „Ware Arbeitskraft" noch billig eingekauft werden kann.

Eine Folge scheint die zunehmende Arbeitslosigkeit zu sein (in Deutschland zurzeit 5,05 Mio. = 12,2 % der Erwerbspersonen)[3]. Dies führt im Sinne der von Marx postulierten „industriellen Reservearmee" zur Verbilligung des Preises für die „Ware Arbeitskraft", indem die Konkurrenz um die vorhandenen Arbeitsplätze geschürt und damit die Solidarität unter den Arbeitenden untergraben wird. Der bisher unterbliebene und sehnlichst erhoffte wirtschaftliche Aufschwung, die knappen finanziellen Ressourcen in den Industriestaaten und die fortschreitende technische Umwälzung (Revolution durch Technik und Computerisierung der Arbeitsabläufe, was erhöhte Veränderungsanforderungen, vor allem an ältere Arbeitnehmer stellt und zu einer Gefahr des „Drop-out" führt) haben zu einem Höchststand der Arbeitslosigkeit geführt, der an die Zeit der Depression in den 20er- und 30er-Jahren des 20. Jahrhunderts erinnert und einer „gesellschaftlich verordneten Arbeitsstörung" gleichkommt. Hannah Arendt prophezeite in diesem Sinne schon vor 40 Jahren: „Was uns bevorsteht, ist die Aussicht auf eine Arbeitsgesellschaft, der die Arbeit ausgegangen ist, die einzige Tätigkeit, auf die sie sich versteht. Was könnte verhängnisvoller sein?"[4] Dies wird durch die Wirtschafts- und Finanzkrise (2009) mit der schärfsten Rezession der Nachkriegsgeschichte erhärtet und Rufe nach Veränderung des ökonomisch-gesellschaftlichen Systems werden laut.

2.2 Der Begriff „Arbeit"

Die Psychopathologie der Arbeitsstörung setzt eine Definition des Arbeitsbegriffes voraus. Viele Menschen antworten auf die ihnen gestellte Frage, warum sie arbeiten: „Weil ich arbeiten muss, um Geld zu verdienen, um zu überleben." Seltener jedoch kommt die Antwort, dass Arbeit auch Freude mache, dass sie mit Selbstgestaltung zu tun habe und der eigenen Weiterentwicklung und Selbstverwirklichung diene. Dies wird häufig von Menschen angegeben, denen es möglich ist, zumindest zeit-

---

[3] DER TAGESSPIEGEL: Aufschwung bringt noch keine Stellen, Nr. 19119 vom 01.03.06, 62. Jahrgang, S. 19
[4] Arendt, H.: Vita activa oder Vom tätigen Leben (1967), München 2005, S. 13

weilig einer schöpferischen Tätigkeit nachzugehen. So lassen sich zwei Aspekte des Arbeitsbegriffs kennzeichnen.

1. Arbeit ist notwendig zur Selbsterhaltung und Existenzsicherung und wird nur unter Zwang verrichtet und im Bewusstsein der Befragten mit Mühe und Plage verbunden.

2. Arbeit dient der Selbstverwirklichung des Menschen durch die Arbeit selbst, durch die mit ihr verbundene Kommunikation sowie durch die Vollendung des Arbeitsprojekts. Das Erleben der Selbsttätigkeit durch geistige, schöpferische und künstlerische Elemente kann auch freudige Stimmungen bewirken.

Die Arbeitswelt kann offensichtlich nur perspektivisch erfasst werden. Je nach Arbeits- und Lebenssituation wird der Privilegierte seine Existenzsicherung als metaphorische und konkrete Lebensbereicherung empfinden, während der Arbeitnehmer in untergeordneter Stellung seine Arbeit eher als eine zu ertragende Notwendigkeit empfinden wird.

Die Hegel'sche Herr-Knecht-Analogie[5] durchzieht die Geschichte des Arbeitsbegriffes. In der Etymologie des Wortes „Arbeit" kommt mit den Assoziationen „Not", „Pein" und „Entbehrung" die Knechtperspektive auf das Arbeitsbündnis zum Vorschein.[6] Die Muße zur kreativen Selbstentfaltung ist seit der griechischen Antike dagegen der sozialen Elite vorbehalten, welche die Fronarbeit dem Sklaven und später im Industriezeitalter dem Proletariat aufbürdete.[7]

Das Schicksal von Adam und Eva im Alten Testament zeugt ebenfalls vom Recht des Stärkeren, einen Schwächeren zu peinigen. So werden beide mit dem Fluch Gottes aus dem Paradies vertrieben: „Verflucht sei der Acker um deinetwillen, mit dem Kummer sollst du dich darauf nähren dein Leben lang [...]. Im Schweiße deines Angesichts sollst du dein Brot essen [...]" (1. Mose 3, 17 u. 19).

Obwohl es nicht von der Hand zu weisen ist, dass irrationale Autorität und Abhängigkeit die Arbeitserfahrung vieler Individuen prägen, darf das Phänomen „Arbeit" nicht auf das Thema der ungleichen Arbeitsteilung reduziert werden. In zwei Definitionen, die ich meiner empirischen und theoretischen Untersuchung von Arbeitsstörungen zugrunde lege, wird Arbeit als autochthones Anthropinon beschrieben. Setzt sich der

---

[5] Hegel, G.W.F.: Phänomenologie des Geistes (1807), Hamburg 1988, S. 132f.
[6] Kluge, F.: Etymologisches Wörterbuch der Deutschen Sprache, Berlin 1989
[7] Ven, F. van der: Sozialgeschichte der Arbeit, 3 Bde., München 1972

Mensch einer sinnvollen Arbeit aus, so kann er über sich hinauswachsen und sein kreatives Potential entdecken:

> Die Arbeit ist zunächst ein Prozeß zwischen Mensch und Natur, ein Prozeß, worin der Mensch seinen Stoffwechsel mit der Natur durch seine eigne Tat vermittelt, regelt und kontrolliert. Er tritt dem Naturstoff selbst als eine Naturmacht gegenüber. Die seiner Leiblichkeit angehörenden Naturkräfte, Arme und Beine, Kopf und Hand, setzt er in Bewegung, um sich den Naturstoff in einer für sein eignes Leben brauchbaren Form anzueignen. Indem er durch diese Bewegung auf die Natur außer ihm wirkt und sie verändert, verändert er zugleich seine eigne Natur. Er entwickelt die in ihr schlummernden Potenzen und unterwirft das Spiel ihrer Kräfte seiner eignen Botmäßigkeit.[8]

Der Aufforderungscharakter der Arbeit wird mit stärkerer ethischer Akzentuierung von Nikolai Hartmann herausgearbeitet:

> Die Arbeit will vollbracht, „geschafft" sein. Sie stößt nicht nur auf den Widerstand der Sache, sie ringt ihm auch das Erstrebte erst ab, ringt es ihm auf. Die Tendenz des Menschen geht dahin, über die Arbeit hinauszuwachsen, ihrer Herr zu werden. Er „erfährt" also ständig in seiner Arbeit sowohl sich selbst als auch die Sache: sich selbst in der Spontaneität eingesetzter Energie, der physischen wie der geistigen, die Sache in ihrem Widerstand gegen diese. Beides ist unaufhebbar aneinander gebunden, und beides ist Realitätserfahrung.[9]

Die tätige Auseinandersetzung des Menschen mit der Natur, um diese anzupassen, umzuformen, wohnlich und für seine Zwecke nutzbar zu machen, sichert die vitalen Bedürfnisse. Dieser Prozess der Weltveränderung ist dialektisch, denn mit jeder Veränderung der Umwelt ist auch eine Veränderung des Menschen verbunden. Der Mensch erkennt sich in seinen Produkten wieder und identifiziert sich mit ihnen. Er entfaltet sein „Selbst" als Handelnder und sich Verwirklichender, indem er sich in der Beziehung zu seinen Mitmenschen erfährt.

---

[8] Marx, K.: Das Kapital (1867), Erster Bd., MEW, Bd. 23, Berlin 1973, S. 192
[9] Hartmann, N.: Zur Grundlegung der Ontologie (1948), zitiert in Schischkoff, G. (Hrsg.): Philosophisches Wörterbuch, Stuttgart 1965

2.3 Arbeit und Selbstentfremdung

Unter den zurzeit existierenden Arbeitsbedingungen ist es für viele Menschen schwierig, sich mit ihrer Arbeit zu identifizieren. Die zunehmende Technisierung und Automatisierung führte in den letzten Jahrzehnten zu einem Doppelprozess: Einerseits führte dieser für viele Arbeitenden zu einer Entwertung ihrer ursprünglichen Qualifikationen, d.h. die Arbeit wird immer einseitiger und monotoner, andererseits war eine Tendenz zur Qualifizierung eines geringeren Teils der Arbeitskräfte festzustellen, vor allem der technischen Angestellten, Computerfachleute usw. (vgl. Untersuchungsergebnisse von Kern/Schumann[10]). Die Persönlichkeit des Arbeitenden spielt dabei eine immer geringere Rolle und er wird häufig nur noch zum „Handlanger" von Apparaten degradiert, wobei eine entsprechende Selbstentfremdung einhergeht.

Es vollzog sich quasi eine industrielle Revolution durch den Einsatz von Computern, der zu einem immensen Druck führt, sich neues Wissen anzueignen, um mit diesen technischen Veränderungen auch geistig Schritt halten zu können. Dabei kommt jedoch die Ausbildung mitmenschlicher Fähigkeiten häufig zu kurz. Wie sehr die Menschen trotz aller Entfremdung an ihren häufig mechanischen Beschäftigungen hängen, zeigt sich besonders in Zeiten längerer Arbeitslosigkeit. Die bisherige Arbeit gab ein Gerüst und eine Zielsetzung und das Streben nach Geltung, nach Sicherung der sozialen Position sowie das Verlangen nach Erfolg konnten befriedigt werden. Der Mensch braucht Aufgaben, um seinem Leben einen Sinn zu geben. Die Arbeit dient hierbei als „Krücke" für das eigene Selbst. Wenn die Arbeit durch Arbeitslosigkeit wegfällt und wenn es nicht gelingt, sich in anderen Lebensbereichen einige Stützpfeiler zu verschaffen, dann schreitet der Prozess der sozialen und psychischen Destabilisierung voran und der Entfremdungsprozess bewirkt soziale Isolierung und Einsamkeit.

Karl Marx und Friedrich Engels haben zum Thema Arbeit und Entfremdung des Menschen grundlegende Theorien entwickelt. Der Einfluss der Bedingungen, unter denen Menschen arbeiten, hat eine Prägung der Arbeitenden im Sinne der von Marx und Engels postulierten These: „Das gesellschaftliche Sein prägt das Bewußtsein", zur Folge. Der Prozess der Arbeit führt zu einer Prägung und inneren Verwandlung des arbeitenden Menschen.

---

[10] Kern, H./Schumann, M.: Industriearbeit und Arbeiterbewußtsein, Frankfurt a.M. 1970

Im Zuge der Industrialisierung kam es im 19. Jahrhundert zur Prole-tarisierung weiter Bevölkerungskreise, wodurch die Bedingungen geprägt wurden, unter denen sich „Lohnarbeit und Kapital" entwickelten. In gro-ßen Gebieten Europas ist es zu radikalen Veränderungen der Arbeitswelt gekommen. Aus Bauern und Handwerkern wurde sog. Industrieproleta-riat, und die Produktionsprozesse wurden mechanisiert und automatisiert (Erfindung der Dampfmaschine, mechanischer Webstuhl, Einführung des Fließbandes usw.). Privateigentum und Arbeitsteilung führten dazu, dass der Arbeiter keinen Kontakt mehr zu den hergestellten Produkten her-stellen kann, was mit einer Entäußerung des Menschen (als Gattungswe-sen) verbunden ist und was eine Entfremdung von diesen Produkten mit sich bringt.

> Indem historische Arbeitsteilung und Privateigentum entstanden sind, führt die Entäußerung der Menschen (als Gattungswesen) in ihr Arbeitsprodukt zu ihrer Entfremdung von diesem Produkt. Es wird nicht mehr produziert, um gebraucht, sondern um ausge-tauscht, verkauft (gegen Geld ausgetauscht), verwertet zu wer-den.[11]

Gleichzeitig ist hiermit eine Entfremdung vom Arbeitsprozess selbst verbunden. Je mehr die Arbeitsteilung voranschreitet, desto anstrengen-der und unübersichtlicher wird der Produktionsprozess für den Arbeiter, was ihn gleichgültiger werden lässt. Somit ist eine Entfremdung sowohl vom Arbeitsprodukt als auch vom Arbeitsprozess festzustellen, was auch mit einer Entfremdung von denjenigen einhergeht, die mit ihm arbeiten.

Der dominierende „Geist des Kapitalismus", der in unserer gegen-wärtigen Kultur in Zentraleuropa verbreitet ist, fußt auf der religiösen Weltanschauung des Calvinismus, wie der Soziologe Max Weber zu Beginn des 20. Jahrhunderts postuliert hat. Weber stellte in seinen For-schungen fest, dass die Werte des Calvinismus wie Askese, Sparsamkeit, Tüchtigkeit, Leistungsorientiertheit, Ordentlichkeit, Autoritätshörigkeit usw. sich mit den verbreiteten Werten unter der arbeitenden Bevölkerung in weiten Teilen Europas decken. Der Kapitalismus beziehe sich auf die Ideologie des Calvinismus und habe damit einen großen Einfluss auf die Arbeitenden, die diese Werte seit Generationen über die Religion verin-nerlicht hätten. Somit konnten sich die dem Kapitalismus eigenen Werte

---

[11] Schwendter, R.: Therapie und Arbeit, in: Petzold, H. (Hrsg.): Psychotherapie und Arbeitswelt, Reihe: Innovative Psychotherapie und Humanwissenschaften, Bd. 23, Paderborn 1983, S. 29

wie Profitstreben, Härte und Konkurrenz, Dominanz des Stärkeren sowie Ausbeutung der Schwächeren ungehindert durchsetzen. Dagegen seien Werte, die Lust und Genuss zum Inhalt haben, als anormal angesehen, unterdrückt, sogar „kriminalisiert" und „pathologisiert"worden. Nach Weber lässt sich so erklären, wie das dermaßen verbreitete Arbeiten unter selbstentfremdenden Bedingungen bei gleichzeitig hoher Arbeitsmoral möglich war. [12]

Auch heute noch lässt sich der Einfluss der protestantischen Ethik im Arbeitsleben wiederfinden, und zwar in einer Tendenz zur selbstdestruktiven Arbeitsdisziplin und zur gnadenlosen Asketik.

In der Geschichte der Arbeits- und Betriebswissenschaften sind noch weitere Entwicklungsstufen der Entfremdung zu beschreiben. Im sog. „Taylorismus"[13] wurden die Arbeitsvorgänge in monotone Handgriffe zerlegt und in Fließbandarbeit (Ford) überführt. Man ging von der Vorstellung aus, dass der Arbeiter sich als egoistischer „homo oeconomicus" verhält, so dass sein Akkordlohn ansteigt und er sich z.B. eines jener Autos kaufen kann, das er vorher mithergestellt hat.

In den 30er-Jahren gewann die „Human-Relations-Schule" an Bedeutung. In Amerika experimentierte die Gruppe um Elton Mayo[14][15], Roethlisberger et al. bei Western Electric, um Arbeitsbedingungen zu finden, mit denen sich die Beschäftigten identifizieren konnten und die zu einer Leistungssteigerung führen („Hawthorne-Studien" 1928–1936). Bei der Befragung von über 20.000 Arbeitern/innen wurde der sog. „indirekte Ansatz" der Gesprächsführung entwickelt, mit den Elementen eines psychotherapeutischen Gesprächs vergleichbar, was auf der tiefenpsychologisch beeinflussten Orientierung von Mayo, Roethlisberger[16] und Rogers beruhte. Rogers hat diese Methode zur therapeutischen Technik der „Nichtdirektiven Therapie" weiterentwickelt.[17] Durch betriebliche „Gefolgschaft" und Zugeständnisse an die Kommunikations- und Bindungsbedürfnisse der entfremdeten Lohnarbeiter sollten humanere Bedingungen geschaffen werden. Die aufkommenden Angestelltenschichten

---

12 Weber, M.: Die protestantische Ethik (1905), Gütersloh 1979
13 Taylor, F.W.: Scientific Management (1911), dt.: Die Grundsätze wissenschaftlicher Betriebsführung (1913), Weinheim 1977
14 Mayo, E.: The human problems of an industrial civilization, Boston 1933
15 Mayo, E.: The social problems of an industrial civilization, Boston 1945
16 Roethlisberger, F., Dickson, W.J.: Management and the worker, Cambridge, Mass. 1939
17 Rogers, C.: Counseling and psychotherapy, Boston 1942, dt.: Die nichtdirektive Beratung, München 1981

wurden in ihrem Prestige und ihrem Wunsch nach Wichtigkeit als „narzisstisches Ersatzfutter"gestärkt. So kam es z.B. bei den technischen Angestellten und Werkmeistern zu ganzheitlicheren, überschaubareren Produktbezügen. In der Hierarchie nach oben zu den Konstrukteuren, Managern, Spezialisten kam es zu einer Abmilderung der Entfremdung. Jedoch blieb die prinzipielle Austauschbarkeit durch Konkurrenten erhalten.

Anschließend bildeten sich „aktionswissenschaftliche" Methoden und das Konzept der „teilautonomen Arbeitsgruppen" heraus, welche mit Hilfe von „job-enrichment", „job-rotation" und „job-enlargement" Ansätze für Erfahrungen in Mitgestaltung am Arbeitsplatz schufen und damit eine Relativierung der Entfremdung brachten. Diese Ansätze funktionierten, solange „Vollbeschäftigung" herrschte und Fabrikarbeiter als knappes Gut keine Kündigungsdrohung zu befürchten hatten.

Hier ist auf das lebensnah geschilderte psychosoziale Elend von Arbeitslosen in der Untersuchung von Jahoda/Zeisel/Lazarsfeld über „Die Arbeitslosen von Marienthal" hinzuweisen. In dieser Studie wird empirisch belegt, dass der „Zustand der Entfremdung", wenn nicht gearbeitet werden kann, also Arbeitslosigkeit herrscht, dem „Prozess der Entfremdung" als Folge praktizierter Lohnarbeit vergleichbar ist.[18]

Seit Marx und Engels den Begriff der „Entfremdung" einführten, hat sich dieser vieldeutig entwickelt. „Entfremdung" lässt sich definieren als Herrschaft der Produkte des Menschen über den Menschen selbst.[19] Dabei wird der Begriff Produkte erweitert auf Sachen, Gegenstände aber auch auf Gesetze, Normen, „soziale Konstruktionen der Realität", Ware, Staat, Theorien, Moral, Religion usw. Es liegt immer dann Entfremdung vor, wenn der Mensch nicht Herr über die Produkte ist, sondern diese Produkte den Menschen beherrschen, wenn z.B. ein Mensch sich den sog. „Sachzwängen" fügt, zum Objekt wird und sein subjektives Handeln unterbleibt.

Unter den heutigen wirtschaftlichen Bedingungen kann die Humanisierung des Arbeitsplatzes bloß als Palliativum gegen die Entfremdung betrachtet werden. Die Schlagworte des humanen Management-Konzeptes – team culture, corporate identity, team autonomy, empowerment, employee involvement usw. – könnten angesichts der möglichen raschen

---

[18] Jahoda, M., Zeisel, H., Lazarsfeld P.: Die Arbeitslosen von Marienthal (1933), Frankfurt a.M. 1975
[19] Schaff, A.: Entfremdung als soziales Phänomen, Wien 1977, S. 91

Verlagerung von Arbeitsplätzen ins Ausland sogar als Zynismus und neue Form der Entfremdung aufgefasst werden.[20]

Die allgemeine Entfremdung im Arbeitsprozess wird von manchen Patienten stärker empfunden als von anderen. Wer aufgrund mangelnder Bewältigungsstrategien an seiner Arbeitswelt zu leiden beginnt, neigt zu Erkrankungen. Seine individuelle Entfremdung äußert sich sodann in unterdrückter Ohnmacht, Angst und Wut, die wiederum psychosomatische Störungen, wie z.B. Magengeschwüre, und somatische, wie Herz- und Kreislauferkrankungen oder Frühinvalidität, hervorbringen. Erst wenn körperliche Funktionen beeinträchtigt sind, werden die Störungen wahrgenommen. So z.B. berichtet Lohmann (1978) in seinen Untersuchungen aus Schweden von einem 40%igen Anteil psychischer Krankheitsursachen, die bei vorzeitig bewilligten Renten als Ursache angegeben wurden.[21]

Die Auswirkungen der subjektiven Entfremdung haben zur Entwicklung von bestimmten Störungen geführt und es wird daher in der Literatur von der Ausbildung eines neuen Patiententyps gesprochen[22]. Auch Erich Fromm macht auf den an der Entfremdung erkrankten Arbeitnehmer aufmerksam:

> Diese neuen ‚Patienten' kommen zum Psychoanalytiker, ohne zu wissen, woran sie wirklich leiden. Sie klagen, daß sie niedergeschlagen seien, keine Freude an ihrer Arbeit hätten und über alle möglichen ähnlichen Beschwerden. [...] Ihre verschiedenen Beschwerden sind nur die Form, in der ihnen unsere Kultur gestattet, etwas zum Ausdruck zu bringen, was viel tiefer liegt und an dem alle die verschiedenen Menschen gleichermaßen kranken, die glauben, an diesem oder jenem bestimmten Symptom zu leiden. Das allgemeine Leiden ist die Entfremdung von sich selbst, von den Mitmenschen und von der Natur; das Bewußtsein, daß uns das Leben wie Sand durch die Finger läuft, daß wir sterben werden, ohne gelebt zu haben, daß wir im Überfluß leben, doch ohne Freude sind.[23]

---

[20] Kocyba, H.: Die falsche Aufhebung der Entfremdung, in: Hirsch, M. (Hrsg.): Psychoanalyse und Arbeit, Göttingen 2000, S. 24

[21] Lohmann, H.: Krankheit oder Entfremdung. Psychische Probleme in der Überflußgesellschaft, Stuttgart 1978

[22] Portele, G.: Psychotherapie und Arbeitswelt, in: Petzold, H./Heinl. H.: Psychotherapie und Arbeitswelt, Paderborn 1983, S. 71

[23] Fromm, E.: Psychoanalyse und Zen-Buddhismus. In: Fromm, E. u.a. (Hg.): Zen-Buddhismus und Psychoanalyse, Frankfurt 1972, S. 101–179.

Auch bei der Mobbing-Dynamik spielen nicht ausgesprochene strukturelle Identitätsprobleme von Arbeitenden, die sich entfremdet und
geängstigt fühlen, eine Rolle mit der Tendenz, die negativen Gefühle zu
personalisieren und auf einzelne Mitarbeiter, die andersartig erscheinen
(z.B. streben, sich beim Chef einschmeicheln), zu projizieren und damit
eine bösartige Abgrenzung zu vollziehen, der sich ganze Teams oder
Abteilungen anschließen können.[24]

Ein weiteres Phänomen bildet die sich ausbreitende Fremdenfeind-
lichkeit, die mit der eigenen Angst, „loser" (Verlierer) zu sein und aus
dem Erwerbssystem ausgeschlossen zu werden, einhergeht. Dies führt zu
einem Hass gegen alles Fremdartige, das die eigene Stellung beeinträchtigen könnte.

In einer Studie über die „Sozialpsychologie des Rechtsextremismus"
haben Menschik-Bendele, Ottomeyer (et al.) diesen Zusammenhang bei
jungen Arbeitern untersucht und festgestellt, dass die Ausländer als Sün-
denböcke behandelt werden, die Verbrecher- und Bestrafungsphantasien
auslösen.[25]

Zusammenfassend ist festzustellen, dass die seelische Gesundheit im
Zeitalter der Globalisierung davon abhängig sein wird, ob es gelingt,
Erwerbsarbeit einigermaßen gleichwertig zu verteilen. Darüber hinaus
müssen auch außerhalb des Arbeitsbereiches Formen menschlicher Praxis
so erhalten bzw. weiterentwickelt werden (z.B. im Gemeinwesen, im
Ökologiebereich usw.), dass Gefühle von Kompetenz und Gebraucht-
werden entstehen können. Für die menschliche Identitätsbildung sind
trotz moderner Entfremdung die Erfahrung sinnvoller Arbeit und die
über das Produkt vermittelte Anerkennung besonders wichtig. Sind diese
Erfahrungen als Folge globalisierten, kapitalisierten Wirtschaftens für
immer weniger Bevölkerungskreise möglich, dann werden sich die
geschilderten Spaltungs- und Verfolgungstendenzen stärker ausweiten.[26]

---

[24] Esser, A.: Mobbing, in: Anhagen, A.E./Bierhoff, H.-W. (Hg.): Angewandte Sozi-
      alpsychologie, Weinheim 2003, S. 394–408
[25] Menschik-Bendele, J./Ottomeyer, K. et al.: Sozialpsychologie des Rechtsextre-
      mismus. Entstehung und Veränderung eines Syndroms, Opladen 1998
[26] vgl. Ottomeyer, K.: Über Arbeit, Identität und eine paranoide Tendenz in den
      Zeiten der Globalisierung, in: Hirsch, M. (Hg.): Psychoanalyse und Arbeit, Göt-
      tingen 2000, S. 48

2.4 Arbeit und Selbstverwirklichung

Wie wir bei dem Begriff der Arbeit feststellen konnten, ist das Arbeiten, ganz allgemein ausgedrückt, als ein „zweckorientiertes, systematisches, der Lösung bzw. der Erledigung von Aufgaben gewidmetes Handeln"[27] zu verstehen und hat für den Menschen sehr vielfältige Bedeutungen.

In erster Funktion dient die Arbeit der Selbsterhaltung bzw. der Existenzsicherung des Einzelnen, aber auch der gesamten Menschheit. Die aktive Auseinandersetzung des Menschen mit der Natur, um diese seinen Zwecken anzupassen und sich wohnlich einzurichten, befriedigt zunächst seine Bedürfnisse nach Nahrung, Kleidung, Schutz usw. (Grundbedürfnisse). Dieser Anpassungsprozess von menschlicher Welt und Natur wirkt prozesshaft dadurch, dass mit der Veränderung der Umwelt auch der Mensch selbst sich verändert. Er erkennt sich selbst in seinen selbst hergestellten Arbeitsprodukten und in den Beziehungen zu seinen Mitmenschen. Er entwickelt sich dadurch zur „Person", erlebt sich als „Handelnder" und sich „Verwirklichender". Unter günstigen sozialen Bedingungen ermöglicht die Arbeit auch die Selbstverwirklichung des Menschen.

Ein enger Zusammenhang besteht zwischen Zufriedenheit und der Verwirklichung menschlicher Bedürfnisse: Die Befriedigung dieser Bedürfnisse macht zufrieden, während unerfüllte Bedürfnisse zu Unzu-friedenheit führen.

Der humanistische Psychologe Abraham H. Maslow[28] hat sich mit den menschlichen Motiven beschäftigt mit dem Ziel, eine „positive Theo-rie" der menschlichen Motivation zu entwickeln. Sein Bestreben war es, die Motivation des gesunden Menschen zu beschreiben. Er formulierte eine „ganzheitlich-dynamische" Theorie, die der ganzheits- und gestalt-psychologischen Sichtweise vor allem von Wertheimer und Goldstein nahe steht. In seiner dynamischen Sichtweise bezieht er sich vor allem auf Freud, Fromm, Horney, Reich, Jung und Adler.

Danach hat Maslow eine Bedürfnishierarchie entwickelt, in der die unterschiedlichen Motive nach ihrem Stellenwert eingruppiert sind. Übertragen auf die Arbeit, sieht er in der Selbstverwirklichung am Arbeitsplatz einen Weg zur Emanzipation des Menschen. Er geht dabei von einer natürlichen Tendenz zur Selbstaktualisierung aus, d.h. jeder

---

[27] Moser, U.: Psychologie der Arbeitswahl und der Arbeitsstörungen, Bern und Stuttgart 1953
[28] Maslow, A.H.: Psychologie des Seins, München 1973

Mensch möchte, wenn die Voraussetzungen vorhanden sind, seine ihm gegebenen Möglichkeiten und Fähigkeiten entwickeln. Diese Entwicklung vollzieht sich durch die Befriedigung bestimmter Grundbedürfnisse, die Maslow in eine Rangfolge von fünf Gruppen einteilt, die hierarchisch angeordnet sind, d.h. zuerst müssen die elementarsten Bedürfnisse befriedigt werden, bevor die nächsthöhere Bedürfnisebene motivierend wirkt und es damit zu einer Bedürfnis- und Interessenserweiterung kommt.

Die Arbeit sichert zuerst die menschlichen Grundbedürfnisse (physiologische Bedürfnisse), wie Essen, Trinken, Schlafen, Kleidung, Wohnung usw., bevor weitere Bedürfnisarten befriedigt werden können.

Häufig sind die Menschen daher gezwungen, zur Existenzsicherung ihre Arbeitskraft für Geld zu verkaufen, was dazu führt, dass Arbeit oft als etwas Unfreiwilliges, als ein Zwang erlebt wird.

Maslow beschreibt als zweite Gruppe von Bedürfnissen die sog. Sicherheitsbedürfnisse (safety needs), die auf die Herstellung von „Struktur, Ordnung, Recht und Grenzziehung" hinauslaufen. Sie treten als Verlangen nach Sicherheit und Beständigkeit, Überblick und Einsicht in Zusammenhänge, Schutz, Freiheit von Furcht, Angst und Chaos auf. Dies lässt sich u.a. in der Vorliebe für Routine und Regelmäßigkeit im Tagesablauf, Unlustreaktionen bei Veränderungen oder Reizüberangebot sowie im Zurückweichen vor dem Unvertrauten, vor Unterbrechungen aller Art usw. feststellen. Das „Bedürfnis", einen sicheren Job, ein Sparkonto und Versicherungen verschiedenster Art zu haben, sowie das Verlangen nach Orientierung und Interpretation durch Übernahme einer Weltanschauung oder durch Entwicklung von Meinungen und Standpunkten spiegelt sich darin wider. Besonders bei längerfristig Arbeitslosen oder Pensionären kann man dann diese Desorientierung und die mangelnde Struktur im Alltag studieren.

In der dritten Gruppe werden „Zugehörigkeits- und Liebesbedürfnisse" (auch soziale Bedürfnisse) zusammengefasst, die auf das Abgeben und Empfangen von Sympathie hinzielen. Hierbei sind folgende Punkte wesentlich: Verbindung und Kontakt mit anderen Menschen, Anschluss, Gruppenzugehörigkeit, Akzeptiertsein usw.

Es ist leicht nachzuvollziehen, dass im Rahmen der Arbeitstätigkeit vielfältige soziale Bedürfnisse befriedigt werden. Der Verlust dieser sozialen Betätigung im Rahmen der Arbeit wird vielfach, vor allem von Frauen, beklagt, die wegen der Erziehung ihrer Kinder (vorübergehend) aus dem Berufsleben ausscheiden müssen.

In der vierten Gruppe hat Maslow sog. „Ich-Bedürfnisse" bzw. „Achtungsbedürfnisse" aufgeführt, deren Befriedigung zu Selbstvertrauen und Wertbewusstsein führt. Die Frustration dieser Bedürfnisgruppe lässt Minderwertigkeitsgefühle, Gefühle der Hilflosigkeit und neurotische Fehlentwicklungen entstehen. Maslow unterscheidet zwei Gruppen von Achtungsbedürfnissen:

1. Bedürfnisse nach Stärke und Erfolg, Geschicklichkeit und Kompetenz, Unabhängigkeit und Freiheit sowie den Wunsch, das Vertrauen anderer Menschen zu verdienen und zu erlangen.

2. Bedürfnisse, die eher auf die Bestätigung von außen hinzielen, nämlich auf Prestige, Status, Ansehen, Einfluss und Beachtung.

Als höchstes Stadium nennt Maslow die Bedürfnisse nach Selbstverwirklichung. Hierunter versteht er, dass der Mensch seine potentiell gegebenen Fähigkeiten und Funktionsmöglichkeiten entfaltet, also durch Weiterentwicklung, Kreativität usw. verwirklicht, was er ist.

> Musiker müssen Musik machen, Künstler malen, Dichter schreiben, wenn sie sich letztlich in Frieden mit sich selbst befinden wollen. Was ein Mensch sein kann, muß er sein. Er muß seiner eigenen Natur treu bleiben. Dieses Bedürfnis bezeichnen wir als Selbstverwirklichung.[29]

Insgesamt ist der motivationspsychologische Ansatz von Maslow als interessante Anregung zur Untersuchung menschlicher Bedürfnisprozesse zu werten, mit dem Ziel, höherwertige Motive als Teil des menschlichen Daseins und dessen Weiterentwicklung zu betrachten.

Wesentlich für das psychologische Verständnis der Arbeitsstörungen ist die Unterscheidung Maslows zwischen „Defizitmotivation" und „Wachstumsmotivation". Ohne die Befriedigung seiner Primärbedürfnisse nach Sicherheit und Anerkennung wird der Mensch kaum in der Lage sein, den Weg der Individuation zu beschreiten. Jede existentielle Verunsicherung, die der Mensch bei der Arbeit erfährt, erschwert den Prozess seiner Selbstverwirklichung.

---

[29] Maslow, A.H.: Motivation und Persönlichkeit (1954), Reinbek b. Hamburg 1981, S. 73f.

2.5 Arbeitsfähigkeit

2.5.1 Merkmale für Arbeitsfähigkeit

Das Persönlichkeitsmerkmal „Arbeitsfähigkeit" setzt sich aus mehreren Strukturelementen zusammen: Einsatzbereitschaft, Disziplin, Konzentrationsfähigkeit, planvolles Denken, soziale Fähigkeiten und Hingabe an die Sache -, die zu einer Ganzheit führen[30]. In lerntheoretischer Hinsicht können die einzelnen Elemente der Arbeitsfähigkeit als Fertigkeiten (engl. „skills") beschrieben werden, die in der frühkindlichen Sozialisation erworben und trainiert werden. Die Arbeitskompetenz des Erwachsenen entsteht auf der Grundlage seines früheren Sozialisationsschicksals, bei dem er sich im Wechselspiel mit bedeutsamen Bezugspersonen soziale, psychisch-emotionale, intellektuell-kognitive und handlungsorientierte Merkmale aneignen konnte.

Wenn Arbeits- und Beziehungsfähigkeit als zwei Seiten einer Medaille betrachtet werden sollen, ist die Mutter-Kind-Dyade von größter Bedeutung. Eng mit der Soziabilität des Kindes verknüpft sind auch seine psychisch-emotionalen Fähigkeiten. Es muss sich in andere einfühlen können und sich für andere interessieren. Ein kooperatives Kind kann Frustrationen leichter hinnehmen, ist bereit, die Spielregeln der menschlichen Gemeinschaft zu akzeptieren, entwickelt Lernbereitschaft, wird kommunikativ und handlungsfähig. Wer sich in seinen frühen Bindungen getragen fühlte, wird im späteren Leben keine ängstliche oder aggressive Stimmung bei der Arbeit entwickeln. „Wer schaffen will, muss fröhlich sein" lautet die Volksweisheit, die intuitiv die Haltung des produktiven Menschen charakterisiert. Heiterer Optimismus befähigt den Menschen, sich mit dem Widerstandscharakter der Arbeitswelt auseinander zu setzen. Neben seiner kognitiven Fähigkeit, eine Aufgabe zu analysieren, muss der Mensch über den Optimismus verfügen, dass sein Arbeitsauftrag lösbar ist.

2.5.2 Soziale Merkmale

Im Laufe der kindlichen Entwicklung werden die ersten Grundlagen für das spätere Arbeitenkönnen in der kindlichen Neugier, in der Lernbereitschaft und vor allem in der Kooperation und in der Ansprache durch

---

[30] Moser, U.: Psychologie der Arbeitswahl und der Arbeitsstörungen, a.a.O.

Eltern und Erzieher, Geschwister, später in der Schulzeit durch Lehrer, Schulkameraden, Freunde und schließlich in der Berufsausbildung durch Ausbilder und Lehrmeister usw. herausgebildet. Die spätere Arbeit ist also ein Gruppenphänomen, das immer irgendwie auf eine Gruppe bezogen ist oder im Rahmen einer Sozietät erfolgt.

> Der Mensch ist von Natur aus ein auf das Soziale angelegtes Wesen, das durch die Geburt in eine soziale Gruppe hineinwächst und von ihr geprägt wird.[31]

In den aufeinander aufbauenden Entwicklungsphasen des Kindes müssen verschiedene Tugenden (Erikson)[32] erworben werden, welche u.a. auch die Voraussetzungen für die spätere Arbeitsfähigkeit begründen. Dabei sind die Fragestellungen interessant, unter welchen Bedingungen das kindliche Interesse zum Wissenwollen, am Können und an der sozialen Geschicklichkeit angeregt werden kann. Ein gewisses Maß an sozialer Einfügung scheint erforderlich zu sein, um grundlegende Lernprozesse zu initiieren.

> Man eignet sich nicht die jeweils notwendige „Arbeitstradition" an, wenn man als Kind nicht geübt hat, auf andere zu hören, sich mit ihnen zu identifizieren, sie als Vorbild zu nehmen.[33]

Arbeitsfähigkeit hat somit sehr viel mit sozialer Gesinnung zu tun. Alfred Adler sieht das Arbeitenkönnen im engen Zusammenhang mit dem entwickelten „Gemeinschaftsgefühl", das auch einen Maßstab für die Kooperation mit den Mitmenschen darstellt.

> Diese Sicherheit im Umgang mit den anderen ist vermutlich die emotionale Komponente der Sprachkompetenz, die in einer gesicherten sozialen Situation entsteht, in der die Interaktion mit vertrauten Menschen selbstverständlich ist und regelmäßig sowie erfolgreich (im Sinne des Verstärkungslernens) praktiziert wird. Man kann erahnen, welche Bedeutung die zuverlässige und aufmerksame Familie für die Sprachentwicklung und sprachliche Interaktionsfähigkeit des Kindes hat.[34]

Im Spiel übt sich das Kind in Kooperation. Das Spiel regt auch vielfältige soziale und kognitive Lernprozesse an. Eigenschaften wie Ausdauer,

---

[31] Moser, U.: Psychologie der Arbeitswahl und der Arbeitsstörungen, a.a.O., S. 15
[32] vgl. Erikson, E.H.: Kindheit und Gesellschaft (1950), Stuttgart 1979, S. 268
[33] Rattner, J.: Arbeitsfähigkeit., in: Jahrbuch für verstehende Tiefenpsychologie und Kulturanalyse, Bd. 3, Berlin 1983, S. 52
[34] Kühne, N.: Wie Kinder Sprache lernen, Darmstadt 2003, S. 70

Geduld, Frustrationstoleranz und Fairness zählen zu den Attributen eines guten Mitspielers. Zudem wird das Kind über die sprachliche Einbeziehung durch die Erwachsenen, die Kommunikations- und Dialogfähigkeit entwickelt und gestärkt.

In den Beziehungen zu den Geschwistern kann vielfältiges Sozialinteresse erworben werden. Das Kind lernt zu teilen, sich in eine Gemeinschaft einzufügen, älteren Geschwistern nachzustreben, vielfältige Vorbilder zu erleben und sich einen Platz in der Familienkonstellation zu sichern. Herrscht eine Familienatmosphäre, in der Wohlwollen, relative Angstfreiheit und gegenseitige Hilfe gelebt werden und die Eltern als Vorbild für Sozialverhalten, Emotion und sprachlichen Austausch dienen können, dann entsteht ein emotionales Modell für Harmonie im mitmenschlichen Umgang, in Konfliktfähigkeit, Kommunikation und Kooperation. Die verinnerlichten positiven Gefühlsbeziehungen können auf spätere Mitschüler, Freunde, Liebespartner, aber auch in den späteren Arbeitsbeziehungen auf Kollegen, Mitarbeiter und Vorgesetzte projiziert werden und hinterlassen positive Resonanz, was wiederum selbstbestärkend wirkt.

Das Training zur Arbeitsfähigkeit und Entwicklung von Mitmenschlichkeit wird in Kindergarten, Schule und in der späteren Berufsausbildung fortgeführt. Werden positive Bedingungen vorgefunden, können sich Interesse und Gemeinsamkeit entwickeln. Positive Rückmeldungen der Erzieher stärken Selbstvertrauen und das Bewusstsein: „Ich kann das", bzw. „Ich kann das lernen". Auf dieser Grundlage reagieren die Kinder im Lernprozess konzentriert, sachinteressiert, diszipliniert, arbeitsfreudig und wenig affektiv. Diese Kinder verfolgen aufmerksam den Unterricht und unterstützen Lehrer und Mitschüler bei deren Arbeit, können sich in die Klassengemeinschaft gut einpassen, genießen Achtung und Respekt und werden häufig um Hilfestellung gebeten.

2.5.3 Psychisch-emotionale Merkmale

Die psychisch-emotionale Entwicklung des Kindes wird stark durch die soziale Umwelt, den Einfluss bzw. die Art und Weise des Umgangs, des Verhaltens und der Gestimmtheit der unmittelbaren Erzieher sowie die Wertvorstellungen der jeweiligen Kultur geprägt. Die Emotionen, die beim späteren Erwachsenen festzustellen sind, haben ihre Grundlage in

Lernvorgängen der frühen Kindheit. Die emotionale Entwicklung des Kindes beginnt schon früh und vollzieht sich schnell.

> Im Alter von 2 Jahren zeigt das Kind schon die meisten Emotionen des Erwachsenen wie Ärger, Enttäuschung, Furcht, Freude und liebevolle Zuneigung.[35]

Erikson[36] beschreibt die psychosoziale Entwicklung als einen kontinuierlichen Prozess, der ein immer neues Niveau der sozialen Interaktion erfordert und dessen positive Bewältigung den Verlauf der Persönlichkeitsentwicklung entsprechend prägt. Zunächst geht es um das Erlangen eines „Ur-Vertrauens", das aus der Interaktion mit der Mutter entsteht, auf deren Grundlage sich das Bedürfnis nach „Autonomie" aufbaut. Auf der nächsten Stufe ergibt sich ein Gefühl der Freiheit und „Initiative", wenn die Erzieher genügend Raum geben und die Versuche der Eigenaktivität unterstützen, worauf sich ein „Werksinn" einstellt, wenn das Kind sich für das Funktionieren der Dinge interessiert, experimentiert, ordnet und Aktivitäten entwickelt. Das Durchlaufen der Jugendphase führt zu einer „Identitätsfindung", indem der Jugendliche eine integrierte eigene Identität erwirbt, sich von anderen als verschieden wahrnimmt, als stimmig und akzeptabel.[37]

Die emotionale Entwicklung setzt sich bis ins Erwachsenenalter fort und beeinflusst auch die Einstellung zur Arbeit in ganz entscheidender Weise. Dabei lässt sich die Lebenshaltung eines arbeitsfähigen Menschen so beschreiben, dass sie auf der Erfahrung eigener Gestaltungsmöglichkeiten aufbaut und mit Freude und Heiterkeit durchdrungen ist. Die Fähigkeit zu einem schlichten und geradlinigen Vorgehen selbst bei Schwierigkeiten erfordert die Eigenschaft des Mutes, im Sinne einer „Zivilcourage" angesichts von Komplikationen, die häufig in der täglichen Arbeit vorzufinden sind. Der mutige Mensch ist nicht auf spektakuläre Augenblicks- und Scheinerfolge angewiesen und ist in der Lage, auch etwas durchzustehen. Hierbei sind Beharrlichkeit und Ausdauer erforderlich, die aus einer Kraft der Zuversicht gespeist werden. Arbeitsfähige Menschen sind von dem Glauben an den Erfolg beseelt, was sie zur Arbeit motiviert und Erfolgsmöglichkeiten beschert. Sie können auf frühere Erfolge zurückblicken, was sie dazu veranlasst, neue Aufgaben mit Elan und Siegesgewissheit aufzugreifen.

---

[35] Zimbardo, P.G.: Psychologie (1974), Berlin 1983, S. 128
[36] Erikson, E.H.: Kindheit und Gesellschaft (1950), a.a.O., S. 241–270
[37] *vgl. Schaubild 1.1 „Stufen der psychosozialen Entwicklung", Anhang S. 203 und 204*

Für arbeitsfähige Menschen ist die Charaktereigenschaft der Geduld eine weitere wesentliche Voraussetzung. Geduldige Menschen gehen mutig an die ihnen gestellten Aufgaben heran und sind in der Lage, Dinge reifen zu lassen und notfalls auch mehrmals mit einer Sache anzufangen. Begünstigend ist hierbei eine gewisse Selbstzucht bzw. Selbstdisziplin im Sinne einer „innerweltlichen Askese", die eine Konzentration auf das „Wesentliche" des Arbeitsprozesses ermöglicht.

Arbeitsfähigkeit erfordert Selbstvertrauen sowie den Glauben an sich selbst und die eigenen Fähigkeiten, wie auch K. Horney betont.

> Es erfordert Selbstvertrauen, seine Arbeit mit vollem Ernst aufzunehmen, um so mehr, wenn die Anstrengung keine unmittelbaren Ergebnisse zeitigt. Um so mehr, je weniger wir durch den Beifall unterstützt werden, sondern alleine oder gegen Widerstand arbeiten. Um so mehr, je mehr Entschlüsse wir fassen und je mehr Wagnis wir auf uns nehmen müssen. Um so mehr, je schöpferischer die Arbeit ist.[38]

Auf der Grundlage eines solchen Selbstvertrauens reift eine entsprechende Selbstachtung, die sich ungefähr in der Mitte zwischen Kleinheits- und Größengefühlen bewegt. Eine solche Selbstachtung, die ein bestimmtes Wertgefühl für sich selbst und seine Fähigkeiten umfasst, ermöglicht die Entwicklung weiterer Eigenschaften wie Geduld, Zuversicht, Glauben an den Erfolg usw.

Die Grundstimmung des arbeitsfähigen Menschen ist von Optimismus geprägt. Nur in der positiven Annahme, dass die eigenen Anstrengungen fruchtbar sind, ist der Mensch für seinen Arbeitseinsatz motiviert. Zusätzlich wird der Arbeitswillige angespornt, wenn er ein echtes Interesse, eine Liebe zur Sache entwickeln kann, was mit einer entsprechenden Hingabefähigkeit verbunden ist. Solche Menschen sind mit einer Begeisterungsfähigkeit bei ihrer Arbeit, sind emotional engagiert, „gewissermaßen ‚mit dem Herzen dabei'". Eine solche Motivation ist offensichtlich in tieferen Seelenschichten verankert, man wird die Arbeit um ihrer selbst willen lieben und darf nicht Mittel zum Zweck sein: „Ohne ein Interesse am Gegenstand um seiner selbst willen ist es unmöglich, ein Stück Wirklichkeit zu erfassen."[39]

Die eigentlichen Triebkräfte für produktives Tun sind die Gefühle. Sie scheinen im Zentrum der Personalität zu stehen, sind immer wertbe-

---

[38]   Horney, K.: Arbeitshemmungen, in: Psyche, III. Jg., Nr. 7, Stuttgart 1949, S. 483
[39]   Horney, K.: Arbeitshemmungen, a.a.O., S. 483

zogen, verkörpern Werterkenntnis und Wertrealisation. Ich-Stärke ist Ausdruck eines Gefühlsreichtums, daher liegt die treibende Kraft für das Handeln im entwickelten Gefühlsleben eines Menschen. Handlungsfähigkeit hängt davon ab, wie ausgeprägt und differenziert die Gefühle sind. Besonders die Bereiche der Kommunikation und der Sozialität sind mit dem Fühlen verbunden. Somit wird sich ein Emotionsreichtum auch in der Arbeitsfähigkeit niederschlagen.

2.5.4 Intellektuell-kognitiv-geistige Merkmale

In den Bereich der intellektuellen, kognitiven und geistigen Elemente für Arbeitsfähigkeit sind Fähigkeiten und Fertigkeiten einzuordnen, die mit der Wahrnehmung, dem Denken, dem Erkennen, dem Wissen und der Einsicht, also mit sog. Ich-Leistungen zu tun haben. Dazu gehören weitere Merkmale wie Aufmerksamkeit, Erinnern, Urteilen, Vorstellen, Antizipieren, Planen, Entscheiden, Problemlösen, das Mitteilen von Ideen, aber auch Klassifizieren und Interpretieren sowie intern verlaufende Prozesse wie Träumen und Phantasieren. Dabei sind Denken und Intelligenz als psychische Anpassungsprozesse an die Umwelt zu sehen, die begünstigt werden, wenn die Umwelt sie schätzt und fördert. Nach einer Definition von William Stern kann Intelligenz als „die allgemeine Fähigkeit, das Denken bewußt auf neue Forderungen einzustellen, die allgemeine geistige Anpassungsfähigkeit an neue Aufgaben und Bedingungen des Lebens"[40] formuliert werden. Diese Begriffsbestimmung weist auf ein persönlichkeitsumfassendes Geschehen hin, wobei der Charakter eines Menschen in die Intelligenzkonstellation hineinwirkt und diese mitgestaltet, so dass der Hinweis auf den Faktor „Begabung" nicht überschätzt wird.

Bei der Frage nach der Entwicklung kognitiver Fähigkeiten hat sich der Schweizer Psychologe Jean Piaget[41] besonders verdient gemacht. Piaget beschreibt die Entwicklung der kognitiven Strukturen als den zentralen Prozess der Anpassung (Adaptation), welcher sich aus den Komponenten der Assimilation und Akkommodation zusammensetzt. Kinder versuchen neue Erfahrungen aus ihrer Alltagswelt so zu deuten, dass diese mit ihrem bisher erworbenen Wissen konform gehen (Assimilation).

---

[40] Stern, W.: Allgemeine Psychologie auf personalistischer Grundlage (1935), Haag, Nijhoff 1950

[41] Piaget, J.: Das Erwachen der Intelligenz beim Kinde (1936), Stuttgart 1969

Gleichzeitig gibt es die Erkenntnis, dass durch die neuen Informationen das bisherige Wissen modifiziert wird und zu einer Veränderung des Wissensstandes führt (Akkommodation). Stellt ein Kind z.B. fest, dass ein Strohhalm nicht geeignet ist, schwere Objekte zu bewegen, weil er nicht stabil genug ist, kommt es zu einer Akkommodation des „Bewegungsplanes". Piaget hat den Verlauf der kognitiven Entwicklung in vier Denkphasen oder -stile unterschieden, die zu einem charakteristischen Denkstil führen: sensumotorisch, präoperational, konkret und formal.[42]

Die kognitiven Strukturen von Wahrnehmen, Denken, Sprechen und Handeln wirken prozesshaft, beeinflussen und fördern sich gegenseitig und sind natürlich abhängig von den Wertvorstellungen einer bestimmten Kultur. Dabei spielt die jeweilige Sprache des Menschen für das Lernen, die Kommunikation und das Gedächtnis eine wichtige Rolle. Sie hilft, die Wirklichkeit zu strukturieren und die Phantasie anzuregen. Die Sprache ist das sog. „Schmieröl" zur Begünstigung des zwischenmenschlichen Kontakts. Mit der Mitteilung von Gedanken, Einstellungen, Gefühlen und Ängsten und dem verbalen Austausch darüber ergibt sich das Feedback für Kinder, um sich selbst besser verstehen zu lernen und andere auch verstehen zu können. Sie können somit in die soziale Gemeinschaft hineinwachsen. Für das Erinnern, Planen, Begründen und Analysieren ist die Sprache ein unabdingbares Instrument, ohne das Verstehen zwischen den Menschen nicht möglich wäre.

Bei näherer Betrachtung der kognitiv-intellektuell-geistigen Merkmale, die für einen gelingenden Arbeitsprozess wesentlich sind, erkennen wir Fähigkeiten und Fertigkeiten, die das Arbeitenkönnen begünstigen. Wichtig ist dabei die Motivation zu einer Arbeit, denn eine Arbeit sollte nicht nur Mittel zum Zweck sein. Sie kann Hilfe für andere, auf Geldgewinn ausgerichtet sein oder Ruhm und Ehre erstreben. Aber nur wenn die Menschen sich neugierig und zielstrebig ihren Aufgaben zuwenden, entsteht ein wirkliches Engagement.

Der Erfolg einer Arbeit ist von verschiedenen Faktoren abhängig, die häufig außerhalb unserer Einflusssphäre liegen. Daher muss die Arbeit für uns selbst von Bedeutung sein und einen eigenständigen Wert besitzen, damit das ganze Können, die Intuition, das Engagement und die Energie zur Entfaltung kommen können.

Eine wichtige Grundbedingung ist, die nötige Selbstachtung zu entwickeln, die sich ungefähr in der Mitte zwischen Kleinheits- und Größengefühlen bewegt. Diese Selbstachtung begünstigt ein ganzes „Bündel"

---

[42] Piaget, J.: Das moralische Urteil beim Kinde (1932), Zürich 1954

weiterer Fähigkeiten wie Zuversicht, Geduld, Glauben an den Erfolg usw. Wenn man sich auf der Grundlage des Realitätsprinzips bewegt, lässt sich das Bewusstwerden der eigenen Arbeits- und Lebenshaltung leichter erschließen. Der Hang zum Wunschdenken, zu Phantasien und Träumereien verträgt sich nicht mit den Realitäten des Lebens und ist am „Lustprinzip" der Kinderzeit orientiert. Der realitätsbezogene Mensch wird sich den Schwierigkeiten des täglichen Lebens stellen und „trotzdem" seine Ziele weiter verfolgen. Somit ist die Arbeit immer auch ein Test, in welcher Art und Weise sich der Betreffende der Realität zugewendet hat und in ihr verankert ist.

Der arbeitsfähige Mensch verfügt über eine Funktionsfähigkeit, d.h. er ist in der Lage, auf äußere Anforderungen aus der Arbeitswelt adäquat zu reagieren. Seine Ich-Funktionen, wie z.B. Entscheidungsfähigkeit, Aufmerksamkeit, Konzentration und seine Leistungsfähigkeit, sind gut entwickelt. Er kann Verantwortung für sein Aufgabengebiet übernehmen, aber auch Teilaufgaben delegieren. Die Fähigkeit, beim Arbeiten zwischen Wesentlichem und Unwesentlichem zu unterscheiden, führt zur Konzentration von Kraft und Energie. Er ist von einem Respekt vor der Welt erfüllt und kann seine Leistungsmöglichkeiten realistisch in die Gesamtheit der Weltbewegung einordnen.

2.5.5. Handlungsbezogene Merkmale

Die Entwicklung des Handelns ist ein prozesshaftes Geschehen, das mit der Entwicklung der Komponenten Fühlen, Denken und Sprechen einhergeht. Dabei bilden biologische Reifung, individuelles Lernen und Sozialisation ein ineinander greifendes System, das die Ausbildung anderer psychischer Funktionen wie Wahrnehmung, Körpermotorik, Emotionen und Motivation begünstigt. Grundlegend ist der Gedanke, dass die inneren Strukturen und damit die Fähigkeiten eines Menschen sich seit der frühen Kindheit entwickeln, indem das Kind sich aktiv mit seiner Umwelt und deren Anforderungen auseinander setzt. In einer regelhaften Folge von Entwicklungsphasen werden Lösungen und Antworten für altersspezifische Entwicklungsaufgaben gefunden. Diese stehen in einem sozialen Kontext und die Förderung und Unterstützung dieses Prozesses durch wichtige Bezugspersonen (significant others, G.H. Mead) bestärkt die Motivation zu probieren, zu üben, zu trainieren und führt somit zur

Ausprägung von Fähigkeiten, Fertigkeiten und Entwicklung eines Selbstwertsystems.

Für die Ausprägung handlungsbezogener Elemente sind besonders die motorische Entwicklung, das Körper-Selbst, die Fähigkeit zum aktiven Tun, das Herangehen an die Welt („ad-gredi", H. Schultz-Hencke)[43] und die sozialen, emotionalen und logischen Prozesse hervorzuheben, die dem Geschehen vorausgehen oder impliziert sind.

Als Vorläufer der Arbeit dient das kindliche Spiel (Lüders 1967)[44], das als Abfolge von endlosen Wiederholungen einzelner übender Schritte verstanden werden kann, das Aufmerksamkeit und Interesse auf ein konkretes Objekt richtet und auch kreative Elemente wachsen lässt.

Das Grundprinzip des „Machens" bringt eine basale Form der Befriedigung, die allein aus dem Machen zu gewinnen ist. Karl Bühler (1928) sprach in diesem Zusammenhang von der „Funktionslust" im Spiel. In den frühesten Phasen des kindlichen Spiels geschieht das „Machen" durch die Entwicklung von sensorischen und motorischen Fertigkeiten. Später kommt zur Lust am Funktionieren noch die Lust am Verändern hinzu.

> Im Spiel entdeckt das Kind, daß es selbst etwas bewirken kann, das die Außenwelt verändert. Hier werden Weichenstellungen der Abgrenzung von Selbst zu Nichtselbst vollzogen, weil „außen" sich etwas verändert, wenn „ich selbst" etwas will.[45]

Erikson (1950)[46] hebt die kreative Seite des kindlichen Spiels hervor. Einesteils bedeutet dies lustvolle Beherrschung der Umwelt, gleichzeitig den Wunsch, bisher gemachte Erfahrungen im Spiel zu bearbeiten und zu integrieren. Das kreative Spiel gewährt Macht über die Objekte, was die Ich-Entwicklung voranbringt. Winnicott (1971)[47] beschreibt den kreativen Aspekt des kindlichen Spiels als Entdecken und Neuerschaffen von Realität. Er siedelt dieses Geschehen in einem Raum zwischen Kleinkind und Mutter an, was als ein Zeichen von Gesundheit zu sehen ist. Die Kreativität lebt im späteren Erwachsenenleben fort, in der Art und Weise, wie mit der Umwelt umgegangen wird, und dies findet in einem Raum

---

[43] vgl. Schultz-Hencke, H.: Der gehemmte Mensch (1940), Stuttgart 1982
[44] vgl. Lüders, W.: Lern- und Leistungsstörungen. Ein Beitrag zur Psychoanalyse der Arbeitsstörungen, Psyche 21, 1967, S. 915–938
[45] Hohage, R.: Zur Psychoanalyse des Arbeitens und der Arbeitsstörungen, in: Hirsch, M. (Hg.): Psychoanalyse und Arbeit, Göttingen 2000, S. 103
[46] vgl. Erikson, E.H.: Kindheit und Gesellschaft (1950), a.a.O.
[47] vgl. Winnicott, D.W.: Vom Spiel zur Kreativität (1971), Stuttgart 1993

zwischen äußerer und innerer Realität statt und führt in direkter Linie zu den kreativen Leistungen einer Kultur.

Der Aspekt des „Machens" bleibt auch im späteren Erwachsenenleben als Aktivität in der Arbeit bedeutend. Er erzeugt ein Gefühl der Befriedigung, die sich sogar bei ungeliebter, monotoner Arbeit einstellen kann. Über dem Gefühl, eine Arbeit „geschafft" zu haben, stellt sich die Befriedigung über das „Gemachte" ein. Daher ist ein Verlust von Arbeit, auch wenn sie ungeliebt ist, mit dem Verlust einer Befriedigungsmöglichkeit verbunden, was sich nicht unbedingt merklich im Bewusstsein niederschlagen muss. So können scheinbar unkreative Werktätigkeit, aber auch sportliche Höchstleistungen befriedigend erlebt werden, weil die Funktionslust perfektioniert wird. Die Lust am Machen ist nicht an das geistig-intellektuelle Niveau geknüpft, sondern ist davon abhängig, wie stark das Machen individuell als erfolgreich bewertet und erlebt wird.

Das kreative Spiel des Kleinkindes wird durch das intensive Spiel der Latenzzeit abgelöst, indem das Interesse an Dingen in den Vordergrund rückt. Dies hat mit Ordnung, Struktur, mit „Lust an der Synthese" zu tun und bildet somit die Vorstufe für die Entwicklung eines handwerklichen Elements von Arbeit.

> Daß Arbeit, insbesondere handwerkliche Arbeit, eine starke stabilisierende Funktion hat, liegt vor allem im Entdecken von Ordnungen und in deren Konsequenzen für die Stabilisierung der Selbstidentität.[48]

Dieses handwerkliche Element ist für die Motivation und das Engagement für jede Arbeit wichtig. Dabei geht es darum, die innere Struktur, Regeln, Ordnungsprinzipien des Spiels bzw. der Arbeit zu erkennen und zum Ausdruck zu bringen. Bei anspruchsvolleren Arbeiten ergeben sich immer wieder neue Aspekte, so dass Arbeit/Spiel nicht zur Routine verkommen und ihren Reiz verlieren. Bei zunehmender Arbeitsteilung wird die komplexe Struktur in Einzeltätigkeiten zerlegt, so dass es dann nur noch um Perfektionierung von Tätigkeitsfragmenten geht, wobei wiederum die Funktionslust als Motivator wirksam ist.

> Die endlose Wiederholung dieser einzelnen Schritte dient der Fokussierung von Interesse und Aufmerksamkeit auf ein ganz eng umschriebenes Feld.[49]

---

[48] Hohage, R.: Zur Psychoanalyse des Arbeitens und der Arbeitsstörungen, a.a.O., S. 106f.
[49] Hohage, R.: ebd., S. 108

Im Schulalter wird aus der spielerischen Aktivität der Kinderzeit eine Betätigung, die ein Element der Verpflichtung enthält, „Pflicht zum Lernen". Dies setzt eine Über-Ich-Entwicklung voraus, die ermöglicht wird, wenn der Wert verinnerlicht ist, Verpflichtungen einzugehen und diese einzuhalten. Der Verpflichtungscharakter ist ein bedeutendes Kennzeichen für das Arbeiten im späteren Erwachsenenleben. In der Latenzzeit bedarf die Über-Ich-Bildung noch kontrollierender Instanzen in der sozialen Umwelt, z.B. durch Eltern, Lehrer, Bezugspersonen usw. Daher wird in dieser Zeit eine Trennung zwischen Spiel und Arbeit empfunden. Diese innerseelische Aufspaltung zwischen Spaß und Spiel einerseits und verpflichtender Beschäftigung andererseits ist im späteren Erwerbsleben ungünstig, jedoch kann das Element der Lust auch bereichernd wirken.

> Je komplexer, differenzierter und kreativer die Erwerbstätigkeit ist, desto mehr müssen Lust und Befriedigung zur Pflicht hinzutreten, weil sonst keine produktive Arbeit geleistet werden kann.[50]

In der Adoleszenz sind dann Über-Ich und Ich-Ideal internalisiert und in das Seelenleben integriert, so dass eine äußere Kontrolle nicht mehr erforderlich ist. In der Folge unterscheiden sich Spiel und Arbeit nur unwesentlich, in beiden Feldern wird gearbeitet. Als Gegenstück zur Arbeit erscheinen Zerstreuung bzw. Aktivitäten, die Ablenkung oder Muße ermöglichen.

Besonders bei produktiver Arbeit kann nicht mit maschineller Regelmäßigkeit gearbeitet werden. Es müssen Erholungsphasen eingelegt werden, damit eine Sache heranreifen kann. So ist es sinnvoll, eine gewisse Abwechslung von Arbeit und Muße anzustreben, um so ein „mittleres Maß" für den eigenen Arbeitseinsatz zu ermöglichen. Häufig erliegen Menschen dem Reiz, im Beruf völlig aufzugehen, sich grenzenlos zu erleben und in eine „Arbeitssucht" zu verfallen. Dagegen ruht der arbeitsfähige Mensch in sich selbst, kann seine Arbeitsziele am Realitätsprinzip orientieren und seine Arbeitsschritte bewegen sich annähernd ausgewogen zwischen Kleinmut und Größenwahn. Eine realistische Arbeitshaltung vermeidet zu große Arbeitsentwürfe, konzentriert sich auf die Erledigung „machbarer Aufgaben" und orientiert sich an der „Politik der kleinen Schritte", wie dies Goethe in den Gesprächen mit Eckermann verdeutlicht:

---

[50] Hohage, R.: Zur Psychoanalyse des Arbeitens und der Arbeitsstörungen, a.a.O., S. 109

Aber lassen Sie vorderhand alles Große zur Seite. Sie haben lange genug gestrebt, es ist Zeit, daß Sie zur Heiterkeit des Lebens gelangen, und dazu eben ist die Bearbeitung kleiner Gegenstände das beste Mittel.[51]

Auf dieser Grundlage entsteht eine gewisse Arbeitstechnik, die es ermöglicht, mit anstehenden Aufgaben adäquat umzugehen und diese geplant und zielvoll anzugehen. Dieses „zweckgerichtete Handeln" setzt sich aus vielen Gewöhnungen und automatisierten Verhaltensweisen zusammen. Im Volksmund wurde nicht ohne Grund der Ausspruch geprägt: „Nur die Übung macht den Meister!" Es ist also regelmäßiges Training erforderlich, bis sich eine Erfahrung eigener Gestaltungsmöglichkeiten einstellt. Diese Fähigkeit setzt den Arbeitenden in die Lage, seine Arbeitsschritte so zu planen und entsprechend zu organisieren, dass sich ein Erfolgserlebnis einstellen kann.

Die Arbeit erfordert im Erwachsenenleben einen sachdienlichen Umgang mit den Aufgaben, eine Identifikation mit den Werten des Berufes sowie eine Rollenübernahme innerhalb des bestehenden Gesellschaftssystems. „Der Vorteil dieser Internalisierung von Normen und Werten bringt einen Zuwachs an Halt und Sicherheit, kurz an beruflicher Identität."[52]

Hierbei wird deutlich, wie wichtig es für die Erwerbstätigen ist, die Werte und Normen eines Berufsfeldes zu übernehmen, um den Sinngehalt der Arbeit empfinden zu können und damit eine Befriedigung zu erleben.

Gleichzeitig darf das Streben nach Halt und Sicherheit nicht überwertig sein. Das kreative Element schließt auch Erweiterung und Sprengung des Bisherigen ein. Nur so kann der Wert der Eigenständigkeit und Autonomie entwickelt werden. Um aktiv sein zu können und sich als Handelnder als Subjekt zu erleben, muss die Fähigkeit geformt werden, die Welt der Ideen (Ideale, Kultur) in die Welt der Tatsachen (Fakten, Dinge, Natur) zu übertragen und umgekehrt. So kann das Denken als ein Akt des Probehandelns (Freud) interpretiert werden, in dem im Geiste ausprobiert wird, wie das Umsetzen eines ideellen Wertes in die Welt der Tatsachen funktioniert. Der Zugang zur Werte- und Ideenwelt, der Fähigkeit zum Erkennen, Schauen und Erleben geschieht über die Welt

---

[51] Eckermann, J.P.: Gespräche mit Goethe in den letzten Jahren seines Lebens (1835), München 1988

[52] Hohage, R.: Zur Psychoanalyse des Arbeitens und der Arbeitsstörungen, a.a.O., S. 110

der Gefühle. Ein differenziertes Gefühlsleben ermöglicht eine differenzierte Wertwahrnehmung. So lässt sich formulieren, dass denken können muss, wer handeln will, und dass fühlen können muss, wer denken will. Dabei ist Fühlen mit Werterkennen gleichzusetzen (Max Scheler).[53] Um jedoch Ziele und Zwecke in die Tat umzusetzen und den „Widerstand der stumpfen Welt" zu überwinden, ist auch Willenskraft erforderlich. Nach Philipp Lersch[54] werden die Gefühle als „endothymer Grund der Persönlichkeit" gesehen, während der Wille zum „noetischen Überbau" gehört. Das Wollen kommt also aus dem Kern der Persönlichkeit und wird mit dem Denken der geistigen Sphäre zugeordnet. Das Wollen ist eine Art der „Selbstauszeugung der Person" (A. Pfänder), also eine aktive Auseinandersetzung mit der Realität, was zum Prozess der Selbstverwirklichung beiträgt und zum Können führt. Die daraus resultierende Ich-Stärke bringt zum Ausdruck, dass vielerlei gelernt, geübt, trainiert wurde und gute Gewohnheiten entstanden sind.

Viele Menschen bleiben verzweifelt an der „stumpfen Welt der Tatsachen" hängen, akzeptieren nicht die Widerständigkeit der Welt, können die Welt der Ideen nicht integrieren, also die ideellen Werte nicht erkennen.

So kann es zur Ausprägung von Arbeitsstörungen kommen. Sie bleiben beim Wünschen stehen und es kommt gar nicht erst zum Wollen.

2.5.6 Arbeitsfähigkeit und Persönlichkeit: Ein Ausblick

Zusammenfassend orientiere ich mich am schöpferischen Arbeitsvorgang, um zu erfassen, aus welcher Komplexität sich Arbeitsfähigkeit zusammenfügt. Beim schöpferischen Tun finden wir einen Prozess des Problemlösens, bei dem das Denken, die Einsicht, das übende Lernen nach Versuch und Irrtum und das Handeln selbst beteiligt sind. Die beim schöpferischen Arbeiten beteiligten Denkprozesse wurden in der akademischen Psychologie schon jahrzehntelang untersucht und z.B. bei Wallas (1926)[55] in einen 4-stufigen Prozess zergliedert:

---

[53] Scheler, M.: Wesen und Formen der Sympathie (1913), Bonn 1985
[54] Lersch, P.: Aufbau der Person (1941), München 1962
[55] Wallas, G.: The art of thought (1926), New York, zit. in: Zimbardo, P.G.: Psychologie (1974), Berlin 1983, S. 296

1. Vorbereitung:

Voraussetzung ist ein Problembewusstsein, das mit fragender Haltung, Offensein für Neues, Hang zur Wissbegierde, Flexibilität und Spontaneität einhergeht. Darauf folgt das Sammeln von Wissen, Informationen und Material, das bereits vorliegt. Dies muss eingehend ausgewertet und auf seine Verwertbarkeit überprüft werden, was auch Versuchslösungen einschließt.

2. Inkubation:

Das gesammelte Wissen muss nun innerlich reifen, „ausgebrütet" werden, was Zeit und Geduld erfordert. Der schöpferische Mensch muss über die Fähigkeit verfügen, sich in das Thema einzulassen, sich hinzugeben, was auch als aktiv-passives Geschehenlassen gesehen werden kann. Im Volksmund gibt es den Ausdruck: „Ich muss darüber schlafen."

3. Illumination:

In der Phase der Illumination oder auch Inspiration oder Invention wird man ernten, was in den bisherigen Phasen vorbereitet wurde. Es können blitzartige Einsichten und neue Lösungen entstehen. Das bisher gesammelte Material kann innerlich umstrukturiert, neu zusammengestellt werden und weiterführende Problemstellungen können sich ergeben. Max Liebermann soll treffend formuliert haben, dass für diesen Vorgang 95 % Transpiration und 5 % Inspiration erforderlich seien.

4. Verifikation:

In dieser Phase steht die Ausarbeitung, Gestaltung, Entscheidungsfindung, Problemlösung und Überprüfung der erzielten Lösungen im Vordergrund. Dies geschieht, indem das Material zur Problemlösung verdichtet wird, Arbeitsschritte definiert und diese umgesetzt werden. Hierzu sind Eigenschaften wie Fleiß, Disziplin, Konzentration, Hingabe an die Sache und innere Ausrichtung auf das zu erreichende Ziel sehr hilfreich. Hinzu kommt die Überprüfung, ob die gefundene Lösung auch praktisch durchführbar ist.

Hans Biäsch schildert den Vorgang des schöpferischen Arbeitens sehr eindrücklich:

> Aber auch das inspirierte Schaffen kann und muß gestaltet werden. Ohne kluge und umsichtige Pflege gerät es in Gefahr, sich in hektischer Unruhe zu verzetteln oder in genialischer Selbstüberschätzung das Wesentliche zu verfehlen. Gerade der Intuitive bedarf, wenn er in den Genuß seiner Arbeit kommen und sich das Schicksal des ewig betrogenen Erfinders ersparen will, einer besonderen Disziplin. Wirklich neues Schaffen erfordert nicht nur gute Einfälle, sondern Fleiß und nochmals Fleiß, fordert die Überwindung schmerzlicher Enttäuschungen technischer und persönlicher Art. Etwas Neues braucht Zeit, bis es erkannt wird, aber die Geduld ist meist nicht die starke Seite des Intuitiven. Wenn er sich trotz seiner Ungeduld durchsetzt, dann deshalb, weil ihn die Idee, deren Verkünder er ist, nicht losläßt und von innen her zum unermüdlichen Einsatz antreibt. Die Problematik des wirklich schöpferischen Menschen ist durch ihre Einzigartigkeit ausgezeichnet, und es ist meistens ein Wunder, daß ihm große Werke trotzdem oder vielleicht gerade wegen seiner besonderen Schwierigkeiten gelingen. Aus der so geschmiedeten Souveränität und Eigenständigkeit erwachsen der schöpferischen Persönlichkeit der unbeirrbare Instinkt, ihr Wille, sich mit großen, originären Geistern zu messen, und ihre nie erlahmende, schonungslose Kritik an sich selbst.[56]

Im Zuge der bisher erfolgten Aufarbeitung der Merkmale für Arbeitsfähigkeit kann ein deutlicher Zusammenhang zwischen den verschiedenen Seiten einer Persönlichkeit und der Arbeitsfähigkeit eines Menschen hergestellt werden. Die Persönlichkeitsanteile, also die Art und Weise, wie ein Mensch sich zu seiner Arbeit einstellt, welchen Beruf er auswählt, wie er seine Arbeit erledigt, welche Gefühle er bei der Arbeit empfindet und welche unbewussten Ziele er dabei verfolgt, repräsentieren den Charakter eines Menschen.

---

[56] Biäsch, H.: Zur Psychologie des schöpferischen Arbeitens, in: derselbe, Angewandte Psychologie als Lebensaufgabe, Bern 1977, S. 76

3 Erscheinungsformen von Arbeitsstörungen

3.1 Faktoren für Arbeitsstörungen

Das Phänomen Arbeitsstörungen ist durch ein Bündel von Symptomen und Erscheinungsbildern gekennzeichnet. Diese können sich beim Erledigen von Arbeitsaufgaben in einer leichten Unkonzentriertheit zeigen und bis zu einer gravierenden inneren Arbeitsblockade reichen. Die Folgen sind einerseits negative Konsequenzen für die Arbeit selbst und andererseits eine Beeinträchtigung des Selbstwertgefühls und der inneren Zufriedenheit der Betroffenen. Weiterhin führen diese am Arbeitsplatz zu Irritationen in sozialen Beziehungen und gefährden insgesamt die physischen, psychischen und geistigen Dimensionen des arbeitenden Menschen.

> Eine Arbeitsstörung kann in den verschiedensten Weisen und Schattierungen in Erscheinung treten: als plötzlich eintretender Stupor, als bemerkte oder unbemerkte Fehlhandlung, als ständige Unaufmerksamkeit und Dekonzentration, aber auch als völlige Passivität, als Nichtstun und Trödeln oder auch in der Form von Streit und Reibereien mit Vorgesetzten und Mitarbeitern.[57]

Der Begriff „Arbeitsstörungen" lässt sich definieren als die im Zusammenhang mit Arbeits- und Lernprozessen auftretenden Schwierigkeiten, Verzögerungen, Mängel und Fehler, die einen „normalerweise" zu erwartenden Erfolg qualitativ und quantitativ verhindern.[58] Wir können also dann von Arbeitsstörungen sprechen, wenn die tatsächlichen Leistungen eines Menschen hinter seiner möglichen oder der allgemein durchschnittlichen Leistungsnorm zurückbleiben.[59] Dabei können Arbeitsschwierigkeiten allgemein mit den Fachkenntnissen, der Arbeitsaufgabe, der Einkommenssituation, mit zwischenmenschlichen Problemen bei der Arbeit, der sozialen Bewertung des Berufs und möglicherweise schon mit der Berufswahl in einem engen Zusammenhang stehen. Arbeitsgestörte Menschen leiden häufig nur an den Folgeerscheinungen wie verminderter

---

[57] Moser, U.: Psychologie der Arbeitswahl und der Arbeitsstörungen, a.a.O., S. 113
[58] vgl. Dorsch, F. (Hg.): Psychologisches Wörterbuch, Bern 1982, S. 387
[59] vgl. auch: Singer, K.: Psychisch bedingte Lernstörungen im Kindes- und Jugendalter (1978), in: Spiel, W. (Hg.): Psychologie und Erziehung, Bd. 1, Weinheim 1986, S. 320

Arbeitsleistung, Konzentrationsstörungen, Vergesslichkeit, Überforderung, Fehlerhaftigkeit, Versagensängsten, Niedergeschlagenheit, konflikthaften sozialen Beziehungen, Mobbing, Rivalität, Stress, Burn-out-Syndrom sowie psychosomatischen Beschwerden. In der Folge kommt es aber auch zu Krankschreibungen, Kündigung, Arbeitslosigkeit und Erwerbsunfähigkeit bis zum beruflichen Abstieg.

Vielfach werden äußere „objektive" Gründe gesucht, an denen die Betroffenen ihre Schwierigkeiten festmachen. Daher erscheint es sinnvoll, objektive und subjektive Arbeitsstörungen zu unterscheiden. Eine objektive Arbeitsstörung zeigt sich darin, dass tatsächlich Fehler auftreten und der Betreffende den Anforderungen der Arbeit nicht oder nicht mehr genügt. Sichtbar wird dies durch Fehlhandlungen, Vergesslichkeit, Ungenauigkeit, was das Arbeitsergebnis objektiv stört und Nacharbeit und Folgekosten mit sich bringt. Menschen mit subjektiven Arbeitsstörungen leiden unter ihrer Problematik, empfinden ihre Minderwertigkeitsgefühle, ihre Unsicherheit und ihre Versagensängste. Von außen betrachtet können sie ohne weiteres die geforderten Leistungen erfüllen und arbeiten teilweise gewissenhaft und kompetent. Die verinnerlichten erhöhten Selbst-Ideale führen beim Arbeiten zu einem erhöhten Energieaufwand und verstärkter Anstrengung. Diese Personen erreichen dadurch nur einen Bruchteil ihrer potentiellen Leistungsfähigkeit.

> Der subjektiv arbeitsgestörte Mensch neigt dazu, aus seinem Erleben der Mangelhaftigkeit heraus auch seine objektive Leistungsfähigkeit zu unterschätzen. [...] Für die psychologische Praxis ist vor allem wichtig, dass es subjektive Arbeitsstörungen gibt, die sich objektiv überhaupt nicht zu zeigen brauchen.[60]

Beispiel aus der psychotherapeutischen Praxis (FALLVIGNETTE Nr. 23):

Eine 24-jährige Lehramtsstudentin, die wegen Minderwertigkeitsgefühlen, Lustlosigkeit und Versagensängsten im Studium die psychotherapeutische Behandlung aufgenommen hat, formuliert in diesem Zusammenhang folgendermaßen:

> „Ich bin der festen Überzeugung, nie voll und ganz die Ansprüche, die der Dozent an meine Arbeit stellt, erfüllen zu können. Dieses Gefühl ist mit einem großen Schamgefühl verbunden. Ich schäme mich für meine meines Erachtens ungenügenden Arbeiten und

---

[60] Moser, U.: Psychologie der Arbeitswahl und der Arbeitsstörungen, a.a.O., S. 114

befürchte, der Dozent zweifelt meine Intelligenz an, die mit der eines engagierten Studenten nicht zu vergleichen ist."

Ein objektiv arbeitsgestörter Mensch kann auch unter einer subjektiven Arbeitsstörung leiden. Häufig fehlen dem Betreffenden jedoch der Zugang zu seiner Problematik und die Einsicht, warum es zu einer mangelnden Arbeitsleistung kommt. Dies bedeutet aber nicht, dass die Einsicht und das Wissen über die Arbeitsprobleme ausreichen, um die Arbeitsstörungen zu beheben. Die Abwehrmechanismen, wie z.B. Projektion und Verschiebung, können sich insofern auswirken, dass der Betreffende denkt, die schwierigen Arbeitsbedingungen seien „schuld" oder die Kollegen oder der Chef. Deshalb lassen sich Arbeitsstörungen in ein primäres und ein sekundäres Geschehen einordnen. Bei einer primären Arbeitsstörung wird eine Problematik beschrieben, in welcher die Arbeitsfähigkeit schon in Kindheit und Jugend eingeschränkt war, wenn z.B. schon in der Schulzeit Arbeitsschwierigkeiten aufgetreten sind. Eine sekundäre Arbeitsstörung zeigt sich darin, dass der Betreffende, der bisher gut in der Lage war zu lernen und zu arbeiten, in einer aktuellen Situation durch die Manifestation einer neurotischen oder psychotischen Erkrankung einen Einbruch in seiner Arbeitsfähigkeit erlebt.

> FALLVIGNETTE 29: Ein 25-jähriger Student der Volkswirtschaftslehre, dem das Lernen in der Schule immer leicht gefallen ist, der daher nie viel für die Schule machen musste, wird an der Universität mit höheren Anforderungen konfrontiert und entwickelt Arbeitsstörungen. Er hat nie gelernt selbstständig zu arbeiten und hat auch das systematische Lernen nicht gelernt. In der Folgezeit erkrankt er an einer reaktiven Depression mit Sinnlosigkeitsgefühlen.

Sichtbar wird, dass die Depression nicht der Auslöser für seine Arbeitsstörungen ist, sondern seine Arbeitsstörungen sind ursächlich für den Ausbruch der Depression. Es kann auch häufig beobachtet werden, dass Arbeitsstörungen und Depression gemeinsam auftreten und sich gegenseitig verstärken und in einen Teufelskreis (Circulus vitiosus) münden.

> So kann es zu selbstverstärkenden Kreisprozessen kommen: Die Arbeitsstörungen rufen eine Depression hervor, die Depression verstärkt die Arbeitsstörungen, die verstärkten Arbeitsstörungen verstärken die Depression.[61]

---

[61] König, K.: Arbeitsstörungen und Persönlichkeit, Bonn 1998, S. 145

Besonders im Übergang von der Schule zur Hochschule können daher latent vorhandene Arbeitsstörungen durch Änderungen der Arbeitsanforderungen an der Universität manifest werden und das bisher vorhandene Gleichgewicht erschüttern. Daher ist es nicht verwunderlich, wenn gerade die Studierenden anfällig für Arbeitsstörungen sind. Häufig erleben sie die Anonymität, den Konkurrenzdruck und die Isolation in der Universität als erschwerend für das Studium.

Die Situation der Studenten ist geprägt durch eine verlängerte Adoleszenz, eine biographische Umbruchsituation mit Identitätsunsicherheiten und Rollendiffusion.[62] Damit einher geht eine längere Abhängigkeit durch verlängerte Ausbildungszeiten, was berufliche Entwicklung, Familienplanung und Zukunftsgestaltung überhaupt erschwert oder verzögert und zu einer Destabilisierung der psychosozialen Identität führt.

> Einerseits ermöglicht die sozial hergestellte „Unreife" biographische Differenzierungsprozesse, die unter den Vorzeichen gesellschaftlicher Normalität eher unwahrscheinlich sind. [...] Auf der anderen Seite hat derselbe Prozeß auch den Charakter einer Infantilisierung, wobei dieser Ausdruck nicht normativ zu verstehen ist. [... Die Studenten verbleiben] zunächst in einer Position, die ihnen die Privilegien, aber auch die Belastungen des Erwachsenenlebens vorenthält.[63]

Verschiedene empirische Untersuchungen zur studentischen Klientel wurden in Deutschland seit den 60er-Jahren durchgeführt (Ziolko 1965[64], 1969[65]; Möller und Scheer 1974[66]; Sperling u. Jahnke 1974[67]). So berichten Möller u. Scheer (1974), dass 87 % der Studenten die psychologische Beratungsstelle wegen seelischer Probleme aufsuchen. 28 % der Studenten weisen Arbeitsstörungen auf, 17 % leiden unter Examensproblemen,

[62] Deutsches Studentenwerk (Hg.): Zum Stellenwert und zur Notwendigkeit spezifischer psychologisch-psychotherapeutischer Beratungsangebote für Studierende, Deutsches Studentenwerk, Bonn 1997

[63] Keupp, H.: Psychosoziales Elend an den Hochschulen als Handlungsfeld der Studentenberatung – Wahrnehmungs- und Handlungsmöglichkeiten über den „Klinischen Blick" hinaus hin zur Prävention. Verhaltenstherapie und psychosoziale Praxis, 17, 1985, S. 324

[64] Ziolko, H.U.: Psychische Erkrankungen bei Studierenden, Umschau 48, 1965, S. 24

[65] Ziolko, H.U.: Psychische Störungen bei Studenten, Stuttgart 1969

[66] Möller, M.L.,Scheer, J.W.: Psychotherapeutische Studentenberatung, Stuttgart 1974

[67] Sperling, E., Jahnke, J.: Zwischen Apathie und Protest, Bd. 1, Bern 1974

12 % unter Kontaktproblemen und jeweils 11 % unter Sexualproblemen, Depressionen und Phobien. Neuere Untersuchungen zeigen, dass Studenten im Vergleich zur Durchschnittsbevölkerung verstärkt von Arbeitsstörungen und depressiven Verstimmungen betroffen sind.[68] Das Selbstbild ist negativ, das Selbstwertgefühl labil und geprägt von negativer sozialer Resonanz und depressiver Erwartungsangst.

In der 15. Sozialerhebung des Deutschen Studentenwerks[69], in der über 20.000 Studenten zu ihrem psychischen Befinden befragt wurden, bestätigten 27 % der Studenten, dass psychische Schwierigkeiten ihr Studium belastet haben. Jeder Fünfte litt unter Leistungsstörungen (20,6 %), mangelndem Selbstwertgefühl (18,9 %), depressiven Verstimmungen (18 %), Prüfungsängsten (17,8 %), Labilität (17,8 %) und allgemeinen Ängsten (16,5 %).[70] Diese psychisch belasteten Studenten beschreiben sich selbst als unfähig den Anforderungen der Hochschule zu entsprechen. Bemerkenswert ist hierbei die Feststellung, dass die mit dem Selbstwert in Zusammenhang stehenden psychischen Störungen mit dem Alter und der Semesterzahl während der Hochschulzeit um mehr als das Doppelte zunehmen. Darüber hinaus ist auch aus einem gesundheits- und gesellschaftspolitischen Blickwinkel die Tragweite psychischer Störungen von Studenten insofern bedeutsam, als 25 % der Studierenden (1,8 Mio.) ohne Abschluss von der Hochschule abgehen und das Durchschnittsalter am Studienende 29 Jahre beträgt. Ebenso sind die Probleme von Studienabbruch, Studienversagen und überlanger Studiendauer hinreichend bekannt.

> Weniger bekannt ist, welche großen Einbußen Studierende in ihrer persönlichen Lebensführung, Arbeits- und Genußfähigkeit erleiden und welches Ausmaß von persönlichem Elend in Form chronischer Depressivität, Verzweiflung, bis zur Selbsttötung bei einer beträchtlichen Anzahl „schweigender Studenten" vorliegt.[71]

---

[68] Kiefer, L.: Psychische Schwierigkeiten von Studierenden und deren Veränderung im Rahmen integrativer tiefenpsychologisch orientierter Psychotherapie, Regensburg 1997

[69] Hahne, R.; Lohmann, R.; Krzyszycha, K.; Österreich, S.; App, A.: Studium und psychische Probleme, Sonderauswertung zur 15. Sozialerhebung des Deutschen Studentenwerks, Deutsches Studentenwerk, Bonn 1999

[70] vgl. Tabelle 2.1, Anhang S. 209

[71] Holm-Hadulla, R.M.: Psychische Schwierigkeiten von Studierenden und ihre Behandlung, in: Holm-Hadulla, R.M. (Hg.): Psychische Schwierigkeiten von Studierenden, Göttingen 2001, S. 8

Deutlich wird, dass psychische Belastungen im Studium auf die spezielle Umbruchssituation des jungen Menschen zurückzuführen ist, der durch erhöhte Anforderungen an die Eigenständigkeit beim Studieren und der Selbstgestaltung des eigenen Lebens bei gleichzeitiger fortwährender existentieller Abhängigkeit häufig an die Grenzen seiner bisher entwickelten Lebensgestaltungsmodelle stößt und dabei in eine Lebenskrise gerät. Psychische Belastungen durch sog. Reifungskrisen werden mit Selbstwertproblemen, depressiven Verstimmungen, Arbeitsstörungen, sozialer Isolation, Alkohol- oder Drogenabhängigkeit und Suizidalität beschrieben. Diese Erscheinungen sind jedoch auch bei Jugendlichen zu beobachten, die kein Studium aufnehmen. Besonders die Zeit des jungen Erwachsenenalters bzw. der Adoleszenz mit den körperlichen Veränderungen und Autonomiewünschen scheinen die jungen Menschen allgemein anfällig für psychische Belastungen zu machen. Es kann zusammenfassend festgestellt werden, dass 15–25 % der jungen Menschen in der Allgemeinbevölkerung unter einer krankheitswertigen psychischen Störung leiden.[72] Bei Untersuchungen in Nordamerika und Europa wurden ebenfalls hohe Raten psychischer Störungen bei Jugendlichen und jungen Erwachsenen festgestellt. In England wurden dabei 15 % (Frauen: 19,5 %, Männer: 12,3 %)[73] und für die Bewohner Ontarios in Kanada wurden 24,5 % (Durchschnitt bei allen Altersgruppen 18,6 %) ermittelt.[74]

Auch in der Literatur finden sich eindrucksvolle Beschreibungen von Reifungskrisen und den damit verbundenen psychischen Belastungen, angefangen von dem Schriftsteller Max Frisch (*Homo Faber, Stiller*) bis zu dem klassischen Dichter Johann Wolfgang von Goethe.

> Goethe fühlte sich einsam und verzweifelt, nachdem er sein behütetes Elternhaus in Frankfurt verlassen hatte, um in Leipzig Rechtswissenschaften zu studieren. Erste Liebessehnsüchte blieben unerfüllt und er kam kaum zum Studieren. Er entwickelte eine Vielzahl von Krankheitssymptomen wie Verstopfungen, häufige Infekte, Zahnschmerzen, ständiges Husten und eine Geschwulst

---

[72] vgl. Rudolf, G.: Versorgungsforschung, in: Tress, W. (Hg.): Psychosomatische Medizin und Psychotherapie in Deutschland, Göttingen 1992, S. 83–94

[73] Soeder, Ulrich; Bastine, Reiner; Holm-Hadulla, Rainer M.: Empirische Befunde zu psychischen Beeinträchtigungen von Studierenden, in: Holm-Hadulla, Rainer M. (Hg.): Psychische Schwierigkeiten von Studierenden, Göttingen 2001, S. 160

[74] Offord, D.R., Boyle, M.H., Campbell, D., Goering, P., Lin, E., Wong, M., Racine, Y.A.: One-Year Prevalence of Psychiatric Disorder in Ontarians 15 to 64 Years of Age, Canadian Journal of Psychiatry, Vol. 41, No. 9, November 1996, S. 559–563

am Hals. Ausgeprägt waren seine hypochondrischen Befürchtungen und seine Arbeitsstörungen. Er selbst hatte das Gefühl, daß ihm das Gehirn verdüstert und die Eingeweide paralysiert seien. Er schwankte zwischen mutwilliger Ausgelassenheit und tiefen Verstimmungen, die in lang anhaltenden Selbstmordphantasien mündeten.[75]

Der Dichter Goethe verfügte über genügend Selbstheilungskräfte und Genialität, um diese Krisenerscheinungen zu überwinden oder auch produktiv zu kompensieren. Jedoch gibt er mit seinen Schilderungen einen praxisnahen Einblick in die psychisch-emotionale Verfassung eines Menschen, der sich in einer Krise befindet.

> Wer nie sein Brot mit Tränen aß,
> Wer nie die kummervollen Nächte
> Auf seinem Bette weinend saß,
> Der kennt euch nicht, ihr himmlischen Mächte.[76]

Krisenhaftes Erleben findet sich bei Menschen immer wieder, wenn man ihren Lebenslauf verfolgt. Immer wenn neue Anforderungen anstehen, neue Lebensabschnitte (sog. Schwellensituationen) begonnen werden, neue berufliche Herausforderungen bewältigt werden müssen, kann es zu krisenhaften Einschnitten kommen, weil bewusst wird, dass das bisher erworbene Instrumentarium nicht mehr ausreicht oder die Hoffnungen und Zielsetzungen sich nicht in dem gewünschten Maße verwirklichen lassen. So finden wir selbst im Berufsalltag von Führungskräften erkennbare psychische Belastungen und Arbeitsstörungen, die sich zu krisenhaften Zuständen ausweiten können, wenn keine tragbare Lösung der Spannungszustände gefunden wird. So wird in einer österreichischen Untersuchung[77], in der Personen in Führungsfunktionen zu ihren Belastungsquellen befragt wurden, anschaulich beschrieben, dass Arbeits- und Zeitdruck als die belastendste Anforderung eingestuft wird (69,2 %), gefolgt von Stress (62,8 %), Überforderung (61 %) und wenig Zeit für Familie und Privatleben (55,8 %). Der Konfliktbereich Führung und Organisation steht an zweiter Stelle (41,9 %), dann folgen Konflikte mit Mitarbeiter (23,1 %) und demotivierendes Betriebsklima (19,2 %) in der

---

[75] Holm-Hadulla, R.M.: Psychische Schwierigkeiten von Studierenden und ihre Behandlung, a.a.O., S. 8
[76] Goethe, J.W. v.: Wilhelm Meisters Lehrjahre, in: Goethes Werke, 1. Abteilung, 21. Bd., S. 217, Weimar 1898 (Weimarer Ausgabe)
[77] Graf, H.: Psychotherapie in der Arbeitswelt, Wien/New York 2003, S. 175f.

ermittelten Rangliste[78]. Es ist somit festzustellen, dass selbst in Arbeits-
bereichen mit hoher Verantwortung und Gestaltungsmöglichkeit das
Thema Arbeitsstörungen und psychische Belastungen im Berufsalltag
einen wesentlichen Platz einnimmt.

Im weiteren Fortgang unserer Untersuchung werden die unterschiedlichen Erscheinungsformen von Arbeitsstörungen phänomenolo-
gisch beschrieben und unter dem Gesichtspunkt der innerseelischen Ver-
ankerung in den verschiedenen sinnlichen Wahrnehmungsbereichen in
folgender Reihenfolge geschildert: Störungen im Bereich sozialer Beziehungen, im psychisch-emotionalen Feld, im intellektuell-kognitiv-geisti-
gen Bereich, im anwendungs-/handlungsbezogenen Sektor sowie im Hinblick auf psychosomatische Auswirkungen.

3.2 Störungen im Bereich sozialer Beziehungen

Viele Menschen klagen über soziale Konflikte am Arbeitsplatz. Als
Anlass werden häufig alltägliche Situationen geschildert wie: Ein Kollege
kommt zu spät, der andere arbeitet zu langsam und ein dritter fühlt sich
durch die Raucher eingeschränkt und will, dass im Büro nicht mehr
geraucht wird. Diese scheinbar kleinen Probleme können sich zu größeren Konflikten entwickeln und das Zusammenarbeiten im Betrieb
erschweren. Schwierigkeiten in den sozialen Beziehungen zu Kollegen,
Mitarbeitern und Vorgesetzten zählen zu den einflussreichsten Faktoren,
wenn Unzufriedenheit am Arbeitsplatz geäußert wird.[79] Häufig sind
Spannungen, Konflikte und Auseinandersetzungen in den zwischenmenschlichen Beziehungen am Arbeitsplatz die Auslöser für Arbeitsstörungen. Sie sind mit belastenden Gefühlen wie z.B. Angst, Ärger, Niedergeschlagenheit, Neid und Eifersucht verbunden und wirken besonders
störend, wenn sie schon chronisch geworden sind und das Arbeitsklima
auf längere Zeit vergiften. Die Beziehung zwischen zwei oder mehr Menschen ist dabei nachhaltig beeinträchtigt. Wenn es zu keiner Klärung
kommt, entfremden sich die Beteiligten immer mehr, und es kann ein
„Schützengrabenkrieg" entstehen. Die Betreffenden beobachten einander, sammeln negative Informationen, verdächtigen sich gegenseitig und
bei der nächstbesten Gelegenheit kommt es zum Eklat. Diese offenen

---

[78] vgl. Tabelle 2.3, Anhang S. 210
[79] vgl. Herzberg, F., Mausner, B. u. Snyderman, B.: The Motivation to Work, New
York 1959

oder unterschwelligen Konflikte führen zu schweren persönlichen Belastungen, die selbst die Privatsphäre beeinträchtigen können und die Betreffenden bis in den Schlaf verfolgen. Oft haben solche empfindlichen Beziehungsreaktionen schon eine lange Geschichte und lassen sich bei genauerer Diagnostik auch in der Biographie nachvollziehen.

Die Voraussetzungen für die Ausprägung von Arbeitsstörungen sind in emotional schwierigen Beziehungsstrukturen zu suchen, die ein Individuum seit der frühen Kindheit beeinflusst haben. Die Art und Weise, wie in der Herkunftsfamilie die sozialen Rollen verteilt waren, wie miteinander kommuniziert wurde, in welcher Form Anerkennung und Ablehnung zuteil wurden, was frühe Kränkungen des Selbstgefühls zur Folge hatte, ist verinnerlicht. Dies prägt im Sinne einer Wiederholung bereits bekannter Beziehungsmuster die zwischenmenschlichen Beziehungen auch in der Aktualität. Dies kann sich vor allem in mangelnder Realitätsprüfung, erschwerter zwischenmenschlicher Kommunikation und einem verunsicherten Identitätsgefühl bzw. labilem Selbstwertgefühl äußern. Dem Betreffenden wurde eine soziale Rolle im Beziehungssystem der Familie zugewiesen, wie z.B. den vielbeschäftigten Eltern keine zusätzlichen Sorgen zu machen, auf die Konflikte der Eltern harmonisierend zu wirken oder als „Sündenbock" für die Abfuhr der Aggression zu dienen. Die so in der Entwicklung verinnerlichten Beziehungsstrukturen können pathologische Wirkungen in der Kommunikation zu den Mitmenschen erzeugen. Dabei spielen die Gefühlsbeziehungen zu Vater und Mutter, also die erlebten Beziehungserfahrungen, eine große Rolle. Frustrationen in der mütterlichen Zuwendung oder überbehütendes Verhalten (Verwöhnung) können dazu beitragen, dass aktuelle zwischenmenschliche Beziehungen auch mit der Angst vor Frustration und Kränkung oder Abhängigkeitsgefühlen belastet sind. Von besonderer Bedeutung ist dabei die Beziehung zum Vater, weil im Verhältnis zur Beziehung zur Mutter eine „männliche Andersartigkeit" entsteht und durch die „Triangulierung" das bisherige symbiotische Beziehungskonzept, das auf die Mutter bezogen war, erweitert wird. Auf der Grundlage konflikthafter Beziehungserfahrungen entwickeln sich z.B. das Verhältnis zu Autoritäten und empfundene Straf- und Versagensängste. Eine problematische Autoritätsbeziehung kann sich z.B. in Trotz, Protesthaltung, Affektbereitschaft, Kritikempfindlichkeit äußern und führt am Arbeitsplatz zu Kommunikationskonflikten. Es gibt Spannungen mit den Kollegen, Ehrgeiz und Rivalität führen zu unterschwelligen Machtkämpfen. Der Arbeitsgestörte ist dauernd mit sich selbst beschäftigt und malt sich in der Phantasie aus, wie er die anderen übertreffen kann. Es kann zu einem starken Konkurrenzverhalten kommen, was sich auch in einer „besserwisserischen Haltung" zeigt. Verstärktes Dominanzstreben mit dem Reiz, ständig dagegenhalten zu müssen, wenn Kollegen etwas zum Gespräch beitragen, macht den zwischenmenschlichen Umgang am Arbeitsplatz anstrengend und lässt Anspannungs- und Stressgefühle zurück.

> Der Patient ist den Anforderungen gut gewachsen, füllt sie auch aus, lebt aber in dauerndem Rivalitätskonflikt mit seinen Kollegen bzw. mit sich selbst, weil er (fälschlicherweise) glaubt, Besseres leisten zu können.[80]

Erhöhte Leistungsangst muss als Grundstein für Störungen im Arbeitsbereich betrachtet werden. Ist der innere Leistungsdruck massiv, gerät der Betreffende unter einen enormen inneren Druck und zieht sich möglicherweise von den Gleichgesinnten zurück. Dieses Beziehungsverhalten kann schon von der Schulzeit her durch diesbezügliche Erfahrungen eingeübt sein. Die Schule ist ja ein frühes Übungsfeld im Training sozialer Beziehungen und das Erleben des Sozialkontakts kann erste Rückschlüsse auf das Selbstgefühl zulassen.

Massiv erlebter Leistungsdruck führt z.B. bei einer Schülerin zu Weinaffekten mit nachfolgender Abwertung durch die Mitschüler, was sie in die Isolation treibt:

> Der innere Leistungsdruck ist so groß, daß sie in der Klasse ständig weint und bereits von den Mitschülern als Heulsuse verlacht wird, was ihr schwaches Selbstbewußtsein noch mehr angreift.[81]

Die Leistungsangst zeigt sich auch darin, dass die Betreffende wenig Urvertrauen (Erikson) aufbauen konnte und daher extrem leicht kränkbar ist. Die Folge ist eine misstrauische Grundstimmung, Vorsichtshaltung und ein negatives Selbstbild. In Gedanken beschäftigt sich der Betreffende mit seinen eigenen Leistungen und Problemen, vergleicht sich selbst mit den anderen, wobei auffällig ist, dass er sich selbst vehement abwertet. Er hat Negativ-Erfahrungen mit Menschen verinnerlicht und im Sinne eines Circulus vitiosus bleibt er in diesem Gefühlszustand verfangen.

FALLVIGNETTE: Eine 46-jährige Patientin (Kfm. Angestellte) sucht die Praxis wegen der Konflikte am Arbeitsplatz auf. Neuer-

---

[80] Dührssen, A.: Die biographische Anamnese unter tiefenpsychologischem Aspekt, Göttingen 1981, S. 108
[81] Tabbert-Haugg, C.: Alptraum Prüfung. Gestörtes Prüfungsverhalten als Ausdruck von Schwellenängsten und Identitätskrisen, Stuttgart 2003, S. 24

dings komme sie wegen einer Kollegin nicht mehr mit ihrer Arbeit zurecht: „Früher habe ich ein ausgesprochen gutes Verhältnis zum Chef gehabt, jetzt habe ich das Gefühl, die Kollegen drängen mich zur Seite und machen mich vor dem Chef schlecht. Bei der Arbeit fühle ich mich zunehmend unsicher, ich habe Mühe mich zu konzentrieren und achte angestrengt darauf, dass mir keine Fehler unterlaufen. Ich bin ständig unter Anspannung und beobachte mich selbst. Morgens erwache ich mit Angstgefühlen und spüre zunehmend Unlustgefühle, die sich bis zu Übelkeit und Erbrechen steigern, wenn ich an die Arbeit denke. Ich habe mich zunehmend zurückgezogen, fühle mich depressiv und allein gelassen. Meine Ärztin hat mich wegen Depression krankgeschrieben." Für die Patientin bedeutet dies, dass sie sich immer mehr aus der Realität zurückzieht. Als sie einen erneuten Versuch macht, an den Arbeitsplatz zurückzukehren, machen sich ihre Konzentrationsstörungen verstärkt bemerkbar und sie fühlt sich schon nach zwei Stunden Arbeitszeit total erschöpft. Dabei ist auffällig, wie sie mit sich selbst und ihren Leistungserwartungen emotional beschäftigt ist, versucht ihre erhöhten Selbst-Ideale zu erfüllen und dabei sich zunehmend in die Isolation begibt, indem sie sich sprachlos zurückzieht. Gleichzeitig erwartet sie, dass die Kollegen sich irgendwie um sie kümmern müssten, und fühlt sich verlassen und abgelehnt. Dieses Beziehungsmuster, sich zurückzuziehen bei gleichzeitiger Erwartung, die anderen „sollten" auf sie zugehen und ihr zugeneigt sein, hat sie seit ihrer Kindheit verinnerlicht.

Eine andere Angst ist die Schamangst oder die sog. Angst vor Blamage und die Angst an die Wand gedrückt zu werden. Dies äußert sich vor allem darin, dass die Betreffenden sich gedemütigt fühlen, bloßgestellt und ein Gefühl der Beschämung von „nicht richtig zu sein", „nicht liebenswürdig zu sein" entwickeln. Damit einher geht ein Gefühl von Minderwertigkeit, wertlos ausgeliefert an eine Situation zu sein, die sie von sich selbst aus nicht ändern können. Dieses Gefühl, sich in bestimmten Situationen hilflos zu fühlen, geht mit verinnerlichten rigiden Selbstidealen einher. Ausschlaggebend sind hierbei eine tiefe Verunsicherung und ein Gefühl „bloßgestellt" zu werden, sich nackt zu fühlen und sich mit sich selbst nicht identifizieren zu können.

FALLVIGNETTE Nr. 23: Eine 24-jährige Studentin berichtet von Kontaktängsten, Prüfungsangst und der Angst, sich in den Mittelpunkt zu stellen. Dabei wird deutlich, dass sie unter Arbeitsstörungen leidet, sich nicht aufraffen kann, rechtzeitig den Prüfungsstoff anzugehen, und alles auf den letzten Drücker aufschiebt: „In der

Woche vor der Prüfung unternehme ich verstärkte Anstrengungen, arbeite die Nacht durch und bin am Prüfungstag vollkommen erschöpft. Ich leide dann unter der Angst zu versagen und mich vor den Prüfern zu blamieren. Diese könnten erkennen, dass ich mich nicht ausgiebig genug vorbereitet habe. Jede tiefer gehende Frage wird von mir mit Angst beantwortet." Seit der Kindheit ist die Patientin mit der ängstlich-fürsorglichen Mutter zusammen und hat nicht gelernt über ihre eigenen Bedürfnisse und vitalen Wünsche nachzudenken. Sie schildert die Mutter als eine dominante Person. Die Patientin hat verinnerlicht, den Erwartungen der Mutter zu entsprechen. Der Vater (Akademiker) „wisse alles besser", gleichzeitig habe er sich viel hinter seiner Zeitung versteckt und blieb für die Patientin unnahbar.

Vermehrte Schwierigkeiten bei der Arbeit treten durch einen kurzen Spannungsbogen, Ungeduld und Sprunghaftigkeit auf. Auch Fehlerhaftigkeit und wenig Interesse an der Sache führen zu Konflikten im Arbeitsbereich. Durch mangelndes Engagement bei der Aufgabe entstehen verstärkt Fehler und der Betreffende fühlt sich leicht abgelenkt. Dies führt dazu, dass er ständig neue Impulse braucht und nicht so lange bei einer Sache bleiben kann. Er verliert schnell das Interesse und es wird für ihn langweilig. Sein kurzer Spannungsbogen bzw. sein rascher Interesseverlust und seine geringe Konzentrationsfähigkeit behindern ihn darin, ein echtes Interesse für die Arbeitsaufgabe zu empfinden. Dies beinhaltet ein Enttäuschungs- und Versagensgefühl, was den Selbstwert verunsichert, aber häufig durch neue Aktivitäten weggewischt bzw. abgewehrt wird. Als Folge entstehen Unzulänglichkeitsgefühle, Einsamkeit und Versagensgefühle, die durch neue Impulse und auf neue Gebiete verlagerte Interessen kompensiert werden. Haften bleibt ein Gefühl von mangelnder Substanz, Stabilität und Konstanz.

FALLVIGNETTE Nr. 29: Ein 27-jähriger Student kommt wegen Studienproblemen zur Psychotherapie. Er berichtet von Schuldgefühlen, dass er so wenig Interesse für sein Studium aufbringt und sich häufig nicht aufraffen kann, zur Universität zu gehen. „Ich liege dann bis zum späten Vormittag im Bett und kann mich schwer durchringen aufzustehen. Ich nehme mir dann andere Arbeiten vor, anstatt zur Universität zu gehen, kann da auch konzentriert bei der Sache bleiben. Die Vor- und Nachbereitung der Seminare kommen zu kurz, obwohl ich mir dies fest vornehme. Im Kontakt zu den Mitstudenten fühle ich mich verunsichert, traue mich nicht, diese anzusprechen, um mich evtl. gemeinsam vorzubereiten. Je länger das Semester dauert, desto mehr ziehe ich mich zurück, lehne mich selbst ab und habe ein schlechtes Gewissen. Die Anonymität an der Universität macht mir zu schaffen, und ich fühle mich irgendwie allein gelassen, wie abgeschnitten. Zudem fällt mir die Notwendigkeit des selbstständigen Arbeitens schwer. Der vorgegebene Stundenplan und Unterrichtsstoff in der Schule sind viel leichter und auch die Kontaktaufnahme in der Schulklasse ist einfacher gewesen."

Sein Vater sei Arzt und erwarte „großartige" Leistungen von ihm, die ihn innerlich unter Druck setzen. Hemmend erlebt er seine leichte Ablenkbarkeit und seinen kurzen Spannungsbogen, vor allem zu Hause am Schreibtisch. Als er einen Fragebogen ausfüllt, wird ihm bewusst, wie viel Zeit und Gewissenhaftigkeit er für diese Aufgabe aufwendet. Er hat die Antworten ausführlich auf einem Extrablatt ausgedruckt, dabei geht er sehr genau vor und bemüht sich, gewissenhaft zu antworten. Den eigentlichen Aufgaben im Studium versucht er eher auszuweichen, spürt häufig Unlustgefühle zur Universität zu gehen und entwickelt stattdessen ausgeprägte Interessen, andere Dinge akribisch zu bewerkstelligen. Durch die Therapiegespräche wird ihm seine Vaterproblematik bewusst. Er erkennt, wie er einerseits versucht, den väterlichen Erwartungen zu entsprechen, und andererseits gegen dieselben opponiert und immer das Gegenteil interessant findet. Gleichzeitig spürt er die Sehnsucht in sich, dem Vater zu gefallen und seine Anerkennung zu bekommen.

Nicht wenigen Studenten z.B. fällt der Übergang von der Schule zur Hochschule schwer, weil sie mit der Anonymität, dem sozialen Isoliertsein im Vergleich mit der überschaubaren Schulklasse nicht zurechtkommen. Auch mit der Notwendigkeit des selbstständigen Arbeitens haben viele ihre Mühe, weil sie in der Schule den Stoff „häppchenweise vorgekaut" bekommen haben. Zudem war es leichter möglich, in Gruppen zu arbeiten und sich im Notfall bei den Mitschülern oder Lehrern Hilfe zu holen.

Im späteren Berufsleben können sich diese Vorlieben entweder zum gemeinsamen Arbeiten im Team oder in der Gruppe oder das Bedürfnis, für sich selbst zu arbeiten und eigene Freiheit zu besitzen, wiederholen und zu Konflikten führen. Der Freiheitsliebende wird sich in Hierarchien und autoritär geführten Betrieben schwer ein- und unterordnen können, und so sind zwischenmenschliche Konflikte vorprogrammiert. Er wird sich eingeengt, kontrolliert und bevormundet fühlen und die Tendenz entwickeln, auszubrechen und sich mehr Freiraum zu erkämpfen. Ist dies nicht oder nur eingeschränkt möglich, werden soziale Konflikte an der

Tagesordnung sein. Aggression wird unbewusst als Distanzmittel eingesetzt und eine kritische bis sogar querulantische Neigung sorgen für
Abstand in den menschlichen Beziehungen am Arbeitsplatz.

> Beispiel: Ein gelernter Arbeiter ist außerstande, Weisungen seines
> Vorarbeiters entgegenzunehmen, weil er selber „alles" besser weiß.
> Er entwickelt sich zum Querulanten und eckt auch bei den gleich-
> rangigen Kollegen mit dieser querulatorischen Tendenz an.[82]

Bei diesen Personen kann es auch zu häufigen Arbeitsplatzwechseln
kommen, weil sie sich schwer in ein soziales System einordnen können.
Diese Menschen werden konfliktfreier arbeiten können, wenn sie in ihrer
Berufstätigkeit mehr Freiheitsspielraum besitzen oder in einem freien
oder selbstständigen Beruf arbeiten. Die Möglichkeit, sein „eigener Herr"
zu sein und keine Vorgesetzten zu haben, lässt diese Menschen auch
Mehrarbeit und mangelnde soziale Absicherung in Kauf nehmen. Dagegen werden anlehnungssuchende Menschen gerne im Team oder lieber in
einer Angestelltenposition arbeiten, wo sie nicht das Risiko einer Selbst-
ständigkeit tragen müssen. Sie benötigen die Verbindung zu den Kollegen
und neigen dazu, sich für andere zu verausgaben und diese zu „bemut-
tern".

> Beispiel: Eine Akkordarbeiterin orientiert sich in Schnelligkeit und
> Arbeitsverhalten an den Wünschen der anderen und lässt sich
> durch deren Ungeduld anstecken. Dabei übersieht sie ihr eigenes
> Kräftemaß, verausgabt sich und kann mögliche Erleichterungen
> nicht aufgreifen.[83]

Als Kränkung kann erlebt werden, wenn dieses Verhalten von den Kollegen nicht anerkannt oder sogar kritisiert wird. Geforderte eigenständige
Leistungen fallen dem Betreffenden schwer und können zu einer Tendenz
führen, andere für sich einzuspannen und sich als hilflos und schwach
darzustellen. Diese Verhaltensweisen können zu zwischenmenschlichen
Konflikten im Betrieb führen, wie auch übertriebener Perfektionismus
und „Pfennigfuchserei" die Zusammenarbeit belasten können. Es geht
dann um die Einhaltung bestimmter Ordnungsprinzipien, um Regeln und
Dienstwege, die sklavisch befolgt werden und die Flexibilität eines
Betriebes lähmen und die Kooperation unter den Kollegen erschweren.
Dies hat Auswirkungen auf die Kommunikation unter den Mitarbeitern.

---

[82] vgl. Dührssen, A.: Die biographische Anamnese unter tiefenpsychologischem
Aspekt, a.a.O., S. 113
[83] vgl. Dührssen, A.: ebd., S. 113

Die einen betonen Sachargumente, wirken trocken und nüchtern, neigen dazu sich unbeliebt zu machen und Antipathien zu bewirken. Dagegen können andere wiederum gut kooperieren, Sympathien auslösen und sich allseits beliebt machen. Häufig wird diese Fähigkeit nicht nur bewundert, sondern eifersüchtig verfolgt, und der Neid ist deutlich zu spüren.

> Beispiel: Eine Verkäuferin erträgt den Neid ihrer Kollegen nicht und gibt die „guten Kunden" an die anderen ab, um „ihre Ruhe zu haben".[84]

Dies kann unter den Kollegen Konkurrenz- und Rivalitätsbeziehungen besonders dann begünstigen, wenn es um Beförderungen geht bzw. wenn unter bisher gleichrangigen Mitarbeitern eine Person in eine Leitungsfunktion gehoben wird. Dabei kann es zu interpersonellen Konflikten kommen, wenn der Beförderte nicht in der Lage ist zu kooperieren, Arbeitsvorgänge aufeinander abzustimmen, über nicht genügend Flexibilität verfügt und mangelndes Taktgefühl aufweist, bei Auseinandersetzungen sachlich zu reagieren und andere nicht zu kränken.

> Beispiel: Der Vorgesetzte missbraucht seine Rechte, gibt unverständliche und sinnlose Anweisungen und tyrannisiert die Mitarbeiter.[85]

Menschen in Führungsfunktionen bekommen Schwierigkeiten, wenn sie die Nähe anderer Menschen nicht aushalten können. Bei nicht ausreichender Kränkungstoleranz können sie sich mit anderen nicht einigen, Arbeit nicht sinnvoll aufteilen und wollen alles selber kontrollieren und bestimmen. Ihr interpersoneller Einfluss ist begrenzt, sie neigen zur Unsachlichkeit, reagieren affektiv und können unter den Mitarbeitern keine Sympathie erzeugen. Das Grenzen-Setzen fällt ihnen schwer, entweder sind sie zu rigide oder zu nachsichtig.

> Beispiel: Der Chef ist nicht in der Lage, Anweisungen auszusprechen, geschweige denn durchzusetzen.[86]

Es fällt ihnen schwer, sachgemäß zu delegieren, sie lassen nicht genügend Freiraum und tendieren dazu, alles lieber selbst zu machen, da man es ihnen „nie recht machen" kann. Andere scheuen sich vor unpopulären Maßnahmen und wollen bei allen und zu jeder Zeit beliebt bleiben.

---

[84] vgl. Dührssen, A.: Die biographische Anamnese unter tiefenpsychologischem Aspekt, a.a.O., S. 113
[85] vgl. Dührssen, A.: ebd., S. 114
[86] vgl. Dührssen, A.: ebd., S. 114

<u>Beispiel</u>: Der Vorgesetzte ist unsicher über die Eigenart der geforderten Arbeitsabläufe, gibt widersprüchliche Anweisungen und reagiert auf Mängel des Arbeitsablaufes entweder zu schroff oder zu nachsichtig. Er ist überstark auf die Anerkennung durch seine Mitarbeiter angewiesen.[87]

Besonders schmerzhafte, energieraubende zwischenmenschliche Konflikte können bei der Arbeit auftreten und häufig einen identitätsbedrohenden Charakter annehmen. Auf welche Art und Weise sich Menschen bei der Arbeit schikanieren, stören, beeinträchtigen oder sogar schaden können, hat der weltweit führende Mobbingforscher, der Schwede Leymann (1994), aufgezeigt und den Begriff „Mobbing" populär gemacht.[88]

> Unter Mobbing am Arbeitsplatz werden Handlungen einer Gruppe oder eines Individuums verstanden, denen von einer Person, die diese Handlungen als gegen sich gerichtet wahrnimmt, ein feindseliger, demütigender oder einschüchternder Charakter zugeschrieben wird. Die Handlungen müssen häufig auftreten und über einen längeren Zeitraum andauern. Die betroffene Person muß sich zudem aufgrund wahrgenommener sozialer, ökonomischer, physischer oder psychischer Charakteristika außerstande sehen, sich zu wehren oder dieser Situation zu entkommen.[89]

Mitarbeiter eines Betriebes oder einer Abteilung schließen sich gegen eine oder mehrere Personen zusammen, um sie „fertig zu machen", „wegzuekeln", so dass diese den Betrieb verlassen. Als Grundlage dient die Erwartung, dass so interpersonelle Konflikte im Team/Betrieb beseitigt werden. Häufig schwelen die Konflikte jedoch weiter und es wird ein neues Opfer gesucht.

> FALLVIGNETTE: Eine 52-jährige Patientin berichtet, wie sie sich wegen gemeinsamen Mobbings durch ihren Chef und Kollegen so unter Druck gefühlt habe, dass sie es nicht mehr länger ausgehalten habe. „Ich bin erkrankt und habe Symptome wie Übelkeit, Erbrechen, Magen-Darm-Störungen, Angstzustände und Depressionen sowie Schlafstörungen entwickelt, so dass ich einen Psychiater aufsuchen musste, der mir zu einer Psychotherapie geraten hat. Ausgangssituation war, dass ich nach 35-jähriger Zugehörigkeit als kaufmännische Angestellte in einem Betrieb des Sanitärhandels von

---

[87] vgl. Dührssen, A.: Die biographische Anamnese unter tiefenpsychologischem Aspekt, a.a.O., S. 114
[88] Leymann, H.: Mobbing, Reinbek b. Hamburg 1994
[89] Niedl, K.: Mobbing/Bullying am Arbeitsplatz, München 1995, S. 23

meinem neuen Chef vom alten gewohnten Tätigkeitsfeld auf ein neues Gebiet umgesetzt worden bin, wo Computerkenntnisse erforderlich waren. Ich habe dies erlernen wollen, habe jedoch Schwierigkeiten gehabt, mich auf diese neue Technik einzustellen, so dass dies nicht schnell genug gegangen ist. Der Chef hat Druck gemacht und mich vor den Kollegen als „zu langsam" diffamiert und sich über die „Alten" ausgelassen, die nichts mehr begreifen. In der Folgezeit habe ich mich auch von den Kollegen unter Druck gesetzt gefühlt, habe nicht die nötigen Informationen bekommen und gehässige Äußerungen vernommen." Schließlich, als die Patientin auch noch unter ihren verstärkten Krankheitssymptomen zu leiden hatte, habe sie dies nicht mehr länger ausgehalten und sei krankgeschrieben worden.

Es kann von Mobbing ausgegangen werden, wenn fortgesetzte schikanierende und diskriminierende Verhaltensweisen vorliegen. Mobbing kann System haben und von der Chefetage ausgehen, um z.B. aus Kostenersparungsgründen den Mitarbeiter aus der Firma zu drängen und zu einer Kündigung zu veranlassen. „Man hofft auf eine Kündigung des Betroffenen, weil man dadurch Abfindungen sparen kann."[90]
Der schwedische Wissenschaftler Leymann ermittelte eine Mobbingrate von 3,5 %. In einer neueren repräsentativen Studie (2002) wurde in Deutschland festgestellt, dass 2,7 % der Erwerbstätigen von Mobbing betroffen sind. Außerdem gaben 11,3 % an, im Laufe ihres Berufslebens Mobbing erlebt zu haben. Betroffen sind alle Berufsgruppen, Branchen, Betriebsgrößen sowie Hierarchiestufen und Tätigkeitsniveaus. „Typische Mobbingopfer" seien weiblich und entweder jünger als 25 Jahre (vor allem Auszubildende) oder älter als 50 Jahre. „Weibliche Beschäftigte haben eine Betroffenheitsquote von 3,5 % gegenüber männlichen von 2,0 %, d.h. ihr Mobbingrisiko liegt um 75 % höher als das der Männer."[91]
Als „typischer Mobber" entpuppt sich meist ein männlicher Kollege fortgeschrittenen Alters – häufig ein Vorgesetzter, aber auch Kollegen und Kolleginnen. Als alleinige Mobber wurden in 38,2 % der Fälle Vorgesetzte ermittelt, von denen 12,8 % noch gemeinsam mit einer oder mehreren Kollegen als Mobber auftreten. In 20,1 % betreibt eine Gruppe von Kollegen Mobbing, während bei 22,3 % Kollegen als Einzelpersonen mobben. Der durch Mobbing verursachte ökonomische und gesellschaftliche

---

[90] Roth, J.: Wenn der Job auf den Magen schlägt – Mobben – leicht gemacht, in: DER TAGESSPIEGEL, Nr. 18753, 61. Jahrgang v. 20.02.2005, S. K1
[91] Graf, H.: Psychotherapie in der Arbeitswelt, a.a.O., S. 113

Schaden ist immens: Durch Mobbing gehen 3,1 % der Arbeitszeit verloren.[92]

Nach einer Langzeitstudie der Universität München gibt es rund eine
halbe Million Mobbing-Opfer in deutschen Schulen. „Etwa ein Kind von
25 kann als ernstes Opfer von Mobbing bezeichnet werden, das einmal
oder mehrmals in der Woche Attacken über sich ergehen lassen muss."
Dies gelte sowohl für Hauptschulen auf dem Land als auch für Gymnasi-
en in der Stadt.[93]

Die Erfahrung von Mobbing kann psychodynamisch als Erleben eines Traumas gewertet werden, ist dem Krankheitsbild „Reaktion auf
schwere Belastungen und Anpassungsstörungen" (ICD 10, F 43) zuzu-
ordnen und kann mit weit reichenden psychischen und psychosomatischen Beschwerden und Folgeerscheinungen verbunden sein. In einer
vergleichenden Studie über psychische und psychosomatische Beschwerden von Mobbingbetroffenen in Schweden, Deutschland und Österreich
werden als verbreitete Symptome aufgelistet: Depression, Reizbar-
keit/Aggression, Angst, Unsicherheitsgefühl, Antriebslosigkeit, Schlafstörungen, Konzentrationsstörungen und diverse psychosomatische
Krankheitsbilder wie Kopf-, Rücken-, Nackenschmerzen und Magen-
Darm-Störungen.[94, 95]

3.3 Psychisch-emotionale Störungen

In der Bevölkerung hat das Bewusstsein für psychische Probleme zugenommen. Dies wird sowohl an der Inanspruchnahme von Psychotherapie
als auch in den Fehlzeiten am Arbeitsplatz deutlich. Der Anteil der Fehlzeiten, die durch psychische Erkrankungen verursacht sind, hat auf 7,5 %
zugenommen. „Ihr Anteil an den Krankheitstagen hat sich laut BKK
damit seit 1990 verdoppelt. Sie sind inzwischen die vierthäufigste Ursache für Fehltage."[96]

---

[92] Roth, J.: Wenn der Job auf den Magen schlägt – Mobben – leicht gemacht, a.a.O.,
      S. K1
[93] DIE WELT: Eine halbe Million Mobbing-Opfer an deutschen Schulen, Nr. 37–7,
      vom 13.02.2006
[94] Graf, H.: Psychotherapie in der Arbeitswelt, a.a.O., S. 114
[95] vgl. Tabelle 2.2, Anhang S. 209
[96] Deutsches Ärzteblatt, Heft 9, Sept. 2004, S. 396

Viele dieser psychischen Erkrankungen hängen mit Stress und ungünstigen Arbeitsbedingungen zusammen. Emotionale Auffälligkeiten wie Nervosität, innere Unruhe, Druckgefühle, depressive Stimmungsschwankungen, fehlende Motivation usw. zählen zu den Symptombildern. Besonders solche Erscheinungen wie Burn-out-Syndrom, Angststörungen und Depressionen sind im Erleben der Betroffenen häufig anzutreffen.

Im Krankenhaus sind psychisch bedingte Krankheiten mit 14 % die zweitwichtigste Diagnosegruppe nach den Herz- und Kreislauferkrankungen (15 %).[97]

Untersuchungen bei Studenten (Hahne 1999, Kiefer 1997) ergaben einen höheren Anteil an psychischen Problemen (27 %), als im Durchschnitt der Bevölkerung festgestellt wurde. Jeder fünfte Student gab an, während des Studiums unter einem mangelnden Selbstwertgefühl, depressiven Verstimmungen, Labilität, Prüfungsängsten und allgemeinen Ängsten gelitten zu haben. Den höchsten Anteil nehmen Arbeitsstörungen und Leistungsprobleme ein.[98] Als Ursache können spätadoleszente Reifungskrisen mit der Aufgabe, eine eigene Identität zu entwickeln und sich aus der Herkunftsfamilie herauszulösen, Schwierigkeiten in der Prüfungszeit in Bezug auf selbstverantwortliches Arbeiten und der Umgang mit Drucksituationen im Hinblick auf Veränderungen nach Abschluss des Studiums gesehen werden. Zudem können Studenten in der Auseinandersetzung mit Fortschritt und Erfolg in Krisen geraten, wenn sie sich mit Rivalität und Konkurrenz konfrontiert sehen und aus der „Peergroup" ausgeschlossen zu werden drohen. Andererseits kann es zu Krisen kommen, wenn leistungsmäßiges Zurückbleiben und Scheitern im Studium bewältigt werden müssen.[99]

Im Bereich der Arbeit finden wir psychisch-emotionale Störungen in individuellen Abstufungen und häufig ist ein vielfältiger Symptomenkomplex festzustellen. Beim Beginn einer Arbeit, vor allem bei einer geistig anspruchsvollen, reagiert der Betreffende mit Unruhe und einem Druckgefühl, empfindet Unlustgefühle, sich an die Arbeit zu setzen, die Gedanken schweifen schnell ab und er wird mit seinem geringen Spannungsbogen konfrontiert. So bildet das Einlassen in eine Aufgabe die ers-

---

[97] Deutsches Ärzteblatt, a.a.O., S. 396
[98] *vgl. Tabelle 2.1, Anhang S. 209*
[99] vgl. Holm-Hadulla, R.M.: Psychische Schwierigkeiten von Studierenden und ihre Behandlung, a.a.O., S. 10f.

te „Achillesferse", die über den Erfolg und den weiteren Fortgang entscheidet. Erschwerend wirken hierbei Pessimismus und eine mangelnde Zielstrebigkeit. Eine Empfindlichkeit gegenüber Außengeräuschen, wie z.B. Verkehrslärm, Unterhaltung von Kollegen oder Kunden, kann dazu führen, dass die Betreffenden sich leicht ablenken lassen, wodurch vorhandene Arbeitsstörungen noch verstärkt werden und ein möglicher Erfolg verhindert wird.

> Arbeit kann es nicht im luftleeren Raum geben, entweder gibt es einen anderen, mit dem man rivalisiert, oder einen, von dem man sich entfernt, deshalb werden Arbeitsstörungen immer mit aktuellen Beziehungen oder mit verinnerlichten Beziehungserfahrungen zu tun haben. Hinter der Arbeitsstörung, einer Hemmung also, erfolgreich zu sein, finden sich entweder Angst oder Schuldgefühl, jemanden zu überrunden oder jemanden hinter sich zu lassen.[100]

Besondere Schwellensituationen, die Angst auslösend wirken, bilden anstehende Prüfungssituationen sowie eine emotionale Beschäftigung mit dem Studienabschluss. Bei der Prüfung selbst kann die Angst, im Mittelpunkt zu stehen, das Wissen nicht genügend abrufen und wiedergeben zu können, die Angst, die gestellten Fragen nicht zu verstehen oder sich zu blamieren, von Bedeutung sein. Angst vor Beschämung, Ausgrenzung und Verurteilung durch das soziale Umfeld sind häufig erlebte Hemmfaktoren in Prüfungssituationen.

> Frühe Beziehungserfahrungen werden in der Stresssituation der Prüfung wieder lebendig und können eine neurotische Einschätzung der Prüfungssituation verursachen.[101]

So wird die Prüfung emotional negativ aufgeladen und verstärkt die Angst vor dem Versagen und dem Nichtbestehen dieser Schwellensituation. Dies kann dann zu einem verstärkten Anklammern an vertraute Bezugspersonen und insgesamt zu einem regressiven Verhalten führen.

> Auch verstärktes Bindungsverhalten und Anklammern an das zur Verfügung stehende Objekt im Sinne von Zuflucht- und verstärkter Schutzsuche sind vielfach zu beobachtende Verhaltensänderungen bei Prüfungsgeängstigten, selbst wenn sie zu einer autonomen Lebensführung längst bereits fähig waren.[102]

---

[100] Hirsch, M.: Arbeitsstörung und Prüfungsangst, in: Hirsch, M. (Hg.): Psychoanalyse und Arbeit, Göttingen 2000, S. 77
[101] Tabbert-Haugg, C.: Alptraum Prüfung, a.a.O., S. 34
[102] Tabbert-Haugg, C.: ebd., S. 36

Dies wird als eine komplexe innere Situation erlebt, welche die Übernahme von Selbstverantwortung und eigenständige Vorbereitungen auf
die Leistungssituation verlangt.

> Auch Hauptschulabsolventen geraten in eine ganz andere Lebens-
> zeit, wenn sie zunächst in die Situation eines Lehrlings kommen
> und später in der Berufstätigkeit mit mehr Einkommen, Selbstbe-
> stimmung oder Macht aufsteigen. Die Chance mehr auf eigenen
> Beinen zu stehen ist immer wieder eine Herausforderung, die vor-
> her Angst machen kann [...].[103]

In der familiendynamischen Betrachtungsweise können ein ausgeprägtes
Arbeitsethos sowie andere verinnerlichte und seit Generationen tradierte
Wertvorstellungen im Zusammenhang mit unterschiedlichen Familien-
konstellationen gesehen und interpretiert werden. So wird in den von
Richter[104] beschriebenen Familientypen, wie z.B. Familie als „Festung",
als „Sanatorium" oder als „Theater", deutlich, wie fest gefügte Regeln und
Verhaltensvorschriften das Familienleben prägen und von den heran-
wachsenden Kindern introjiziert werden.

> Vor dem Hintergrund der schwierigen Arbeitsmarktlage erhöht
> sich zusätzlich der psychosoziale Stress, Leistungsdruck und Wett-
> bewerbsängste machen sich häufig in Form gestörten Arbeitsver-
> haltens bemerkbar.[105]

Viele Eltern verbinden mit dem Studium ihrer heranwachsenden Kinder
hohe Erwartungen, was in einen neurotischen Ehrgeiz und inneren
Druck münden kann, der von einem Protestverhalten begleitet wird. Dieser Protest kann einerseits offen ausgetragen werden, als deutliche
Abwehr der elterlichen Ansprüche und ein Versuch, sich aus der Abhängigkeit zu befreien und Autonomieimpulsen nachzugeben. Andererseits
kann der Protest auch verdeckt, indirekt oder unbewusst erscheinen, so
dass er nur durch Symptome, in Form von Vermeidungsmechanismen,
dem Ausweichen vor der aktuellen Aufgabe, durch Abwehr- und
Schutzmechanismen gegen Autoritäten oder jeglichen Zwang, zum Ausdruck kommt. Als Kern der neurotischen Arbeitsstörungen kann somit
eine Trias von Mechanismen formuliert werden, die dynamisch zusammenwirken. Grundlage ist die Hemmung der Wissbegier und des For-

---

103 Tabbert-Haugg, C.: Alptraum Prüfung, a.a.O., S. 15
104 Richter, H.E.: Patient Familie (1970), Reinbek b. Hamburg 1980, S. 73–119
105 Tabbert-Haugg, C.: Alptraum Prüfung, a.a.O., S. 104

scherdrangs.[106, 107] Als Folgeerscheinungen führen illusionäre Ansprüche und Riesenerwartungen dazu, dass völlig unrealistische Zielsetzungen über die Mühelosigkeit des Arbeitens bzw. hochperfektionistische Standards entstehen, die ihrerseits das Tätig- und Zielstrebigsein behindern, eine Inaktivität oder Bequemlichkeit bewirken, woraus reale Wissens- und Könnenslücken resultieren. Als dritter Faktor wirkt die Protesthaltung hemmend auf die Arbeitsleistung und kann das Tätigsein vor allem dann blockieren, wenn eine bestimmte Leistung zu einer bestimmten Zeit erwartet wird. Diese Trias von Mechanismen wie Riesenansprüche, Inaktivität und Protesthaltung, welche sich als Folge des gehemmten kindlichen Expansivstrebens ergeben, wirkt somit funktional zusammen. Die Mechanismen verstärken sich gegenseitig im Sinne eines Circulus vitiosus.[108]

> Illusionärer Anspruch an sich selbst und unbewußter Protest dagegen halten sich oft die Waage, was äußerlich-vordergründig zu einem völligen Nichtstun des Studierenden führen kann, intrapsychisch aber auch einer enormen Kraftprobe zwischen Leistungsanforderungen einerseits und Protest dagegen andererseits entspricht.[109]

Es ist erforderlich, diese Erscheinungen in ihrem individuellen Zusammenhang zu interpretieren. Dieser innere Protest gegen die übersteigerten verinnerlichten Leistungserwartungen (Über-Ich-Ideale) ist kräfteraubend und geht mit einer mangelnden Zielstrebigkeit einher. Es ist ein Gefühl von Unbefriedigtsein festzustellen, welches mit Minderwertigkeitsgefühlen einhergeht.

> Ist nun ein Mensch aufgrund eines geschwächten Selbstgefühls wegen einer ungesicherten frühen Mutter-Kind-Beziehung nicht in der Lage, [...] im späteren Leben zu arbeiten, kommt es zu dem daraus resultierenden, bereits geschilderten Vermeidungsverhalten (das Erledigen von Arbeit wird auf die lange Bank geschoben).[110]

Als besonderer Ausdruck des geschilderten Protestverhaltens und der Wendung gegen den Zwang kann das Messie-Syndrom aufgefasst werden.

---

[106] vgl. Schultz-Hencke, H.: Der gehemmte Mensch, a.a.O.

[107] vgl. auch Schaubild 1.2 „Der gehemmte Mensch", Anhang S. 205

[108] vgl. auch Schaubild 1.3 „Arbeitsstörungen und Lernhemmungen", Anhang S. 206

[109] Heigl, F.: Zur Psychodynamik der Lernstörungen, Zeitschrift für psychosomatische Medizin, 15, 1969, S. 250

[110] Tabbert-Haugg, C.: Alptraum Prüfung, a.a.O., S. 112

Grundlage hierfür sind lebensgeschichtlich traumatische Erfahrungen durch Unterwerfung und Zwang, was ein Gefühl von Ohnmacht und Hilflosigkeit entstehen ließ. Innerpsychisch wurde dieser Zwang von außen so beantwortet, dass die Betreffenden sich unbewusst vornahmen, sich zukünftig solch demütigenden Situationen nicht mehr auszusetzen.

Im späteren Erwachsenenleben führt dies zu Schwierigkeiten der Lebensorganisation in den Bereichen Raum, Zeit und in den sozialen Beziehungen verbunden mit der Haltung, sich nicht mehr von außen bestimmen lassen zu wollen. Der Betreffende will selber entscheiden, wann etwas und wie es geschieht. Jedoch kann sich das alte Lebensgefühl schnell wieder einstellen, so dass jede anstehende Aufgabe als Zwang erlebt wird. Die Bücher und die Zeitung wollen gelesen, die Post will geöffnet und beantwortet werden, so dass wieder ein Zwangsgefühl entsteht. Dies führt dazu, die bedrängende Aufgabe aufzuschieben, Zeitung, Bücher, Post zur Seite zu legen und zu stapeln und sich damit erst einmal von dem Gefühl „Ich muss" zu befreien.[111] In der Folge kann es dazu kommen, dass sich die unbearbeiteten Dinge noch mehr aufhäufen und die Hemmschwelle, diese anzupacken, immer größer wird. So entsteht ein Teufelskreis, der schwer alleine zu durchbrechen ist. Sogar bei selbst bestimmten Verabredungen mit Freunden kann dieses Gefühl empfunden werden. Wenn der Termin näher rückt, entstehen quälende Abwehrgefühle und am liebsten würde sich der Betreffende dem Termin entziehen und ihn absagen. Das ganze Lebensgefühl ist daher von diesen Abwehrgedanken durchdrungen.

> Die Angst hängt nur zum Teil mit der ständig erwarteten Bloßstellung und Bestrafung zusammen, vielmehr auch besonders mit der dumpfen, zum Teil unbewußten Wut, derart fremdbestimmt, wie er es erlebt, das tun zu müssen, was die Erwachsenen von ihm fordern.[112]

---

[111] PSYCHOLOGIE HEUTE: Muss ich oder will ich? 31. Jahrg., Heft 9, Sept. 2004, S. 50–53
[112] Hirsch, M.: Arbeitsstörung und Prüfungsangst, in: Hirsch, M. (Hg.): Psychoanalyse und Arbeit, a.a.O., S. 89

3.4 Intellektuell-kognitiv-geistige Störungen

Arbeitsstörungen, die aus dem Bereich der kognitiven Funktionen resultieren, haben mit gestörten Ich-Funktionen zu tun. Diese gehen häufig einher mit unrealistischen Gedanken und Phantasien, deuten auf eine negative Wahrnehmung hin und berühren die Sphären von Aufmerksamkeit, Konzentration, Erinnerung und Merkfähigkeit.

Eine mangelnde Vorstellungskraft darüber, wie eine intellektuelle Arbeit gestaltet werden könnte, geht häufig mit Selbstbeobachtung, negativen Gedanken und irrealen Vorstellungen einher: „Arbeit muss immer Spaß machen." „Entweder ich spüre, dass ich genug Energie habe, oder es hat keinen Sinn erst anzufangen." „Das kannst du nicht, das schaffst du niemals." „Ich habe ein Anrecht darauf, dass alle mich unterstützen und Rücksicht auf mich nehmen." Bei diesen Äußerungen kommen Entmutigungsgefühle und Verwöhnungswünsche deutlich zum Ausdruck. „Nur die Leistung zählt, die ohne großen Aufwand erzielt wird." „Ich brauche kein System und keine Ordnung, entweder gelingt es auf Anhieb oder gar nicht." Solche unrealistischen Gedankengänge und Phantasievorstellungen werden durch kognitive Vorgänge ausgelöst und bilden die Grundlage für Arbeitsstörungen, die wiederum irreale Größen- und Kleinheitsvorstellungen produzieren und im Sinne eines Kreislaufprozesses aufrechterhalten.

Andere Formen von Arbeitsstörungen werden für den Betreffenden erst konkret erlebbar, wenn er eine Arbeit anfängt und sich z.B. an den Schreibtisch setzt. Plötzlich überfällt ihn eine lähmende Müdigkeit, er empfindet sich als kraftlos und ohne Energie, obwohl er sich vorher noch recht tatkräftig gefühlt hat. Folgende Klagen sind dann zu hören: „Ich fühle mich jetzt schon so müde, bevor ich überhaupt angefangen habe." „Ich merke nach zehn Minuten, dass ich heute nicht gut drauf bin und mich nicht genug konzentrieren kann." „Ich war schon nach einer Stunde so erschöpft, dass es nicht mehr weiterging."

> Zu den meisten Problemen unter den Arbeitsstörungen gehört das Problem, die Arbeit nicht beginnen zu können – sie wird hinausgeschoben. Wenn man dann doch anfängt, dann geschieht das zögerlich und schleppend. Die Gründe dafür können vielfältig sein, von

Selbstunsicherheit und Angst vor der Aufgabe bis hin zu einer schwankenden oder mangelhaften Motivation.[113]

Viele arbeitsgestörte Menschen haben Minderwertigkeitsgefühle und kompensatorisch überhöhte Persönlichkeitsideale verinnerlicht. Der Arbeitsgestörte strebt nach Vollkommenheit und übersieht dabei seine eigene Unvollkommenheit. In der Phantasie und in den Tagträumen gelingen ihm großartige Leistungen, die ihn im normalen Alltag behindern und dort Kränkungserlebnisse bescheren: „Sie meinen, sie müssten vollkommen sein oder doch möglichst viel vollkommen machen."[114]

Wenn der Betreffende sich über seine mangelnde Arbeitsleistung ärgert, sich selbst beschimpft und sich ernsthaft Vorwürfe macht, dann geht dies mit Gedankengängen einher, die mit einer negativen Bewertung verbunden sind, was wiederum die vorhandene Arbeitsstörung verstärkt. Mit der kritischen Abwertung der eigenen Arbeitsleistung dominieren Minderwertigkeitsgefühle, viele abwertende Phantasien werden in Gang gesetzt und es entsteht ein enormer innerer Druck. Die so erzeugten Unsicherheitsgefühle führen dazu, dass der Arbeitsgestörte schwer zwischen Wesentlichem und Unwesentlichem unterscheiden kann. Es wird häufig unverhältnismäßig viel Kraft eingesetzt für wenig brauchbare Ergebnisse. Der Betreffende hat sich eventuell am Schreibtisch verausgabt, bis in die Nacht gearbeitet, viel gelesen, versucht Zusammenhänge zu erfassen. Er befürchtet, durch seine Arbeitsstörungen und Verzögerungstaktiken ganz zu scheitern, was die vorhandene Unsicherheit noch verstärkt. Am nächsten Morgen fühlt er sich ausgelaugt, geistig erschöpft und braucht erst einmal eine Ruhepause. Er kann aus diesem Denk- und Wahrnehmungsprozess alleine schwer aussteigen, sondern fühlt sich diesem Gedankenkreislauf ausgeliefert, was sich bis zum Selbsthass steigern kann.

> Jede Beanspruchung des menschlichen Organismus, die die Dauerleistungsgrenze überschreitet, wird durch die Ermüdung beantwortet. In operationaler Definition ist Ermüdung dabei jede reversible Leistungsminderung nach vorübergehender Beanspruchung.[115]

---

[113] Hoffmann, N., Hofmann, B.: Arbeitsstörungen. Ursachen, Selbsthilfe, Rehabilitationstraining, Weinheim 2004, S. 96

[114] Rattner, J., Danzer, G.: Neurotische Dummheiten, in: Homo insipiens oder der dumme Mensch, Jahrbuch für Verstehende Tiefenpsychologie und Kulturanalyse, Bd. 28, Berlin 2004, S. 81

[115] Schmale, H.: Psychologie der Arbeit, a.a.O., S. 164

Das übermäßige Erzwingenwollen, mit einer Arbeit fertig zu werden, provoziert stattdessen das Entstehen von Aufmerksamkeits- und Merk-fähigkeitsstörungen. Bei dieser spezifischen Arbeitsstörung fühlt sich der Betreffende dieser Situation ausgeliefert und entwickelt Versagensangst. Er fürchtet Kritik und Abwertung durch die Mitmenschen. Er hat Ideale verinnerlicht, wie z.B.: „Wenn der Druck groß genug ist, kann ich alles schaffen." Ein anderer häufig anzutreffender Gedankengang lautet: „Zwar weiß ich nicht, wo mir der Kopf steht, aber wenn ich das nicht auch noch mache, wer soll es denn sonst erledigen." Diese Gedanken erweisen sich als hinderlich und halten die vorhandenen Denksysteme aufrecht. Dabei übersieht der arbeitsgestörte Mensch, dass er nicht an verminderter Intelligenz scheitert, sondern an seiner fehlenden gesunden Einstellung und fehlenden kognitiven Fähigkeiten zum Arbeiten. Beim Arbeiten selbst erweist sich als kognitiver Prozess die Fähigkeit, das vor-handene Wissen und neue Informationen so aufzunehmen und zu ver-werten bzw. zu verstehen, dass sie sich für die erforderliche Arbeit als nützlich erweisen.

> Der kognitive Prozess ist im Wesentlichen ein Kodierungsvorgang, in dem ausgenommene und gefilterte Informationen mit Hilfe frü-herer und gespeicherter Informationen strukturiert werden. Diese Fähigkeit zu kognitiver Strukturierung wird für gewöhnlich Intelli-genz genannt.[116]

Sichtbar wird, wie eng der kognitive Wahrnehmungsprozess und die sozi-ale Wahrnehmung beim arbeitsgestörten Menschen verflochten sind. Dies spielt in der Arbeitssituation eine wesentliche Rolle, wie z.B. bei Bewer-bungen oder in der zwischenmenschlichen Kommunikation überhaupt. Hierbei wird es verständlich, dass Arbeitsstörungen nicht nur als ein Zei-chen von schlechter Erziehung und zwanghafter Charakterhaltung zu beurteilen sind, sondern ihren Ursprung in tieferen Schichten der Persön-lichkeit haben.

Nach den Vorstellungen der Psychoanalyse ist dieses Problem sehr tiefgründig. Freud geht davon aus, dass das Denken (Fragen, Wissenwol-len usw.) nicht wie ein rationales Geschehen funktioniert. Die ganze Lebendigkeit eines Kindes z.B. drückt sich in seiner Wissbegierde aus. Dieses Motiv zum Wissenwollen wird durch die autoritäre, die sexuelle und religiöse Denkhemmung (Freud)[117] gelähmt.

---

[116] Schmale, H.: Psychologie der Arbeit, a.a.O., S. 60
[117] Freud, S.: Die Zukunft einer Illusion (1927), GW Bd. XIV, S 371f.

Sie errichtet hierbei drei Denktabus, die Mauern gleichen, an denen sich das Denken wund stößt. Sie legt gleichsam hiermit den Verstand an drei Ketten, von denen er sich oft zeitlebens nicht mehr lösen kann.[118]

Die autoritäre Denkhemmung wird durch eine Erziehung zum Gehorsam und zur Gefügigkeit (Zuckerbrot und Peitsche) verursacht und führt zu einer Hilflosigkeit im gesamten Lebensgefühl und einer Ohnmacht gegenüber unbekannten Mächten. Die so erlebten Autoritätsfiguren werden verinnerlicht, durch institutionalisierte und geistige Autoritäten ergänzt. Als Gewissensinstanz im eigenen Über-Ich sorgen sie dann für eine innere Zensur und wachen mit rigiden Ich-Idealen darüber, dass selbstständiges Denken unterbleibt. Auch die sexuelle Neugier wird mit Tabus belegt und das führt zu einem Verzicht auf Neugierde, Interesse und Forscherdrang. Die spezifischen Empfindungen und Wahrnehmungen dieses Körperbereichs werden ins Nicht-Ich abgeschoben, verdrängt und es entsteht ein Tabubereich, der nicht verletzt werden darf. Sexuelle und autoritäre Denktabus werden durch die religiöse Denkhemmung ergänzt. Diese drei Hemmungssysteme sind miteinander verklammert und stützen und zementieren sich wechselseitig. Somit entsteht aus der religiösen, sexuellen und autoritären Denkhemmung ein gesamthafter Rationalitätsdefekt im Menschen.

Wenn also Neugierde und Wissbegierde in der Familie und in der Gesellschaft gehemmt werden, dann wird, wie gezeigt, auch das eigenständige Denken gebremst und es kann in der Folge zu spezifischen Arbeitsstörungen kommen.

3.5 Handlungsbezogene Störungen

Viele arbeitsgestörte Menschen haben Probleme bei der Umsetzung einer Aufgabe in eine Handlung. Sie haben in der Herkunftsfamilie schwer lernen können, wie sie anstehende Arbeiten gestalten und daraus Befriedigung erzielen können. Stattdessen wirken sie nervös, fahrig und angespannt. „Sie fühlen sich in Leistungssituationen getrieben und gehetzt, wirken wie ,auf dem Sprung'."[119]

---

[118] Rattner, J., Danzer, G.: Homo insipiens oder der dumme Mensch, a.a.O., S. 48f.
[119] Hoffmann, N., Hofmann, B.: Arbeitsstörungen, a.a.O., S. 72

In vielen Familien herrscht eine leistungsorientierte Atmosphäre und die Kinder werden durch die ehrgeizigen Ziele und Wertvorstellungen der Eltern angetrieben. Die überhöhten elterlichen Erwartungen erzeugen ein labiles Selbstwertgefühl. Ohne gleichzeitig von den Eltern vermittelte entsprechende Handlungsanleitung haben Arbeitsgestörte keine Fähigkeit entwickelt, ihre Arbeit sinnvoll zu planen. Häufig sind ihre Pläne perfektionistisch angelegt und von einem Sicherheitsstreben durchdrungen.

> Meist sind die Eltern der Betroffenen schon sehr leistungsorientiert und treiben ihre Kinder ehrgeizig an. Diese übernehmen deren Stil, d.h. sie lernen am Modell.[120]

Auch bei verwöhnender oder vernachlässigender Erziehungshaltung der Eltern können die Kinder kein stabiles Selbstwertgefühl und keine produktive Arbeitshaltung entwickeln. Bei Overprotection wird ihnen von früh an aus elterlicher Sorge alles abgenommen und keine selbstständige Handlung zugetraut. Dies führt dazu, dass sie im späteren Leben eher Verwöhnungswünsche an andere Menschen herantragen und bei eigenen Versuchen eine hohe Anspruchshaltung entwickeln mit nachfolgender schneller Entmutigung. Vernachlässigte Kinder werden zu häufig sich selbst überlassen und werden daher nicht zu gemeinschaftsbezogenen Lösungen angeleitet.

In vielen Arbeiter- und Handwerksfamilien wird z.B. das Lesen von Büchern als ein Unwert betrachtet. Dagegen werden tatkräftiges Tun und praktische Handlungen als lebenstragend hervorgehoben. Vor dem Hintergrund dieser Wertvorstellungen erlebt sich das lesende Kind als „faul" und verinnerlicht das Gefühl, „nicht richtig zu sein". Wenn es als Erwachsener intellektuellen Anforderungen gegenübersteht, gerät er in einen inneren Konflikt, gegen die elterlichen Werte zu verstoßen oder die Aufgabe nicht sachgemäß erfüllen zu können. Er tendiert daher dazu zu vermeiden oder zu verschieben.

Bei arbeitsgestörten Menschen mit einem verinnerlichten inneren Konflikt um Macht und Ohnmacht in Beziehungen ist die Handlungsfähigkeit insgesamt herabgesetzt. Leistung wird von ihnen schlechthin als Unterwerfung gegenüber der Aufgabe erlebt, wogegen innerlich protestiert wird. Als Kind haben sie nicht lernen können, sich autonom zu verhalten, und waren der Autorität der Eltern ausgeliefert, gegen die sie offen oder versteckt getrotzt haben.

---

[120] Hoffmann, N., Hofmann, B.: Arbeitsstörungen, a.a.O., S. 73

So kann bei Patienten mit einer Autoritätsproblematik die Leistung unbewußt mit Unterwerfung gleichgesetzt werden. Damit geht das Element der Eigenständigkeit, das Arbeiten so befriedigend machen kann, verloren. Patienten mit analer Charakterstruktur sind auf der bewußten Ebene oft ganz besonders bemüht, alles richtig zu machen, aber unbewußt wird die eigene Leistung torpediert.[121]

Durch das Verzögern einer Tätigkeit bzw. Handlung wird diese so lange verschoben, dass eine normale Leistung nicht mehr erfolgen kann. Der Betreffende versucht, durch nächtliches Arbeiten und besonders schwierige Bedingungen das Unmögliche zu erreichen.

> Daß das schier Unmögliche doch noch erreicht wurde, daß also die soziale Realität „besiegt" wurde, schafft ein Triumphgefühl, das die Schmach der Anpassung an die normalen Leistungsstandards wieder aufwiegt. Allerdings erfordern diese Triumphe am Ende ein Arbeiten bis zur totalen Erschöpfung, so daß die nächste Arbeitsstörung bereits programmiert ist.[122]

Der Umgang mit der Zeit ist bei der Arbeit wichtig, und Arbeitsgestörte können durch ihre Unfähigkeit zielgerichtet zu planen auch die Zeiteinteilung nicht richtig gestalten. Stattdessen vertrödeln sie ihre Zeit, lesen z.B. morgens ausgiebig die Zeitung, weil sie ja informiert sein müssen, oder lesen ausführlich zu bestimmten Themen und vergessen dabei die Zeit. Plötzlich ist die dafür eingeräumte Zeit vorbei und es bleiben ein Schuldgefühl, die kostbare Zeit nicht richtig nutzen zu können, und eine daraus resultierende Unzufriedenheit zurück. „Gestützt wird dies von dem Bewusstsein, dass Zeit etwas ‚Kostbares' sei, das es stets sinnvoll zu nützen gilt."[123]

Zu den Spätfolgen der Arbeitsstörungen gehört, dass sich tendenziell die quantitative und qualitative Arbeitsleistung verschlechtert, was mit Misserfolgserlebnissen verbunden ist und die Arbeitsmotivation reduziert. Dies kann auch mit längeren Krankschreibungen verbunden sein, was die berufliche Existenz überhaupt bedroht. In der Folge kann es zu

---

[121] Hohage, R.: Zur Psychoanalyse des Arbeitens und der Arbeitsstörungen, a.a.O., S. 121

[122] Hohage, R.: Zur Psychoanalyse des Arbeitens und der Arbeitsstörungen, a.a.O., S. 121

[123] Plattner, I.E.: Zeitstreß. Für einen anderen Umgang mit der Zeit (1993), München 1996, S. 88

einem sozialen und beruflichen Abstieg kommen, indem z.B. eine Kündigung erfolgt, die mit materiellen Einbußen verbunden ist.

> Verlust der ökonomischen Sicherheit, häufig verbunden mit massiven Einkommenseinbußen bis hin zu manifester Armut; Verlust der sozialen Einbindung, der Zeitstrukturierung und des Selbstwertgefühls und die Erfahrung von individueller Abhängigkeit, Handlungsohnmacht und sozialer Ausgrenzung.[124]

Für viele arbeitslose Menschen bedeutet die Gewährung einer Erwerbsunfähigkeitsrente einen tiefen Einschnitt in das Selbstgefühl. Dies blockiert die Handlungsmotivation mit der Erkenntnis, für den Arbeitsmarkt nicht mehr brauchbar zu sein. Gefühle von Resignation bis hin zu Apathie gehen in psychosomatische Beschwerden über.

> Das ist auch ein Problem für die alten Menschen, die aus dem Beruf ausgeschieden sind. Wie Arthur Jores und H.G. Puchta seinerzeit beschrieben haben, gibt es den sogenannten Pensionisten-Tod, d.h. das frühzeitige Sterben von pensionierten Berufsleuten, die buchstäblich an ihrer existentiellen Leere zugrunde gehen.[125]

3.6 Psychosomatische Störungen

In vielfältigen Untersuchungen wird ein Zusammenhang zwischen einer Reihe von organischen Erkrankungen und psychischer Belastung, wie Stress, Überforderung und Fehlbelastung bei der Arbeit, hergestellt. Bei diesen psychosomatischen Erkrankungen werden psychosoziale Belastungsfaktoren als bedeutsam angesehen.[126]

---

[124] Wacker, A., Kolobkowa, A.: „Hin und wieder denke ich, daß ich gar nichts tauge" – Arbeitslosigkeit und Selbstwertgefühl, in: Blätter der Wohlfahrtspflege – Deutsche Zeitschrift für Sozialarbeit 7 + 8, 1998, S. 141–144

[125] Rattner, J., Danzer, G.: Psychosomatik und Psychohygiene, -Ein Gesundheitsbuch für Leib, Seele und Geist, Jahrbuch für Verstehende Tiefenpsychologie und Kulturanalyse, Bd. 27, Berlin 2004, S. 137

[126] vgl. Lütjen, R., Frey, D.: Gesundheitspsychologie – Sozialpsychologische Aspekte von Gesundheit und Krankheit, in: Schultz-Gambard, J. (Hg.): Angewandte Sozialpsychologie, München 1987, S. 293–305

Arbeitslosigkeit bewirkt als Stressor die Entstehung und Verstärkung von Krankheiten, die zu einer deutlich erhöhten Sterblichkeit führen, vor allem von Herz- und Kreislauferkrankungen.[127]

In internationalen Studien wird der Zusammenhang zwischen versuchter Selbsttötung und Arbeitslosigkeit nachgewiesen.[128] Auch bei Studierenden zählen Selbstmordgedanken zum Symptombild der psychischen Störungen.[129] Hickam et al. (1947) ermittelten bei Studenten kurz vor einer Prüfung, dass sich Herzfrequenz, Blutdruck und Hautwiderstand signifikant erhöhten.[130] Bräutigam (1968) beschreibt als Symptome von Prüfungsangst: „ängstlich erregte Stimmung, Konzentrationsunfähigkeit, Gedächtnisverlust, Einengung der Aufmerksamkeit und Rückzug von der Wirklichkeit, der bis zur Derealisation reichen kann".[131]

Neumann (1933) stellte im Rahmen seiner individualpsychologischen Untersuchungen fest, dass viele Examenskandidaten körperliche Beschwerden entwickelten, vor allem Ischiasschmerzen, Magen- und Darmbeschwerden, Herz-, Kreislaufprobleme, Spannungskopfschmerz und Erschöpfungszustände.[132] „Durch die Somatisierung derartiger psychischer Konflikte, die unbewusst ablaufen, könne sich der Kandidat der Bedrohung des Selbstwertgefühls entziehen und in der Rolle des ‚Kranken' die elterliche Liebe zurückgewinnen."[133]

Inwieweit der erlebte Druck im Studium zu einer Verlagerung auf die körperliche Ebene führt, wird in den Äußerungen der Studenten deutlich, wobei jeder Zehnte angibt unter psychosomatischen Beschwerden gelitten zu haben (10,1 %). Ebenfalls werden Essstörungen (8,1 %) angegeben und von 4,5 % wird Suchtverhalten geschildert.[134] Jeder zwölfte Student gibt an, dass Arbeitsstörungen und Prüfungsängste auch ihre Sexualität beeinträchtigt haben (8,4 %).

---

[127] Ekesparre, D. von: „Das ist der halbe Tod" - Psychosoziale und gesundheitliche Folgen von Arbeitslosigkeit, in: Hirsch, M. (Hrsg.): Psychoanalyse und Arbeit, Göttingen 2000, S. 65

[128] vgl. Johansson, S.E., Sundquist, J.: Unemployment is an important risk factor for suicide in contemporary Sweden, Public health 1997

[129] *vgl. Tabelle 2.1, Anhang S. 209*

[130] zit. in: Prahl, H.-W.: Prüfungsangst (1977), Frankfurt a.M. 1979, S. 31f.

[131] Bräutigam, W.: Reaktionen, Neurosen, Psychopathien, Stuttgart 1968

[132] vgl. Neumann, J.: Angst und Krankheit vor dem Examen, Gütersloh 1933

[133] zitiert in: Prahl, H.-W.: Prüfungsangst (1977), a.a.O., S. 34

[134] *vgl. Tabelle 2.1, Anhang S. 209*

> Die psychoanalytische Behandlung von Arbeitsstörungen zeigt, daß zwischen Arbeitsstörungen und dem Sexualgebaren des neurotischen Menschen enge Zusammenhänge bestehen. Diese empirischen Funde führten zur These, daß bei vorliegenden Arbeitsstörungen immer auch [...] sexuelle Schwierigkeiten vorhanden sind.[135]

Deutlich wird, wie Spannungszustände, erhöhte Minderwertigkeitsgefühle und unbewusste innere Konflikte einen enormen inneren Druck erzeugen, wobei Angst und Affektzustände eine wesentliche Rolle spielen. Wie der Arbeitsgestörte diesen Druck wahrnimmt und psychisch verarbeitet, ist von seiner lebensgeschichtlichen Entwicklung abhängig.

> In der Ätiologie der Herz-Kreislaufkrankheiten spielen die Affekte des Menschen eine ganz entscheidende Rolle – was noch zu wenig bekannt ist. Unter Affekten verstehen wir heftige Gemütsbewegungen und Erregungszustände, die Einsicht und Kritik ausschalten und die Herrschaft des Menschen über sich selbst beeinträchtigen.[136]

Wenn man psychosomatischen Patienten genauer zuhört, findet man zusätzlich zu den körperlichen Erkrankungen psychische Symptome wie depressive Verstimmungen, Ängste, Schuldgefühle, innere Leere und Sinnlosigkeit. Diese Symptome werden so nebenbei geschildert, ohne dass die Patienten ihre körperlich-psychische Befindlichkeit genauer wahrnehmen und eine Sprache dafür hätten. Besonders auffällig ist bei den Herz-Kreislauf-Patienten, dass sie zunächst erschrecken, wenn sie mit der Diagnose konfrontiert werden, aber schnell wieder zu ihrer gewohnten Tagesordnung übergehen.

> Nicht nur die Patienten haben beträchtliche Mühe, den Zusammenhang zwischen Herz-Kreislaufkrankheiten und ihrer Psyche anzuerkennen; auch die Ärzte sind diesbezüglich nicht in allen Details informiert.[137]

In vielen Untersuchungen wird auf das Typ-A-Verhalten hingewiesen, das durch ehrgeiziges Leistungsstreben einen hohen inneren Druck erzeugt, der langfristig zu Bluthochdruck und Herz-Kreislauf-Erkrankungen sowie einer Infarktgefährdung führt. Die ehrgeizige Arbeitshaltung hat entsprechende Arbeitsstörungen zur Folge und Ermüdungs- und Erschöpfungssignale werden unterdrückt und missachtet. Durch den

---

[135] Moser, U.: Psychologie der Arbeitswahl und der Arbeitsstörungen, a.a.O., S. 117
[136] Rattner, J., Danzer, G.: Psychosomatik und Psychohygiene, a. a .O., S. 137f.
[137] Rattner, J., Danzer, G.: Psychosomatik und Psychohygiene, a.a.O., S. 134

anhaltenden Stress geraten diese Menschen immer wieder aus dem Gleichgewicht und es kommt zu einer psychosomatischen Entgleisung.

> Ein Infarkt z.B. macht den Patienten ohnehin zunächst arbeitsun-fähig, oft ist er sogar die Bedingung für eine Teilinvalidität, die eine uneingeschränkte Rückkehr in den Beruf verbietet. Gleichwohl sieht man viele Fälle, wo die Betroffenen mit aller Gewalt in ihre gewohnten Tätigkeiten zurückkehren wollen. Denn die Arbeit stellt für viele eine Stütze ihrer Selbstachtung dar. Sie fühlen sich durch sie gebraucht und in ihrem Wert bestätigt. Daher beeilen sich Infarktkranke oft, ihren Berufsstress wieder aufzunehmen, mit Folgen, die mitunter katastrophal sind.[138]

Insgesamt ist es für die Betreffenden schwierig, ihren ehrgeizigen Lebensstil umzustellen. Dieser kann sogar den Charakter einer Arbeitssucht annehmen und als Ersatz für sonstiges ungelebtes Leben gewertet werden.

Daher sollten sie eine Veränderung in Richtung einer ausgewogenen Lebenseinstellung anstreben, in der auch Muße und Entspannung einen gleichberechtigten Platz haben.

3.7 Arbeitsstörung und Lebensstil: Ein Ausblick

Arbeitsstörungen weisen eine Vielfalt von Erscheinungsbildern und -formen auf und sie zeigen sich sowohl psychisch, physisch, kognitiv wie auch psychosomatisch. Sie erweisen sich in der sozialen Interaktion und Kommunikation als Störfaktor. Dabei kommen viele Automatismen ins Spiel, die der Betreffende häufig gar nicht von sich aus ändern kann, auch wenn er unter erheblichem Leidensdruck steht. Unterschiedliche verinnerlichte Ideale und Wertvorstellungen führen dazu, dass die Arbeitsstörungen verschieden wahrgenommen und interpretiert werden. Mancher Arbeitsgestörte versucht seinen Mangel zu kompensieren, indem er sich verstärkt anstrengt. Ein anderer reagiert mit Passivität und Resignation, verfällt in depressive Stimmungen und fühlt sich der Situation total ausgeliefert. Wieder andere betonen ihre Unabhängigkeit und drängen anstehende Aufgaben weg. Manche idealisieren ihre Arbeitshaltung und die dadurch auftretenden Arbeitsstörungen, weil sie ihr drückendes Unzulänglichkeitsgefühl nicht ertragen können.

---

[138] Rattner, J., Danzer, G.: Psychosomatik und Psychohygiene, a.a.O., S. 136f.

Wichtig erscheint mir, den Lebensstil und die individuelle Arbeits-störung in ihrem Zusammenhang genauer zu betrachten. Dabei möchte ich sechs unterschiedliche Persönlichkeitsstrukturen (schizoid, depressiv, narzisstisch, zwanghaft, ängstlich, histrionisch) auf ihr spezifisches Arbeitsverhalten und die entsprechenden Arbeitsstörungen in ihren psy-chodynamischen Zusammenhängen untersuchen. Besonders interessieren mich hierbei die inneren Konflikte, die einer Arbeitsstörung zugrunde liegen, welche anhand von praktischen Beispielen aus der psychothera-peutischen Praxis veranschaulicht werden.

4 Arbeitsstörungen und Persönlichkeit

4.1 Arbeitshaltungen und Arbeitsstörungen der schizoiden Persönlichkeit

4.1.1 Erscheinungsbild

Der Begriff schizoid geht auf Kretschmer zurück und beinhaltet, dass Ähnlichkeiten zu dem Psychosebegriff Schizophrenie bestehen. Dieser wiederum stammt aus dem Griechischen, bedeutet teilen, spalten und wurde von Bleuler (1911) geprägt. Zu diesem Erscheinungsbild gehören verschiedene Symptome wie Rückzug auf sich selbst, ausgeprägtes Phantasieleben, soziale Isolierung, Ungeselligkeit und eine kühle distanzierte Ausstrahlung.

> Seine Affektivität zeigt gegensätzliche Strebungen. Er neigt zu Intellektualisierung und betont abstraktem Denken. Er hat wenig Kontakte und wirkt dabei unbeeinflußbar und wenig herzlich.[139]

Grundlage ist eine intentionale Störung (Schultz-Hencke), in der zu wenig kontinuierliche Beziehungsangebote und sicherer Umweltkontakt existieren. Nach Forschungsergebnissen finden sich häufig nichteheliche Kinder in dieser Gruppe und Kinder, die ablehnende Bezugspersonen erlebten. Hierbei wird eine blasse, unheimliche Welt vermittelt, die dem Kind nicht begreifbar erscheint. Stattdessen schaut es sich die unmittelbare Umwelt aus einer sicheren Distanz an. Die kommunikativen Signale, die das Kind wahrnimmt, kann es nicht verstehen und nicht richtig verarbeiten. Es bleibt dagegen allein auf sich gestellt und entwickelt eine Misstrauenshaltung.

4.1.2 Genese und Psychodynamik

Beim schizoid strukturierten Menschen sind besonders die Angst vor Nähe und die Ich-Bezogenheit ausgeprägt. Durch das Kreisen um sich selbst, um seine eigenen Bedürfnisse, seine Gedanken, seine eigenen

---

[139] Mentzos, S.: Neurotische Konfliktverarbeitung (1982), Frankfurt a.M. 1992, S. 198

Phantasien, seine Hobbys und Betätigungen lebt er vorwiegend in einer Welt für sich. Durch die Fixierung auf das eigene Selbst werden jegliche Informationen und Reaktionen der Mitmenschen auf sich bezogen interpretiert. Sprache und Verhalten anderer Menschen werden genauestens analysiert und es kommt zu einer tiefen Unsicherheit, wie diese Signale bzw. Eindrücke zu verstehen und zu deuten sind. Dieses Nicht-deuten-und-verstehen-Können, was in einer sozialen Interaktion passiert, geht mit einem bedrohlichen Gefühl einher. Es kommt zu einer misstrauischen Beobachtung der Mitmenschen, was in Extremfällen zu einer paranoiden Wahnvorstellung führen kann. Durch diese tiefe Verunsicherung im zwischenmenschlichen Bereich, die ausgeprägte Phantasietätigkeit und die starke Abgrenzung nach außen hin kommt es zu keiner emotionalen korrigierenden Erfahrung.

Der schizoid strukturierte Mensch hat die Sehnsucht nach verschmelzender Harmonie bei gleichzeitiger Angst, sich selbst nicht bewahren zu können und sich selbst zu verlieren. Er lebt nach dem Motto: „Die anderen Menschen sind fremd und gefährlich, man kann ihnen prinzipiell nicht trauen." Daher weist er ein ausgeprägtes Streben nach Autarkie und Unabhängigkeit auf. Riemann spricht in diesem Zusammenhang von Selbstbewahrung und Ich-Abgrenzung.[140]

Intimität, Gefühle und ein Geben und Nehmen in den zwischenmenschlichen Beziehungen sind erschwert. Er versucht, den persönlichen Kontakt zu vermeiden, und wenn er diesen nicht vermeiden kann, zieht er sich emotional zurück:

> Wir interpretieren also die schizoide Beziehungsstörung psychodynamisch als unbewußte Aktivität, als emotionalen Rückzug zum Schutz vor ängstigenden oder kränkenden Beziehungserfahrungen.[141]

Mentzos beschreibt die schizoide Persönlichkeit als einen Menschen, der „distanziert, isoliert, ungesellig und introvertiert wirkt und keine Wärme ausstrahlt". Er erscheint scheu, schweigsam und teilweise spöttisch, wenn man ihm unvermittelt zu nahe kommt. Wenn er sich durch das andere Du bedroht fühlt, kann er dies schroff abwehren und mit verletzenden Ges-

---

[140] vgl. Riemann, F.: Grundformen der Angst (1961), München 1977, S. 20
[141] Rudolf, G.: Psychotherapeutische Medizin und Psychosomatik (1993), Stuttgart 2000, S. 165

ten reagieren. Seine Sprache wirkt manchmal etwas absonderlich, mitunter mit gespreizter Gestik:

> Hinter den oft schroffen und schwer durchschaubaren Verhaltensweisen verbirgt sich eine ausgeprägte Empfindsamkeit. Gerade diese Empfindsamkeit führt zur Entwicklung des schizoiden Charakterpanzers.[142]

Häufig wird die Kommunikation abgewehrt, z.B. durch Intellektualisieren und betont abstraktes Denken. Die Abwehrmechanismen von Spaltung und Projektion führen zu einer Verzerrung der Realitätsverarbeitung:

> Der Grundkonflikt der Nähe ist wohl am schwierigsten als Konflikt zu erkennen, weil sein Erscheinungsbild stark durch strukturelle Auffälligkeiten geprägt ist.[143]

In der frühen Kindheit ist es entscheidend für den Grundkonflikt der Nähe, dass Mutter und Säugling die Möglichkeit erfahren, eine gemeinsame Sprache zu entwickeln. Diese sog. emotionale Einstimmung bzw. das „Einschwingen" (attunement) gehen mit gegenseitiger Beeinflussung und Anerkennung der anderen einher und sind nach der Bindungsforschung (Winnicott) eine grundlegende Erfahrung:

> Die gemeinsame Aufgabe von Mutter und Kind ist das Einschwingen (attunement) in eine vor allem körpernahe Beziehung und die Affektabstimmung in diesem Miteinander.[144]

Die Erfahrung, ein ideales Mutter-Objekt zu erleben, welches die Bedürfnisse des Kindes erkennt, bewirkt die Gewissheit, dass das Kind sich anerkannt und geborgen fühlt. In dieser wechselseitigen Beziehung kann sich eine kommunikative Kompetenz und Verbundenheit entwickeln. Dieser Prozess ist die Grundlage für einen gelingenden Dialog.

Aufgrund der mangelnden Konstanz in den frühen Objektbeziehungen – z.B. wenn die Mutter selbst depressiv ist und die Bedürfnisse des Kindes nicht erkennt, weil sie sich verzweifelt und allein gelassen fühlt – wird die „intentionale" Ausrichtung brüchig, und der „Aufforderungscharakter der Welt" (Neugierde) bzw. die „Brücke zur Welt" werden nur schwach ausgeprägt. Damit findet kein effektiver Aufbau des Bindungs-

---

142 Mentzos, S.: Neurotische Konfliktverarbeitung, a.a.O., S. 198
143 Rudolf, G.: Psychotherapeutische Medizin und Psychosomatik, a.a.O., S. 145
144 Rudolf, G.: ebd., S. 145

systems statt, und es kann kein ausreichendes „Urvertrauen" (vgl. Erikson) aufgebaut werden:

> Vieles kann dazu beitragen, dass das Kind und die erwachsene Bezugsperson nicht gut genug zueinander passen, dass sie nicht in ein System von Kommunikation und emotionaler Bindung einschwingen können [...] [145]

4.1.3 Soziale Beziehungen

Der schizoid strukturierte Mensch hat wenig echtes Interesse an anderen Menschen und kann sich nicht empathisch einfühlen. Er ist dadurch wenig geübt in sozialen Beziehungen und ist in Gedanken mit sich selbst beschäftigt. Im Kontakt selbst monologisiert er über sich, schweigt oder denkt an andere Sachen. Er nimmt nur oberflächlichen Kontakt zu Kollegen, Vorgesetzten, Lehrern oder Mitschülern auf und hält sie auf Distanz, damit sie ihm nicht zu nahe kommen. Seine ausgeprägten Interessen behält er häufig für sich selbst. Je nach Ausprägung der schizoiden Struktur kann er auch ausführlich über seine Interessen reden. In der Beziehungsdynamik kann er analytische Fähigkeiten entwickeln und gut Schwächen oder Geheimnisse seiner Mitmenschen erkennen und teilweise brüsk offen legen, wodurch er auch wieder Distanz in den Beziehungen herstellt. Aufgrund seiner mangelnden Sozialisation kennt er die sozialen Spielregeln nicht, und es kann z.B. vorkommen, dass er zu sehr mit sich selbst beschäftigt ist und gar nicht merkt, dass er den Kollegen im Wege steht oder sitzt. Seine ausgeprägte soziale Unsicherheit führt zu starken inneren Spannungen und macht Kontaktsituationen fast unmöglich. Manchmal kann er so in innere Spannungen geraten, dass er mit starker innerer Unruhe und Schlafstörungen reagiert.

Es ergibt sich ein Circulus vitiosus, weil schizoid strukturierte Menschen durch ihre Ich-Bezogenheit und Angst in ihrer eigenen Welt und Phantasie verbleiben, der Kontakt nach außen nicht hergestellt werden kann und die Sozialkontakte als beängstigend erlebt werden, so dass sie wiederum auf sich selbst bezogen bleiben. Gefühle werden als bedrohlich erlebt, gefährden die innere Struktur und führen zu sozialer Isolation.

Manche von ihnen suchen Streit, behaupten sich rechthaberisch, attackieren andere Menschen, auch z.B. auf der Arbeit. Damit werden die

---

[145] Rudolf, G.: Psychotherapeutische Medizin und Psychosomatik, a.a.O., S. 42

Beziehungen auf die Probe gestellt, um misstrauisch zu beobachten, wie der andere sich verhält: „Steht er trotzdem zu mir?" Gerne greifen sie jemanden an, um zu testen, wie er reagiert:

> Wenn sie etwas Freundlicheres sagen würden, bestünde die Gefahr, daß Nähe zu rasch hergestellt würde.[146]

Schizoide Menschen neigen dazu, andere Menschen zu kränken, haben aber selbst große Angst, gekränkt und kritisiert zu werden. Durch das misstrauische Beobachten erkennen sie manchmal die Schwächen der anderen und legen Wert darauf, aufrichtig zu sein und die Wahrheit zu sagen, auch wenn dies an Taktlosigkeit grenzt. (s. Molieres Menschenfeind)

Dies führt auch im psychotherapeutischen Prozess zu erheblichen Problemen, weil schizoide Menschen gegenüber anderen taktlos, aber auf sich selbst bezogen empfindlich wie eine Mimose sind, was den therapeutischen Umgang sehr erschwert. Das eigene Sich-bedroht-Fühlen wird auf die Außenwelt projiziert. Sie wird als feindlich und bedrohlich erlebt, wodurch die Wahrnehmungslücke des Schizoiden vergrößert wird. Es findet also keine oder zu wenig Korrektur durch die Realität oder durch die anderen Menschen statt.

4.1.4 Arbeitsstil und Arbeitsstörungen

Schizoid strukturierte Menschen verfügen über eine scharfe Beobachtungsgabe und analytische Fähigkeiten, können dadurch Einzelheiten gut wahrnehmen und auf den Punkt bringen. Sie können gut abstrahieren und Zusammenhänge erfassen, weil sie sich von sozialen Gegebenheiten und subjektiven Eindrücken nicht irritieren lassen.[147] Sie versuchen, die Umwelt affektlos und durch kühle Sachlichkeit zu erfassen, ohne sich von subjektiven Eindrücken beeinflussen zu lassen. Sie haben einen kritisch unbestechlichen Blick und den Mut, Dinge so zu sehen, wie sie sind, ohne mildernde oder beschönigende Verbrämungen.[148]

Sie haben hohe Ziele, die sie mit ihrer Arbeit verfolgen wollen, und geraten dadurch unter Druck. Smalltalk-Gespräche werden abgelehnt,

---

[146] König, K.: Arbeitsstörungen und Persönlichkeit, a.a.O., S. 25
[147] vgl. König, K.: Kleine psychoanalytische Charakterkunde, Göttingen 1992, S. 68 u. 107
[148] vgl. Riemann, F.: Grundformen der Angst, a.a.O., S. 57

weil sie höhere Ansprüche an Gesprächsthemen haben und keine Zeit verschwenden wollen. Es finden sich im Bereich schizoid strukturierter Menschen Juristen, die sich mit Vorliebe mit Gesetzestexten auseinander setzen, abstrakte Begriffe mit einer Vehemenz bearbeiten, ohne dass sie sich von zwischenmenschlichen Zusammenhängen irritieren lassen. Sie ziehen sich in einen inneren Elfenbeinturm zurück, beschäftigen sich mit ihrer Welt der Ideen und Theorien, können Sonderbegabungen auf abstrakten Gebieten zeigen; dann wird Arbeit als Kompensation erlebt. Besonders geeignet sind sie in Berufen, in denen es gilt, objektive Daten zu verarbeiten, wie z.B. als Statistiker, als Mathematiker oder Naturwissenschaftler.[149]

In strukturierten Berufen kann der schizoide Mensch Sicherheit und Orientierung finden. Problematisch empfindet er teamorientierte Arbeit, wenn er gezwungen ist, im Mittelpunkt zu stehen. Es fällt ihm leichter in Gruppen mitzuarbeiten, wenn er am Rande bleibt und Raum für seine Ideen findet.

4.1.5 Schizoide Personen in Führungsfunktionen

Die Vorteile unterschiedlicher Persönlichkeitsausprägungen können sich gegenseitig ergänzen und das Arbeitsergebnis insgesamt positiv gestalten. Die Einseitigkeiten und individuellen Beschränkungen können durch die Stärken anderer Menschen ausgeglichen werden, so dass die individuellen Nachteile und problematischen Arbeitshaltungen nicht so große Auswirkungen haben. So neigt der schizoide Mensch zu abstrakten, originellen Ideen. Es fällt ihm jedoch schwer, diese Einfälle in die Praxis umzusetzen. Dies kann wiederum die Stärke anders strukturierter Menschen sein. So kann eine Zusammenarbeit im Team oder Gruppen fruchtbar sein, wenn es gelingt, die Schwächen der schizoiden Persönlichkeit im zwischenmenschlichen Umgang durch anders strukturierte Personen auszugleichen.

> Menschen mit einer schizoiden Charakterstruktur berücksichtigen die Realität oft zu wenig. Deshalb können sie schwer praktikable Ideen entwickeln.[150]

---

[149] vgl. Riemann, F.: Grundformen der Angst, a.a.O., S. 23 u. 55
[150] König, K.: Arbeitsstörungen und Persönlichkeit, a.a.O., S. 125

Durch ihre mangelhaft entwickelte soziale Kompetenz und Empathie wird der Aufstieg in Führungspositionen begrenzt sein. In Fällen, wo sie genügend Freiraum haben und sich ihren Ideen hingeben können, ohne sich von anderen Menschen bedrängt zu fühlen, und über Mitarbeiter verfügen, die ihre Schwächen ausgleichen, können sie in abstrakten theoretischen Bereichen der Mathematik, Physik, Chemie oder auch Informatik entsprechende Leistungen vollbringen. Da sie an sich selbst hohe Anforderungen stellen, fordern sie dies auch von ihren Mitarbeitern. Häufig geht es ihnen um eine stimmige Theoriebildung und Reinheit der Lehre. Ihr skurriles oder auch eigenbrötlerisches Verhalten macht den Umgang mit ihnen schwer. Die Wahrnehmungslücken, die sich aus ihrer mangelnden Sozialkompetenz ergeben, führen dazu, dass sie diese durch Projektionen und Phantasien ergänzen. Dadurch entsteht ein Bild, das nicht der Realität entspricht und zu Kommunikationsschwierigkeiten und Enttäuschungsaggressionen führen kann und damit die Distanz, die aus der projizierten Feindseligkeit entsteht, aufrechterhalten wird. Der Schizoide kann sich schwer auf die individuelle Situation einstellen und differenzieren und sieht daher die „Bäume vor lauter Wald nicht".

> Erkennt er diese Schwierigkeiten und geht er mit ihnen durch Distanzierung um, wird er zwar nicht beliebt, aber als Mitarbeiter wohl gelitten sein.[151]

4.1.6 Fallvignette

a) Anamnese

Der 43-jährige Patient ist in einer Großstadt aufgewachsen und hat einen jüngeren Bruder (– 4 J.). Der Vater (+ 25 J.) ist von Beruf Polizist und die ein Jahr jüngere Mutter ist Hausfrau gewesen. Der Patient war kein Wunschkind. Die Mutter war depressiv und in der Beziehung zu ihrem Ehemann in ihrer Ambivalenz gefangen. Die Familie lebte mit den gemeinsamen Eltern in einem Haushalt (Mehrgenerationenfamilie). Der Patient hat früh einen Mangel an Geborgenheit erlebt. Er sei nicht gestillt und von wechselnden Bezugspersonen betreut worden. Die Einschulung erlebte er beängstigend und er litt unter Trennungsangst. Das Lernen sei ihm verhältnismäßig leicht gefallen. Abstrakte naturwissenschaftliche

---

[151] König, K.: Kleine psychoanalytische Charakterkunde, a.a.O., S. 107

Fächer wie Biologie, Chemie und Physik haben ihm gelegen, Sprachen seien ihm dagegen schwer gefallen. Nach dem Abitur nahm er ein Lehramtsstudium auf. Nach Abschluss der Lehrerausbildung unterrichtete er an einem Gymnasium in den Fächern Chemie und Physik.

Er traute sich keine feste Partnerschaft zu, sondern ging langjährige lockere Fernbeziehungen mit gelegentlichen Treffen ein. Er hat keine Kinder.

b) Symptomatik

Die Anforderung des neuen Schulleiters bildet die auslösende Situation, durch die der Patient in eine Krise geraten ist. Er kann nachts schwer schlafen, wird von Alpträumen geplagt, erlebt innere Unruhezustände, Angst- und Panikattacken. Er entwickelt massive Arbeitsstörungen. Wenn der Schulleiter in die Nähe komme, entwickle er Konzentrationsprobleme, fühle sich bedroht, fange an zu schwitzen und bekomme feuchte Hände. Er könne den Unterricht nur mit größter Anstrengung durchführen, reagiere verstärkt misstrauisch und befürchte, die Schüler könnten seine innere Not mitbekommen.

Der neue Schulleiter stelle erhöhte Anforderungen an ihn, erwarte, dass er sich mehr für die Schüler engagiere, wodurch er sich innerlich unter Druck gesetzt fühle. Durch die höheren Erwartungen fühlt sich der Patient bedrängt und in seiner Unabhängigkeit eingeschränkt. Der neue Chef erwarte auch Teamarbeit und der Patient habe die Angst entwickelt, sich falsch auszudrücken. Bisher hat er persönliche Beziehungen gemieden.

Zur Vorgeschichte gehören ein ausgeprägtes Autarkiestreben und der Wunsch, in Ruhe gelassen zu werden. Wenn jemand aktiv auf ihn zugeht und Kontakt herstellen will, übersieht er geflissentlich die ihm ausgestreckte Hand. Kommt jemand unerwartet auf ihn zu, kann es passieren, dass er ihn schroff und aggressiv zurückweist. Dies sei in den vergangenen Jahren öfter in den Pausen im Lehrerzimmer passiert. Die Kollegen haben dies mitbekommen, seinen Isolationswunsch respektiert und ihn zunehmend in Ruhe gelassen. Dieser emotionale Rückzug („lass mich in Ruhe") dient dazu, ängstigende und kränkende Beziehungserfahrungen zu vermeiden. Den Hintergrund bildet eine strukturelle Ich-Schwäche, eine Kontaktlücke. „Die Hinwendung zur Welt" (Brücke zur Welt) ist unzureichend entwickelt, was zu einer mangelnden sozialen Kompetenz führt. Er spürt seine Bindungsangst, hat gleichzeitig eine Sehnsucht nach Kontakt, befürchtet jedoch, sich nicht abgrenzen zu können und sich ausgeliefert zu fühlen.

c) Therapieverlauf

Der Patient erscheint angespannt und misstrauisch. Zu beobachten ist ein häufiges Ausweichen des Blickkontakts und ein Zurücknehmen der Stimme. Der Patient berichtet von Arbeitsschwierigkeiten in der Schule und schildert, dass er in Anwesenheit des Schulleiters unter starke innere Anspannung gerate; dies beschäftige ihn so, dass er nachts keinen richtigen Schlaf findet. Er wisse nicht, was in dem Schulleiter vorgehe und habe phasenweise das Gefühl, dass er keinen richtigen Unterricht mehr durchführen könne. Er zweifelt verstärkt an sich selbst. Es wird deutlich, dass er sich einerseits an der Schule isoliert und dem Kontakt zu den Kollegen ausweicht, aber andererseits auch unter der Einsamkeit und der Isolation leidet. In den Sitzungen wird ihm bewusst, dass er am liebsten mit sich selbst und seinen eigenen Gedanken beschäftigt ist.

In der Kindheit erlebte der Patient die Mutter einesteils emotional unbeteiligt, aber andererseits auch streng und ungerecht. Der Vater war emotional für ihn nicht erreichbar und beschäftigte sich, wenn er keinen Schichtdienst hatte, mit Zeitunglesen. Der Patient hat keinen ausreichenden Halt in den Beziehungen zu den Eltern gefunden. Er war auf sich allein gestellt und hat sich auf sich selbst und seine Gedankenwelt zurückgezogen. Diese Einsamkeitserfahrung in seiner Herkunftsfamilie führte zu einer basalen Angst vor Nähe. In Kontaktsituationen, wo er mit seinen Nähewünschen konfrontiert wird, reagiert er mit Angst, Misstrauen und tiefer Verunsicherung. Seine ausgeprägte Angst vor Nähe führt zu einem Vermeidungsverhalten.

Im Übertragungs- und Gegenübertragungsfeld in der therapeutischen Situation wiederholt sich diese Beziehungsdynamik. Der unbewusste innere Konflikt äußert sich in der Angst vor dem Therapeuten bei gleichzeitiger Sehnsucht nach Kontakt. Dies zeigt sich darin, dass der Patient auf die Minute pünktlich erscheint und in den Sitzungen rational über Unwesentliches spricht. Spürbar wird bei den Themen Schulleiter und Unterricht sein emotionales Aufgewühltsein. Gelingt es ihm in einer Sitzung, sich emotional zu öffnen, versucht er in der folgenden Sitzung mit einem Redeschwall den Therapeuten auf Abstand zu halten. Standen anfänglich seine Arbeitsstörung in der Schule und seine mangelnde Teamfähigkeit im Vordergrund der Behandlung, tritt nun allmählich sein Kontaktproblem ins Zentrum der Gespräche.

Der Therapeut spürt einen inneren Zwiespalt; einesteils wird die Isolation und Bedürftigkeit nach Beziehungen erlebbar, andererseits fühlt er sich durch die Abwehrhaltung des Patienten auf Abstand gehalten. Erlebbar wird, dass der Patient über seine Gefühle wenig Auskunft geben kann, sich dadurch verunsichert fühlt, zu dem erstbesten Thema greift und sich dabei emotional zurückzieht.

Durch Deutungen und Spiegeln erinnert sich der Patient, dass er besondere Ängste im Beisein von Autoritäten bzw. in der Beziehung zum Vater erlebt habe. Dieser sei einerseits stumm gewesen und habe andererseits auf die Einhaltung von Ordnung und Disziplin geachtet und die Familie kontrolliert. Es sei ihm nicht erlaubt gewesen vom Tisch aufzustehen, bis der Vater mit dem Reden geendet habe.

Als dem Patienten bewusst wird, dass sein Gefühl des Ausgeliefertseins in der Beziehung zum Vater im Zusammenhang zu seiner Arbeitsstörung und seinen Problemen mit dem Schulleiter zu sehen ist, reagiert er mit Betroffenheit und weiß nicht, was er sagen kann. In der Folgezeit äußert er den Wunsch nach Veränderung, verbunden mit der Frage, wie er seine Angst überwinden könne. Er erinnert sich, dass er sich vor Beginn der Therapie häufig körperlich krank empfunden hat. Nie sei er auf die Idee gekommen, er habe ein psychisches Problem. Häufig habe er unter verschiedenen Körpersymptomen gelitten, die in wechselnder Intensität aufgetreten seien.

Einmal hatte er das Gefühl, seinen Arm nicht richtig bewegen zu können, ein andermal tat der Rücken sehr weh und wieder ein anderes Mal hatte er Hautsensationen und Atemprobleme. Die Atemnot sei nach einem Gespräch mit einem Jugendfreund aufgetreten. Dieser habe ein Haus und Familie mit Kindern. Nach diesem Treffen habe er starke Mangelgefühle bei sich selbst erlebt. Im Gespräch in den Therapiesitzungen konnte er seine emotionale Blockierung und Angst wieder erleben und kommentiert dies mit folgenden Worten: „Ich habe das Gefühl, dass sich immer wieder etwas wie eine Trennwand zwischen mich und die anderen Menschen schiebt."

4.2 Arbeitshaltungen und Arbeitsstörungen der depressiven Persönlichkeit

4.2.1 Erscheinungsbild

Depressiv strukturierte Personen gelten als höflich, liebevoll und können sich empathisch auf andere Menschen einstellen. Sie suchen die Nähe zu anderen, weil sie sich dadurch geborgen fühlen. Sie benötigen die Zuneigung, die sich in Fürsorge ausdrückt. Fürsorge, Versorgung und Befriedigung oraler Bedürfnisse (wie z.B. essen) wird wie „Liebe bekommen" erlebt. Um die für sie wichtige Verbindung zu den Mitmenschen herzustellen, werden im Laufe der Entwicklung sog. altruistische Tugenden wie Bescheidenheit, Verzichtsbereitschaft, Friedfertigkeit, Selbstlosigkeit, Mitgefühl und Mitleid entwickelt.

> Überwertige Bescheidenheit, die für sich selbst nichts fordert; Überanpassung und Unterordnung bis zur Selbstaufgabe, im Extrem bis zu masochistisch-hörigen Verhaltensweisen. All das läßt sich auf den gemeinsamen Nenner bringen: durch das Aufgeben eigener Wünsche, durch den Verzicht auf das Eigen-Sein. Die Verlustangst, die Angst vor der Einsamkeit zu bannen und sich der deshalb gefürchteten Individuation zu entziehen.[152]

Ein gering ausgeprägter Egoismus, der bis zur Verleugnung eigener Bedürfnisse geht, verstärkt die Unfähigkeit, für sich selbst etwas zu fordern. Grundlage dafür ist das gering entwickelte Selbstwertgefühl, weil das Ich-Werden, die Individuation, schon unvermeidlich ein trennendes Anderssein bedeutet, was bei den depressiven Personen Angst auslöst.

> Sie können nicht fordern, sich etwas nehmen; sie können nicht gesund aggressiv sein, und all das wirkt sich zusätzlich so aus, daß sie ein geringes Selbstwertgefühl entwickeln, das nun seinerseits wieder ihren Mut zum Fordern und Zupacken schwächt.[153]

In ähnlicher Weise beschreibt Tellenbach die Überidentifikation des Typus melancholicus mit Verhaltensweisen, Gefühlseinstellungen, Wert-

---

[152] Riemann, F.: Grundformen der Angst (1961), a.a.O., S. 63
[153] Riemann, F.: Grundformen der Angst (1961), a.a.O., S. 63

haltungen u.a., die seine eigenen Ansprüche zurückstellen und ihn zur Verwirklichung einer sozialen Rolle drängen.[154]

Um die gewünschte Nähe wichtiger Personen nicht zu gefährden, werden Konflikte nicht in der Außenwelt ausgetragen, sondern oft auf die körperliche Ebene verschoben und äußern sich dort in Störungen des Aufnahmetraktes (symbolisierend für alles Sich-Nehmen, Einverleiben, Zugreifen und Fordern). Es kommt daher leicht zu psychosomatischen Erscheinungen im Mund- und Rachenbereich, der Speiseröhre und des Magens. Probleme mit dem Essen (Magersucht, Fettsucht [„Kummerspeck"]) drücken diesen Zusammenhang aus. Depressive Menschen neigen dazu, sich bei Enttäuschungen und Konfliktspannungen mit Essen und Trinken im Sinne einer Ersatzbefriedigung zu entschädigen, was eine Suchtgefährdung mit sich bringt.

Die Darstellung von depressiven oder melancholischen Persönlichkeiten lässt sich bis in die Antike zurückverfolgen (vgl. Tellenbach). Freud beschäftigt sich in seinem Werk *Trauer und Melancholie* ebenfalls mit der Depression, die „durch eine tief schmerzliche Verstimmung, eine Aufhebung des Interesses für die Außenwelt, durch den Verlust der Liebesfähigkeit, durch die Hemmung jeder Leistung und die Herabsetzung des Selbstgefühls" gekennzeichnet sei. Er beschreibt eine Ich-Verarmung, die man heute als narzisstisches Defizit, als Verlust im Bereich des Selbstwertgefühls ansehen würde. In Abgrenzung zur Trauer wird der Verlust, den der Trauernde real erlebt hat, beim Depressiven unbewusst phantasiert und gefürchtet.[155]

Depression (lat. depressum = bedrückt) bezeichnet die häufig vorkommenden traurig-bedrückten Verstimmungen, die in ihrer Art und Weise und dem Grad der Intensität und Dauer folgendermaßen unterschieden werden können:

1. sog. „major-depression" (psychotische bzw. endogene, schwerwiegendere Depression), die geradezu eine Kardinalsymptomatik für massive Arbeitsstörungen darstellt;

2. sog. „minor-depression" (kleinere oder neurotische Depression) wie:

---

[154] Tellenbach, H.: Typus melancholicus (1980), in: Die Psychologie des 20. Jahrhunderts, Bd. X: Ergebnisse für die Medizin, hg. v. Peters, U.H., Zürich 1980, S. 465

[155] Freud, S.: Trauer und Melancholie (1917), GW Bd. X, S. 429f.

a) Dysthymie: dysthyme Störung bzw. depressives Syndrom; hat eine längere neurotisierende depressive Entwicklung zur Grundlage;

b) somatisierte (larvierte oder vitalisierte) Depression: vegetative Beschwerden stehen im Vordergrund (auch Somatisierungssyndrome);

c) agitierte Depression: depressiv-weinerliche Stimmung wird demonstriert oder der Anlehnungsaffekt aggressiv abgewehrt und mit einer gereizten, aktiven, nöligen, moserigen Stimmung kompensiert.

Die depressiven Neurosen (siehe „minor-depression") können in ein sog. chronisch aktiviertes Di-Stress-Syndrom einmünden, wobei depressiv strukturierte Personen mit ihren verinnerlichten überhöhten Über-Ich-Anforderungen besonders anfällig sind. Ihre Arbeitsfähigkeit ist daher durch eine Dissonanz zwischen Anspruch und Wirklichkeit geprägt, die von einem Schuldgefühl begleitet wird, weil die überhöhten, rigide erlebten Anforderungen nie erfüllt werden können. Dies motiviert zu Mehrarbeit und kann längerfristig zu einer vegetativen Dis-Balance, einem Erschöpfungssyndrom, Burn-out-Erlebnissen usw. führen und wirkt selbstverstärkend im Sinne eines Circulus vitiosus, wenn dieser gesellschaftlich gratifizierte Teufelskreis nicht durchbrochen werden kann.

4.2.2 Genese und Psychodynamik

Lebensgeschichtlich lässt sich die Entwicklung der depressiven Persönlichkeit auf Entbehrungen und Versagungen in den ersten beiden Lebensjahren zurückführen (orale Thematik). Es kann sich um reale Entbehrungen an mütterlicher Zuwendung, aber auch um exzessive Verwöhnung (overprotection) handeln, nach der eine emotionale Unabhängigkeit nicht möglich sein darf. Auf jeden Fall ist die emotionale Interaktion zwischen Mutter und Kind beeinträchtigt. Aus dieser Erfahrung heraus richtet sich die psychische Aktivität auf die Sicherung vor möglichen Verlusten. Die Verlustangst behindert die Autonomieentwicklung. Stattdessen wird durch „Anklammern" versucht, Sicherheit und Geborgenheit zu finden. Wünsche nach „Symbiose" und „Verschmelzung" sowie die Vorstellung, dass „Andere einem das geben können, was man selbst entbehrt", wird als das geeignete Mittel gegen den befürchteten Verlust angesehen. Das Verlassenwerden, das der Betreffende zu verhindern sucht, tritt ein, weil die Mitmenschen mit diesem überhöhten Anspruch überfordert werden. Der Verlust wird mit einem Schuldgefühl beantwortet: „So wie ich bin, kann mich ja keiner lieben."

Ein weiterer Schutzmechanismus vor Verlustangst ist der Aufbau von bewusstseinsfernen Größenvorstellungen: „Wenn ich groß und mächtig bin, dann sind die anderen auf mich angewiesen und nicht ich auf die anderen." Zum Leben gehört jedoch die menschliche Erfahrung, dass der Mensch ersetzbar und entbehrlich ist. Diese Kränkungen werden mit Größenphantasien oder mit ausgesprochenen Kleinheitsgefühlen beantwortet: „Ich bin der größte Sünder" oder „... der letzte Mensch".

Als Ursache und Folge von Kränkungs- und Verlusterlebnissen erscheinen also ausgeprägte Abhängigkeitsbeziehungen, sozialer Rückzug und das Entwickeln von Größenphantasien. Dieser Sicherungsmechanismus ist jedoch unzureichend, und Frustrations- und Versagungserlebnisse führen zu Aggressionsaffekten in Form von Gereiztheit, Wut und Ärger. Solche Enttäuschungsaggressionen können, weil beziehungsbedrohend, nicht nach außen gewendet werden, sondern werden verdrängt und richten sich gegen die eigene Person („Wendung gegen das eigene Selbst"). Wenn die Bedürfnisse nach Versorgung und Liebe frustriert werden, entsteht ein Circulus vitiosus mit der Vorstellung, die eigenen Bedürfnisse seien übertrieben, sogar schlecht, und die Frustration dieser Wünsche wird durch Introjektion verinnerlicht. So entstehen Über-Ich-Verbote und Verzichts-Ideale, die ein schlechtes Gewissen und eine Schuldgefühls-Bereitschaft bewirken (Über-Ich-Konflikt).

Der depressive Mensch entwickelt wegen seiner verdrängten Bedürfnisse ein Schuldgefühl, welches er als „schlecht" interpretiert, und tendiert dazu, dieses zu unterdrücken und auf die Umwelt zu projizieren. Die Folge sind ein verletzbares Selbstwertgefühl und eine mangelhaft entwickelte Selbstbehauptung. Deshalb wählt er indirekte Möglichkeiten der Bedürfnisbefriedigung, indem er versucht sich unentbehrlich zu machen (Helferproblematik). Selbstlos gibt er den anderen, um sich dadurch aufzuwerten, was er sich für sich selbst wünscht, aber nicht zu fordern wagt. Er identifiziert sich dann mit diesen Personen, die er versorgt (altruistische Abtretung). Diese Opferbereitschaft, Verzichtsmoral und altruistische Helferhaltung werden idealisiert (kompensatorische Überhöhung des Ich-Ideals): „Die oder der Betreffende hat immer alles für andere gegeben und natürlich selbst nie etwas bekommen."[156]

---

[156] Rudolf, G.: Psychotherapeutische Medizin und Psychosomatik, a.a.O., S. 158

4.2.3 Soziale Beziehungen

In ihren sozialen Beziehungen sind depressiv strukturierte Menschen anpassungsbereit, anhänglich und zeigen sozial erwünschtes Verhalten, weswegen man sie auch gerne um sich hat. Ihre Fähigkeit bzw. der Zwang zur Identifikation mit ihren Mitmenschen, der von dem Glauben an das Gute im Menschen getragen ist, führt dazu, dass sie sich gut in andere Menschen einfühlen können.

> Positiv ergibt das Zurückstellen des eigenen Ichs zunächst alles, was auf der Linie verstehender Einfühlung, des Mitgefühls und Mitleids liegt. Man denkt immer erst an den anderen, an dessen Situation und Interessen, fühlt sich in ihn ein bis zur Identifikation. Das ermöglicht ein tiefes Fremdverständnis, ein Sich-in-andere-versetzen-Können, das zunächst etwas sehr Positives ist.[157]

Ihre ausgeprägten Harmonietendenzen sind beseelt von dem Wunsch nach Liebe und Anerkennung durch Bezugspersonen und von der Hoffnung, dass diese ihnen das geben können, was sie selbst nicht für sich beanspruchen können. Ihre Unfähigkeit zur Aggression wird getragen von dem Anspruch auf Friedfertigkeit einerseits und andererseits von der Angst, die Nähe zu den Bezugspersonen zu verlieren. Der Depressive verleugnet und rationalisiert zwischenmenschliche Spannungen. Er versucht Fehler anderer zu entschuldigen.

> Er idealisiert die Mitmenschen eher, vor allem die ihm nahestehenden, verharmlost sie, entschuldigt ihre Schwächen oder übersieht ihre dunklen Seiten. Er will nichts Erschreckendes und Beunruhigendes an ihnen wahrnehmen, weil das seine vertrauenwollende Beziehung gefährden würde.[158]

Eigene Ansprüche und Erwartungen kann er nicht direkt ausdrücken und er wird vielmehr „durch sein Gewissen und durch seine Ideale gesteuert und durch die Anforderungen, die von Personen ausgehen, mit denen er unmittelbar umgeht"[159]. Wenn die Bezugspersonen gelernt haben sich zu behaupten und sich in den Mittelpunkt zu stellen, werden depressive Menschen mit ihren Neidgefühlen konfrontiert, was ihnen Angst macht, weshalb sie diese wegdrücken. „Wer nicht nehmen kann, hofft zu bekommen", wie es die christlich-abendländische Ideologie vermittelt.

---

[157] Riemann, F.: Grundformen der Angst, a.a.O., S. 97
[158] Riemann, F.: ebd., S. 62
[159] König, K.: Kleine psychoanalytische Charakterkunde, a.a.O., S. 77

So sitzen sie gleichsam an der vollgedeckten Tafel des Lebens und trauen sich nicht zuzulangen, müssen dann aber voller Neid sehen, daß andere frisch zugreifen und es sich schmecken lassen – und sich dabei auch noch wohlfühlen.[160]

Depressive können sich für Ideale und Utopien einsetzen, wenn diese die Lebensverhältnisse anderer verbessern. Häufig fühlen sie sich in altruistischen Partnerschaften mit Personen wohl, die sich versorgen lassen oder selbst den Depressiven versorgen.

4.2.4 Arbeitsstil und Arbeitsstörungen

Depressive Personen genießen auf dem Arbeitsmarkt eine hohe Wertschätzung; sie sind beliebt, umgänglich und anpassungsbereit. Arbeitgeber sehen es gerne, wenn die Mitarbeiter altruistisch sind und sich ausbeuten lassen. Ihre Eigenschaften entsprechen weitgehend den Lehren der jüdisch-christlichen Religionen, in deren Rahmen diese Werte über Jahrhunderte als sinnvoll vermittelt wurden und daher sehr verbreitet sind.[161]

Ihr Verhalten am Arbeitsplatz ist geprägt von „Fleiß und Gewissenhaftigkeit, Pflichtbewusstsein und Solidität". Sie besitzen eine verinnerlichte hohe Leistungsmotivation und überdurchschnittlich hohe Erwartungen an sich selbst, was sie zum Arbeiten prädestiniert. Ihnen ist Ordentlichkeit ein hoher Wert und sie haben „einen qualitativ und quantitativ überdurchschnittlich hohen Anspruch auf das eigene Leisten"[162]. Daher übernehmen sie bereitwillig Verantwortung und Aufgaben, um sich unentbehrlich zu fühlen. Sie weisen eine große Bereitschaft auf, sich für andere einzusetzen, diese zu unterstützen bzw. sich selbst aufzuopfern. „Der Depressive hilft anderen gern, um ihre Liebe und Dankbarkeit zu gewinnen oder zu erhalten."[163] Es fällt ihm schwer, sich mit eigenen Gedanken oder Zielen in den Mittelpunkt zu stellen. Er zeigt sich angepasst, passiv und bescheiden. Die Initiative zur Verwirklichung eigener Ideen ist nicht ausgeprägt. Er sucht Erfolge nicht sich selbst, sondern den anderen, der Arbeitsgruppe oder äußeren Umständen zuzurechnen. In

---

[160] Riemann, F.: Grundformen der Angst, a.a.O., S. 66
[161] König, K.: Kleine psychoanalytische Charakterkunde, a.a.O., S. 67
[162] Tellenbach, H.: Typus melancholicus, a.a.O., S. 467
[163] König, K.: Kleine psychoanalytische Charakterkunde, a.a.O., S. 77

seinem Arbeitsverhalten ist er weniger ergebnisorientiert, sondern richtet sich nach der aufgewendeten Mühe und Anstrengung.

> Da er seine Arbeit an der Anstrengung misst, die sie ihm bereitet, und nicht an ihren Ergebnissen, überschätzt er oft, was bei seiner Arbeit herauskommt, und er erwartet auch deshalb mehr Dankbarkeit, als er realistischerweise erwarten könnte.[164]

Depressiv strukturierte Menschen sind geprägt durch eine reaktive Arbeitsweise und gestalten ihre Arbeit nicht selbst. Sie haben das Gefühl, sie arbeiten nicht, sondern sie „werden gearbeitet". Abgrenzen fällt ihnen schwer, und sie lasten sich zu viel Arbeit auf. Ihre Haltung, widerspruchslos Arbeit zu übernehmen, verführt dazu, ihnen zusätzliche Arbeit zu übertragen. Der Depressive klagt und jammert über die Menge an Arbeit, verspürt aber auch einen heimlichen Stolz, dass er gebraucht wird.

> Da er hofft, daß der andere ihn braucht und ihn lieben wird, wenn er für ihn arbeitet, übernimmt er oft mehr Arbeit, als er bewältigen kann.[165]

Aus dieser Arbeitshaltung resultieren Überforderungsgefühle. Depressiv strukturierte Menschen erleben ihre Arbeit wie einen Berg oder sie „wächst ihnen über den Kopf". Die Arbeit wird als unscharf konturierte Masse empfunden, die sie zu erdrücken droht. Oder sie haben das Gefühl, wie von einer Lawine bedroht zu sein.

> Depressive nehmen ihre Aufgabe oft „wie einen Berg" wahr. Das heißt, es fällt ihnen schwer, die Aufgabe in einem Denkprozeß, der das Wahrgenommene entsprechend verarbeitet, gestaltend zu strukturieren, was die Durchführung erleichtern würde.[166]

Das Gefühl gegenüber der Arbeit ist von Ohnmacht und Hilflosigkeit geprägt (Opfergefühle). Sie können schwer mit einer Arbeit beginnen, zeigen Tendenzen zum Ausweichen, Verzögern und Aufschieben. Dann entwickeln sie ein „schlechtes Gewissen", unterliegen der „Tyrannei des Du-sollst"[167] und denken „Ich müsste ..." oder „Ich sollte ...". Die verinnerlichten überhöhten und rigiden Über-Ich-Anforderungen verlangen, sich zu bemühen, solange Arbeit vorhanden ist. Dieser Druck von innen,

---

[164] König, K.: Kleine psychoanalytische Charakterkunde, a.a.O., S. 77
[165] König, K.: ebd., S. 78
[166] König, K.: Arbeitsstörungen und Persönlichkeit, Bonn 1998, S. 27
[167] Horney, K.: Neue Wege in der Psychoanalyse (1939), München 1977, S. 169

der von Über-Ich und Ich-Ideal motiviert ist, wirkt häufig belastender als hohe Anforderungen von außen.

Ihr Pflichtbewusstsein sorgt dafür, dass der Anspruch entsteht, Aufgaben komplett zu lösen. Oft arbeiten sie zu langsam und werden mit ihrer Arbeit nicht fertig, was zur Folge hat, dass sie die Arbeitszeit verlängern, Überstunden machen, selbst am Wochenende arbeiten oder Arbeit mit nach Hause nehmen. Häufig verlassen sie das Büro als Letzte und sind frühmorgens wieder zur Stelle und arbeiten Liegengebliebenes auf. Hierbei wirkt der verinnerlichte hohe Wert für Arbeit verstärkend, der mit einer eingeschränkten Genussfähigkeit einhergeht. Sie können sich wenig gönnen und genießen, weil sie sich dann untätig vorkommen würden.

> Das kann depressiv Strukturierte dazu bringen, daß sie sich überarbeiten und dann Erschöpfungsgefühle die spontane Motivation zur Arbeit weiter einschränken.[168]

Die Folge ist verminderte Produktivität der Arbeit, es kommt zu Verzögerungen in Projekten oder bei der Fertigstellung, was das Selbstwertgefühl weiter belastet, Mut und Schaffensfreude weiter einschränkt. Sie schieben die Verantwortung auf denjenigen, der ihnen diese Arbeit aufgeladen hat. Selbst in der Freizeit haben sie dann ein „schlechtes Gewissen", können nicht loslassen, sich nicht von der Arbeit trennen und denken: „Eigentlich müsste ich arbeiten." Hier kann sich ein Teufelskreis ergeben, der dazu führt, dass sie sich ständig verausgaben, sich nicht mehr von der Erschöpfung erholen können und schließlich in ein Helfer-Syndrom[169], Burn-out-Prozesse oder in ein chronisch aktiviertes Di-Stress-Syndrom abgleiten[170].

Depressive Menschen ziehen Zufriedenheit aus dem Sattsein der Kollegen in einer Arbeitsatmosphäre, die von Harmonie geprägt ist. Im Kollegenkreis suchen sie nach Akzeptanz und sozialer Nähe. Im Team sind sie gern gesehen, weil sie sich gut anpassen können. Sie verausgaben sich für die anderen, versorgen sie, machen sie satt, lassen sie genießen und identifizieren sich mit ihnen, so dass sie daraus Befriedigung ziehen können (altruistische Abtretung). Dabei projiziert der Depressive seine eigenen latenten Wünsche nach unbegrenzter Zuwendung z.B. in helfenden Berufen auf die Personen, denen er helfen will.

---

[168] König, K.: Arbeitsstörungen und Persönlichkeit, a.a.O., S. 27
[169] Schmidbauer, W.: Die hilflosen Helfer, Reinbek b. Hamburg 1977
[170] Uexküll, T. v.: Psychosomatische Medizin (1979), München 1998

Sein Gewissen erlaubt es, für andere zu fordern, während eigene orale Impulse in der Kindheit unterdrückt wurden. Deshalb verlangt er nichts für sich und darf auch nichts verlangen; das Verbot eigener oraler Impulse hat er in sein Gewissen aufgenommen.[171]

Sie sehen keinen Anlass, nach ökonomischeren Wegen für die Arbeit zu suchen, weil ihnen die Beziehungsarbeit wertvoller erscheint. Kollegen werden als menschlich kalt abgewertet, wenn sie mit ihrer Arbeit strukturierend umgehen, Grenzen setzen und bessere Ergebnisse erzielen. „Wem die Zunge nicht heraushängt, der kann doch nicht wirklich arbeiten."[172] Wenn anderen ihre Arbeit Freude macht, wird dies von Depressiven mit Skepsis betrachtet.

Depressiv strukturierte Menschen haben gerne mit Menschen zu tun und bevorzugen daher bei der Berufswahl soziale Berufe. In den helfenden, pflegenden Berufen, wo sie aufopferungsvoll und einfühlend ihre Fähigkeiten entfalten können wie Ärzte, Psychologen, Psychotherapeuten, Krankenschwestern, Pfleger, Sozialarbeiter, Theologen, aber auch als Pädagogen sind Depressive überrepräsentiert. Mütterlich-sorgende Tätigkeiten können sie auch in Berufen als Gärtner, Förster, Gastwirte oder in der Lebensmittelbranche verwirklichen.[173] Sie wählen ihren Beruf aus Berufung, weniger aus Prestige oder finanziellen Gründen.

Hilfreich für sie ist, wenn die Arbeitsaufgaben differenziert vorgegeben und bezüglich der Qualität und des Zeitaufwands genau bestimmt sind. Dadurch bekommt ihr Arbeitsablauf eine Struktur und es besteht nicht so schnell die Gefahr, dass sie sich überfordern.

4.2.5 Depressive Personen in Führungsfunktionen

Depressiv strukturierte Chefs wollen von ihren Mitarbeitern anerkannt werden, versorgen sie, wollen ihnen viel geben und ständig mit Rat und Tat zur Seite stehen. Das ist angenehm für depressiv und ängstlich strukturierte Mitarbeiter, die sich dadurch geborgen fühlen. Die Chefs tendieren dazu, sich aufzuopfern, ihre Mitarbeiter zu überfordern und von diesen selbstlosen Einsatz zu verlangen.

Depressiv strukturierte Personen im Pädagogenberuf versorgen und füttern ihre Schüler und Studenten, möchten die „gute Mutter" sein. Die

---

171 König, K.: Kleine psychoanalytische Charakterkunde, a.a.O., S. 78
172 König, K.: Arbeitsstörungen und Persönlichkeit, a.a.O., S. 27
173 Riemann, F.: Grundformen der Angst, a.a.O., S. 103

Beziehung zu den Schülern steht im Mittelpunkt, weniger die Unterrichtsinhalte. Sie bemühen sich um eine konfliktfreie Unterrichtssituation mit dem Anspruch auf Frieden um jeden Preis. Sie sind ständig bemüht und kümmern sich besonders um benachteiligte Schüler. Schule und Universität dienen als Familienersatz. Indem sie die Studenten versorgen, machen sie diese von sich abhängig, infantilisieren sie und hemmen sie so in ihren Entwicklungsmöglichkeiten. Dies dient als Ersatz für die eigenen verdrängten Wünsche nach Umsorgtwerden. Wenn ihre Hilfsangebote ausgeschlagen werden oder dagegen protestiert wird, dann werden sie mit ihrer Unfähigkeit zu fordern konfrontiert. Sie verausgaben sich, reagieren mit Selbstzweifeln und tendieren dazu krank zu werden und in Burn-out-Prozessen regressiv zusammenzubrechen.

Den Abschied von der Arbeit bzw. Institution kann der Depressive schwer verkraften, weil er den Sinn seines Lebens darin gesehen hat. Ihm fällt es schwer sich von Menschen zu trennen und zu erleben, nicht mehr gebraucht zu werden. Er hat sich mit den Menschen identifiziert, um die er sich gekümmert hat. Berentung und Pensionierung sind somit einer oralen Versagungssituation vergleichbar. Mitunter versucht er nun sich um Freunde und Verwandte zu kümmern, wobei er aber nicht immer willkommen ist. Die Einsamkeit des Alters ist für ihn dann ein großes Problem. Häufig führt dies zu wachsenden Ansprüchen hinsichtlich emotionaler Zuwendung und oraler Versorgung an den Lebenspartner, was krisenartig erlebt werden kann. Einen Ausgleich kann er in einer ehrenamtlichen Betätigung im versorgungsnahen Bereich finden, wo er weiterhin Kontakt zu Menschen hat, die versorgt werden sollen.

4.2.6 Fallvignette

a) Anamnese

Die 52-jährige Patientin hat drei jüngere Geschwister, zwei Schwestern und als Jüngsten einen Bruder. Die Eltern waren Bauern und lebten mit dem Bruder des Vaters und dessen Familie weit abseits in einem Dorf. Die Kindheit war geprägt durch die Krankheiten der Mutter (Unterleibsschmerzen und Blutungen) und die anfallenden Arbeiten auf dem Hof (Kühe melken, Pferde von der Weide holen), im Haushalt und Betreuung der Geschwister. Frühe Erinnerungen von Alleingelassensein und Dunkelheitsangst traten mit der Einschulung auf. Die Patientin musste den langen Schulweg durch den Wald alleine bewältigen. Früh habe sie verinnerlicht, die Mutter mit ihren Problemen nicht zusätzlich zu belasten und eigene Bedürfnisse zu verleugnen. Die Geschwister durften spielen und sie als „Papas tüchtiger Liebling" hielt sich in seiner Nähe auf, wollte ihm gefällig sein, „wie ein kleiner Hund". Auch bei der Partnerwahl setzten sich ihre Selbstlosigkeit und ihr geringes Selbstwertgefühl fort. Ihre Unfähigkeit, für sich selbst etwas zu fordern, führte zu Depressionen und unterdrückter Feindseligkeit, wenn ihre Erwartungen missachtet wurden. Neue Situationen erlebte sie angstbesetzt und reagierte mit Durchfall und Spannungskopfschmerz. Durch ihren Beruf als Schneiderin (später als Köchin in der Kantine einer Behörde) setzte sich ihre Beziehungsdynamik fort. Sie hat eingeübt, sich auf andere Menschen einzustellen, und sich permanent unter Druck gesetzt, um ihnen „alles recht zu machen". Durch ihr übersteigertes Arbeitsethos und Pflichtbewusstsein fühlte sie sich in ihrer Arbeit und im Haushalt mit zwei Kindern völlig überfordert, reagierte mit verstärktem Klagen und fühlte sich als Opfer ihrer Situation.

b) Symptomatik

Das Heranwachsen in der frühen Kindheit und Jugend findet unter schwierigen Bedingungen statt. Die Patientin ist früh in ihren kindlichen Bedürfnissen frustriert worden, entwickelt wenig Selbstbehauptung und Abwehrpotential und versucht Akzeptanz dadurch zu finden, dass sie fremden Erwartungen entspricht. Es gelingt ihr nicht, eine klare Ich-Struktur aufzubauen, sondern sie versucht Anerkennung durch altruistische Werte wie Bescheidenheit, Verzichtbereitschaft und Selbstlosigkeit zu bekommen.

In der Beziehung zu den Eltern hat sie als Älteste verinnerlicht, sich „immer" für die Bedürfnisse der anderen einzusetzen, für diese zu sorgen, um sich dadurch selbst wichtig zu fühlen und ihre eigenen Bedürfnisse auf indirektem Weg zu befriedigen. Sie hat früh die Erfahrung gemacht, dass sie in die Mutterrolle für ihre kranke Mutter hineinwachsen musste, hat sich mit dieser Rolle auch identifiziert und überhöhte Ich-Verbote bzw. Verzichtsideale verinnerlicht. Sie hat die klagende und selbstverleugnende Mutter als Vorbild genommen und sich mit dieser identifiziert: „Was wird von mir erwartet, wie kann ich durch Klagen auf mich aufmerksam machen?" Nur durch Aufopferung für andere, indem sie tüchtig mit angepackt und auf das Spielen verzichtet hat, konnte sie in ihrer Familie ihre Lebensberechtigung finden.

Auslöser für die Verstärkung der Symptomatik war ein Beziehungskonflikt am Arbeitsplatz. Die Patientin hat für ihre Arbeit und ihren Chef „immer gelebt und sich gerne aufgeopfert". Durch eine Auseinandersetzung mit einer Kollegin hat der Chef sie negativ erlebt und sich von ihr zurückgezogen. Sie fühlte sich ungerecht behandelt, reagierte gekränkt und erlebte das Verhalten ihres Chefs wie einen Verlust des „schützenden Objekts". Auf einmal fühlte sie sich der Arbeitssituation hilflos ausgeliefert und fürchtete die Aggression und Ablehnung des Chefs und der Kollegin. Anfänglich versuchte sie den Kontakt wiederherzustellen, indem sie sich besonders arbeitsbereit zeigte. Als ihr dies nicht gelang, reagierte sie mit aggressiven Impulsen in Form von Klagen, Sticheln und Selbstanklagen. Sie hat angefangen mit sich selbst zu hadern, sich schuldig gefühlt und konnte nachts nicht mehr schlafen. Bei der Arbeit selbst entwickelte sie Konzentrationsprobleme, fühlte sich überfordert und kraftlos. Ihre depressive Symptomatik verstärkte sich und es kam zu einer Krankschreibung und Kurmaßnahme.

In der Therapie wird ihr bewusst, wie groß ihre Sehnsucht nach Anerkennung und Zuwendung ist. Sie empfindet heftige Ambivalenz- und Enttäuschungsgefühle und schwankt zwischen dem Gefühl: „Ich gehe wieder arbeiten" oder „Ich schaffe es nicht, ich gebe meine Arbeit auf".

Die Patientin erinnert sich, eine ähnliche Gefühlssituation in ihrer Familie erlebt zu haben. Immer habe sie sich angestrengt, den Eltern Freude zu bereiten, indem sie schnell mit angepackt habe, von alleine aufgestanden sei, um zu melken, sich um die Geschwister gesorgt, gekocht und gebacken habe. Die selbstbezogene Mutter war mit sich und ihren Krankheiten beschäftigt und habe häufig nicht bemerkt, was die Patientin „alles erledigt" habe. Sie war kritisch gegenüber der Tochter eingestellt und konnte keine Anerkennung geben, sondern habe vieles abgewertet und Anpassung erwartet. Der Vater sei gutmütig und lieb gewesen, bei ihm habe sie sich sicher gefühlt. Als ihre jüngere Schwester auf den Schoß ihres Vaters kletterte, habe sie mit Eifersucht reagiert und ihre Schwester innerlich abgewertet. Problematisch erlebte sie, wenn die Mutter den Vater angriff und korrigierte, als dieser manchmal zu viel Bier trank. In diesen Situationen habe sie zu dem Vater gestanden und insgeheim gedacht: „Ich bin die liebere Frau für ihn."

Durch die überhöhte Erwartungshaltung der Patientin gestaltete sich die Therapie schwierig. Die Patientin erwartete Trost sowie die Möglichkeit sich anzulehnen und klagte über ihre als belastend erlebte Arbeitssituation. Sie litt darunter, versagt zu haben und befand sich häufig in einer inneren Konfliktsituation. Diese konnte sie jedoch verdrängen. Eigene Bedürfnisse und Wünsche habe sie zurückgedrängt und immer zuerst an die anderen Menschen gedacht. Ihre eigenen regressiven Hingabewünsche und Anlehnungsbedürfnisse hat sie verleugnet, stattdessen sich betont tüchtig gegeben, so dass andere Personen sich an sie anlehnen konnten.

Erlebbar wird der Teufelskreis: verdrängte Autonomiewünsche, ausgeprägte Abhängigkeitsbeziehungen, sicherndes Objekt, Verlustangst, unterdrückte Aggressionsaffekte und gehemmtes Herangehen an die Welt (ad-gredi), überhöhte Über-Ich-Anforderungen mit Schuldgefühlen und Selbstabwertung (Wendung gegen das eigene Selbst), was die depressive Symptomatik aufrechterhält.

Wichtig in dieser Therapie war die Erkenntnis, dass eigene Wünsche und Bedürfnisse zunächst erst in der Phantasie zugelassen werden konnten. In dem Zusammenhang stand die Arbeit an der Verlustangst im Vordergrund: Was könnte passieren, wenn diese Wünsche geäußert werden, um aus der depressiven Opferrolle herauszukommen im Sinne von Selbstbehauptung?

In kleinen Schritten, unterbrochen durch depressive Rückfälle, gelang es der Patientin wieder in den Arbeitsprozess zurückzukehren (Hamburger Modell). Erleichternd dabei war eine Umsetzung auf einen anderen Arbeitsplatz, so dass sie nicht gezwungen war, mit dem alten Beziehungskonflikt gegenüber den Kollegen erneut konfrontiert zu werden.

4.3 Arbeitshaltungen und Arbeitsstörungen der narzisstischen Persönlichkeit

4.3.1 Erscheinungsbild

Der narzisstische Mensch unternimmt bewusste Anstrengungen, um ein positives Bild von sich selbst zu entwerfen. In seiner Phantasie ist er dauernd damit beschäftigt, wie er auf seine Mitmenschen wirkt, wie er sie beeindrucken und wie er sich selbst ins rechte Licht setzen kann.

Das auffälligste und maßgebliche Merkmal der narzißtischen Persönlichkeit und - in der ausgeprägteren Variante – der narzißtischen Persönlichkeitsstörung ist das unrealistische Selbstwertgefühl.[174]

Dies bedeutet für die betreffenden Menschen überhöhte Erwartungen an sich selbst, überhöhte Selbstliebe und Selbstbezogenheit. Ständig sind sie in Gedanken und Sorge um sich selbst, wie sie heute aussehen, wie viel Bewunderung sie erfahren. Materieller Wohlstand ist immens wichtig.

> Sie entwickeln Techniken, um sich Bewunderung und Anerkennung zu sichern, auf die sie sich in ihrer Selbstunsicherheit angewiesen fühlen und die ihren Anspruch bestätigen, großartig zu sein: Sie verschaffen sich einflussreiche Positionen, erbringen hervorragende Leistungen, schaffen Abhängigkeiten.[175]

Durch sein unrealistisches Selbstwertgefühl gerät der narzisstische Mensch bis ins Erwachsenenalter in eine massive Abhängigkeit, was ein labiles Selbstwertgefühl und überhöhte Kränkbarkeit mit sich bringt.

> Die Regulation des Selbstwertgefühls ist deutlich störbar, was sich als Kränkbarkeit, Selbstüberhöhung oder Selbstentwertung äußert.[176]

Als Folge ergibt sich eine Selbstunsicherheit, und um diese auszugleichen (zu kompensieren), entsteht ein dringendes Bedürfnis nach Macht, Anerkennung und Bewunderung. Ständig versucht er deshalb, sich durch Sonderleistungen seine Mittelpunktstellung zu sichern. Um dieses Ziel zu verwirklichen, entwickelt er erhöhte Energie und Engagement. In Gedanken ist er damit beschäftigt und sagt sich: „Eines Tages werde ich ganz groß herauskommen und die ersehnte Aufmerksamkeit bekommen."

> Das Selbst identifiziert sich mehr und mehr mit seinen eigenen Idealvorstellungen; es entwickelt den Anspruch, etwas Besonderes zu sein, sich aus der Masse herauszuheben, schafft allmählich eine Aura von Grandiosität und Exklusivität und letztlich so etwas wie den Anspruch auf Allwissenheit und Allmächtigkeit.[177]

---

[174] Ermann, M.: Psychotherapeutische und psychosomatische Medizin (1995), Stuttgart 1999, S. 136
[175] Ermann, M.: ebd., S. 137
[176] Arbeitskreis OPD (Hg.): Operationalisierte Psychodynamische Diagnostik: Grundlagen und Manual (1996), Bern 1998, S. 164
[177] Rudolf, G.: Psychotherapeutische Medizin und Psychosomatik (1993), Stuttgart 2000, S. 161

Es finden sich zwei unterschiedliche Typen der narzisstischen Persönlichkeit. Zum einen gibt es den Pseudo-Autonomen, der seine Objektabhängigkeit verleugnet, indem er die Objekte entwertet und sich selbst und seine Handlungen idealisiert. Die schmerzliche Realität wird verleugnet und es entwickeln sich ausgeprägte Größenphantasien von Großartigkeit und Einmaligkeit („nach Spiegelung hungernde Persönlichkeiten"[178]). Der andere Typus ist extrem aggressionsgehemmt, kann durch Idealisieren gut Beziehungen herstellen und versucht Bedürfnisse der anderen zu erfüllen. Durch diesen Identifikationsvorgang kann er sich selbst großartig erleben und seinen Größenphantasien verhaftet bleiben: „Ich bewundere dich und habe Anteil an deiner Größe." Eigene Bedürfnisse werden verdrängt und die Bedürfnisse der anderen werden überwertig verfolgt. Solche Menschen können sich durch den „Glanz" des anderen aufgewertet fühlen („nach Idealen hungernde Persönlichkeiten"[179]).

> Die Betroffenen geben sich vordergründig unterwürfig, aggressionsgehemmt und schaffen durch Idealisierung anderer rasch Bindungen.[180]

4.3.2 Genese und Psychodynamik

Entscheidend sind für die narzisstischen Beziehungserlebnisse, dass bestimmte Mangelerfahrungen in der Kindheit erfolgten, in denen die Verdrängung von Wünschen und Bedürfnissen eine entscheidende Rolle spielte. Als Ausweg aus dieser emotional bedrängenden Situation bedarf es einer speziellen Familienkonstellation, in der das Kind besondere Beachtung findet und bestimmte Erwartungen erfüllen soll.

> Zur Voraussetzung einer solchen Entwicklung gehört es, dass ein Mitglied der engeren Familie diese narzisstische Hoffnung („aus dir wird etwas ganz Besonderes") nährt und fördert.[181]

---

[178] Kohut, H., Wolf, E.S.: Die Störungen des Selbst und ihre Behandlung (1980), in: Die Psychologie des 20. Jahrhunderts, Bd. X: Ergebnisse für die Medizin, hrsg. v. Peters, U.H., Zürich, S. 677
[179] Kohut, H., Wolf, E.S.: ebd., S. 678
[180] Ermann, M: Psychotherapeutische und psychosomatische Medizin (1995), a.a.O., S. 80
[181] Rudolf, G.: Psychotherapeutische Medizin und Psychosomatik (1993), a.a.O., S. 163

Andererseits erlebt das Kind in der frühen Kindheit eine uneinfühlsame Erziehung mit einer Mutter, die kritisch oder gleichgültig war und es in seiner Individuationsentwicklung gebremst hat. Durch mangelnde Spiegelung und Anerkennung seiner Individualität und seiner kindlichen Bedürfnisse fehlt die wertvolle Erfahrung: „Du bist für mich wichtig, weil du da bist." Erkennt die Mutter aufgrund mangelnder Einfühlsamkeit das kindliche Bedürfnis nach Beachtung und Anerkennung nicht, weil sie zu sehr mit sich selbst beschäftigt ist, dann macht das Kind eine grundlegende negative Erfahrung des Nicht-wichtig-genommen-Werdens. Kohut[182] beschreibt dieses Gefühl mit dem „Glanz im Auge der Mutter", der bei den Müttern narzisstischer Menschen fehle.

Bei fehlender Bestätigung fühlt sich das Kind in seinem Selbstgefühl bedroht. Es entwickelt Selbstunsicherheit, muss seine Objektsehnsucht verleugnen und gerät in einen unbewussten Autonomiekonflikt, schwankt zwischen Abhängigkeits- und Autonomiebedürfnissen, zwischen Trennungswünschen und Angst vor Objektverlust. Ohne ein stützendes Objekt geraten diese Kinder in Spannungszustände und entwickeln Trennungsangst, was eine Grundlage für die narzisstische Entwicklungsstörung bildet. Dabei spielt es keine Rolle, ob es zur Trennung kommt. Zerstörerische Phantasien von Verlassensein bilden die Grundlage für spätere Entwicklungsdefizite, Ängste, Spannungszustände und labiles Selbstwertgefühl.

> Zur Angstauslösung reicht bereits die Vorstellung, es könnte eine endgültige Trennung eintreten. Dabei macht es keinen Unterschied, ob sich der Partner trennt oder der Betroffene selbst.[183]

Um mit der basalen Verletzung des Nicht-wichtig-genommen-Werdens zurechtzukommen, erfolgt ein Rückzug in die eigene Phantasie, in Größen- und Minderwertigkeitsgefühle. Die daraus folgende Konfrontation des Idealselbst mit dem Realselbst kann zu Kränkungen führen, die das Alleingelassensein aus der frühen Kindheit reaktivieren und wieder beleben. Dies kann durch Kritik, Misserfolg, Enttäuschung und Trennung geschehen. Je belastender die Mutter-Kind-Beziehung erlebt wurde, desto fragiler wird das Realselbst und das Bedürfnis nach einem Idealselbst kompensatorisch entwickelt.

---

[182] Kohut, H.: Narzißmus (1971), Frankfurt a.M. 1973 (engl.: The analysis of the self, International Universities Press, New York 1971)
[183] Ermann, M.: Psychotherapeutische und psychosomatische Medizin, a.a.O., S. 79

Je weiter das Realselbst von der Vorstellung des Idealselbst entfernt ist, desto größer ist die „narzißtische Kränkung" des Selbstwerterlebens und um so mehr „narzißtische Zufuhr" ist erforderlich, um so ein Gefühl des eigenen Wertes wiederzuerlangen.[184]

Um mit einer tief kränkenden Erfahrung fertig zu werden, bedarf es einer emotionalen Regulation, einer Homöostase, eines „Thermostatenmodells, bei dem der Sollwert zu hoch eingestellt ist, so dass das System zu hoch eingestellt ist"[185] und ständig durch neue Aufmerksamkeit und Bewunderung ausgefüllt werden muss, damit das Selbstwertgefühl aufrechterhalten werden kann. Ersichtlich wird, wie das narzisstisch entwicklungsgestörte Kind zu sich selbst sagt: „Wenn ich schon nicht geliebt werde, möchte ich wenigstens bewundert werden."

4.3.3 Soziale Beziehungen

Anerkennung und Bewunderung dienen dem narzisstischen Menschen als Spiegel für seine Großartigkeit, und seine häufig inszenierten dramatisierenden Darstellungen gehören dazu. Handlungen und Leistungen geschehen ausschließlich im Hinblick darauf, Aufmerksamkeit zu erregen und sein Selbstwertgefühl aufzuwerten.

Da ein solcher Mensch die Erfahrung, von außen her wichtig genommen und bestätigt zu werden, nicht oder nur unzureichend machen konnte, formt sich bei ihm [...] gleichsam kein Behältnis aus, in dem er Bestätigung von außen speichern könnte. Wenn er auf die Bestätigung von außen nicht ganz und gar verzichtet, sondern eine Sehnsucht danach behält, wird er wegen dieser mangelnden Möglichkeit, Bestätigung zu speichern, auf ständige oder in kurzen Abständen wiederholte Bestätigungen angewiesen bleiben [...].[186]

Der narzisstisch strukturierte Mensch befindet sich in einem ständigen Spannungszustand, um sein Selbstbild von Einmaligkeit aufrechtzuerhalten. Er fürchtet, kritisiert zu werden, und reagiert darauf gekränkt und empfindlich.

---

[184] Rudolf, G.: Psychotherapeutische Medizin und Psychosomatik, a.a.O., S. 78
[185] Rudolf, G.: ebd., S. 78
[186] König, K.: Kleine psychoanalytische Charakterkunde, a.a.O., S. 21

Wegen der Ichbezogenheit haben narzisstische Menschen an anderen Personen persönlich wenig Interesse.[187] Sie tendieren dazu, nur kurzlebige und oberflächliche Beziehungen einzugehen.[188] Dagegen entwickeln und pflegen sie Beziehungen, wenn sie denken, diese können geeignet sein, ihnen Bewunderung zu bezeugen und ihr Ansehen zu mehren.[189] Ihr Beziehungsverhalten ist geprägt durch ihre eigene Bedürftigkeit nach Bestätigung und hat zum Ziel, ihre Größengefühle zu nähren. In ihrer Innenwelt sind sie „monologisch" ausgerichtet, sind mit sich selbst und ihren Bedürfnissen beschäftigt und leben, je nach Ausprägung der narzisstischen Störung, ohne wechselseitigen emotionalen Austausch in zentralen Beziehungen, was zu innerer Leere und Einsamkeit führt.

Befriedigende zwischenmenschliche Beziehungen funktionieren nach dem „dialogischen" Prinzip (Buber)[190]. Es finden ein wechselseitiger emotionaler Austausch und eine wechselseitige Einfühlung statt. Dann fühlt sich der Mensch verstanden und geborgen, den Beziehungsaustausch erlebt er als bereichernd, er lernt Neues dazu und kann damit eine Korrektur in seinem Weltbild erfahren. Beim narzisstischen Menschen ist dieser Austausch gestört und wird zu wenig wahrgenommen. Daraus ergibt sich ein Defizit im Denken und im Wahrnehmen von den Mitmenschen als getrennt lebende Subjekte.

Schopenhauer hat in seinen „Aphorismen zur Lebensweisheit" drei Grundwerte des Lebens beschrieben, die er für die Menschen als Priorität ansieht.[191] Für den narzisstischen Menschen ist von Bedeutung, was andere über ihn denken, was für einen Eindruck sie von ihm haben und wie er in der Meinung anderer eingeschätzt wird („was einer vorstellt"). Auch das Besitzstreben („was einer hat"), sofern es dem Betreffenden von anderen Bewunderung und Wertschätzung einbringt, ist dem Narzissten wichtig. Dagegen gilt das „Persönlichkeit-Sein" („was einer ist") als das Erstrebenswerteste und Höchstentwickelte der Schopenhauerschen Grundwerte, das von den narzisstischen Menschen nicht erreicht wird.

---

[187] König, K.: Kleine psychoanalytische Charakterkunde, a.a.O., S. 69

[188] Kets de Vries, M.: Führer, Narren und Hochstapler, Essays über die Psychologieder Führung (1998), zit. in: Schäfer, A.: Was in Unternehmen wirklich vor sich geht, Psychologie heute, Nov. 2004, S. 50

[189] Kohut, H., Wolf, E.S.: Die Störungen des Selbst und ihre Behandlung, a.a.O., S. 677

[190] Buber, M.: Das dialogische Prinzip (1954), 7. Aufl., Gerlingen 1994

[191] Schopenhauer, A.: Aphorismen zur Lebensweisheit, in: Parerga und Paralipomena I, Sämtl. Werke Bd. IV, Frankfurt a.M.1986, S. 375–592

4.3.4 Arbeitsstil und Arbeitsstörungen

Nach dem Persönlichkeitsmodell von Fritz Künkel[192] sieht sich der narzisstische Mensch in einer „Star"-Rolle und ist weniger geneigt, die tägliche Kleinarbeit zu übernehmen. Er strebt nach spektakulären Erfolgen, was Bewunderung nach sich zieht. Großes zu leisten ist ihm wichtig und er stößt an seine Grenzen, wenn er sich täglich aufs Neue bemüht und sich mit den „Mühen der Ebene" auseinander setzen muss.

Das Arbeitsverhalten dient dazu, Resonanz von der Umwelt zu erzeugen. Die Arbeit wird dann nicht aus wirklichem Interesse ausgeführt, sondern nur, um das eigene Ansehen zu mehren. Narzisstische Menschen richten daher ihre Energien auf Projekte, die vorteilhaft erscheinen, und nicht auf langfristige Ziele.[193] Sie können in Wettbewerbssituationen besonders erfolgreich sein[194], weil sie geübt sind zu rivalisieren und zu konkurrieren und es genießen, im Mittelpunkt zu stehen. Dabei entwerten sie die anderen beteiligten Personen (Objektabwertung), um das eigene Selbst zu erhöhen. Sie unterschätzen die Tätigkeit der anderen und überschätzen die eigene Arbeit. Daher bauen sie nicht auf den Arbeitsergebnissen anderer auf und versuchen, diese weiterzuentwickeln, sondern neigen dazu, sich selbst interessant erscheinen zu lassen. Narzisstische Ärzte und Psychotherapeuten nehmen deshalb Vorbefunde anderer Kollegen nicht ernst und tendieren dazu, Befundberichte über Patienten nicht zu schreiben, weil sie dies als unbedeutend einschätzen und sie es nicht interessiert, wie andere die Patienten weiterbehandeln.[195]

> Daß der narzißtisch strukturierte Mensch sich selbst über- und andere unterbewertet, hat bei der Entstehung der narzißtischen Struktur in der Kindheit etwas damit zu tun, daß die Objekte als übermächtig erlebt werden und deshalb in ihrer Bedeutung bagatellisiert werden müssen. Es kann aber auch sein, daß sie von vornherein zu wenig in Erscheinung treten, so daß sie von daher keine Bedeutung erlangen.[196]

---

[192] Künkel, F.: Einführung in die Charakterkunde (1928), Leipzig 1931
[193] Kets de Vries, M.: Führer, Narren und Hochstapler, Essays über die Psychologie der Führung, a.a.O., S. 50f.
[194] König, K.: Kleine psychoanalytische Charakterkunde, a.a.O., S. 69
[195] König, K.: Kleine psychoanalytische Charakterkunde, a.a.O., S. 74
[196] König, K.: ebd., S. 38

Für die Arbeit in Teams, in denen Kooperation und Teamfähigkeit erforderlich sind, erscheint daher der narzisstisch strukturierte Mensch nur bedingt geeignet.

> Vollbringen sein Chef und mit ihm das Team große Leistungen, kann er sich in eine Position begeben, die der einer „Mondfrau" gleicht: er bewundert seinen Chef, identifiziert sich mit ihm und bekommt von dem Glanz etwas ab, der auf das Team fällt. Dann wird er auch im zwischenmenschlichen Umgang erträglicher.[197]

Aufgrund der Ichhaftigkeit zeigen sich narzisstisch strukturierte Menschen unaufmerksam gegenüber Strukturen und Prozessen in Organisationen und können sich schwer in Hierarchien einordnen. Sie sind empfänglich für Lohnersatzleistungen, die mit Statussymbolen und daher mit einer Aufwertung verbunden sind (z.B. als Gratifikation ein Montblanc-Füller, Weihnachtsgeld). Die Kriterien für Erfolg sehen sie bei der eigenen Leistung, während Ursachen für Misserfolge außerhalb der eigenen Person erlebt werden, wie z.B. in sinkenden Aktienkursen, wirtschaftlicher Flaute oder in Fehlern der Mitarbeiter, die ihre Anordnungen nicht aufmerksam umgesetzt haben.

Dabei machen sie abwertende Äußerungen, um sich selbst aufzuwerten. Sie lieben es, in kurzfristigen Aktionen aufzutreten, und haben den Hang, andere zu blenden, um sich dadurch profilieren zu können. Wenn sie ein verstärktes Echo und Applaus für ihr Tun bekommen, können sie sich auch übermäßig engagieren. Sie verabscheuen es, in der Abgeschiedenheit zu sitzen und alleine zu arbeiten oder über Theorien zu brüten, sondern brauchen das Publikum und die Aufmerksamkeit.

Häufig sind sie redegewandt, haben einen besonderen Charme und können andere Menschen durch ihr blendendes Auftreten beeindrucken. Ihre Vorzüge können sie daher am besten in Berufen zur Geltung bringen, wo sie kurzfristige Auftritte haben und sich darstellen können. So sind sie in Berufen im Bereich Medien, Mode oder Politik, z.B. als Pressesprecher oder Talkmaster in einer TV-Show, oder im Bereich der Werbung anzutreffen. Auch in Berufen, wo sie in der Außenvertretung von Firmen tätig sind und diese repräsentieren, könnte für sie ein interessantes Betätigungsfeld sein, da sie dort ihrem Bedürfnis, Eindruck zu machen und sich in den Mittelpunkt zu stellen, nachkommen und ihrer Eitelkeit frönen können. Sie sind in der Lage Hervorragendes zu leisten, um Ziele zu erreichen, die langfristig ihr Ansehen garantieren und ihr Selbstwertge-

---

[197] König, K.: Kleine psychoanalytische Charakterkunde, a.a.O., S. 69

fühl stabilisieren. Tätigkeiten in Berufen mit Prestige, leitende Stellungen, akademische Grade garantieren Erfolg und Ansehen.

Wenn die tägliche Arbeit oder anstehende Prüfungen mit Niederlagen verbunden sind bzw. eine wirtschaftliche Flaute den Erfolg verhindert, reagieren sie überstark und fühlen sich sogar persönlich gekränkt. Es kommt zu Krisen durch das mangelnde Selbstgefühl und das Auseinanderklaffen von Realselbst und Idealselbst. Das Selbstwertgefühl gerät dann aus den Fugen und kann in eine narzisstische Krise übergehen, die von einer Depression (bei depressiven Persönlichkeitsanteilen) bis zum Suizid reicht.[198] Es kann zu einer Regression in die Krankheit kommen, die so massiv sein kann (eine besondere Erkrankung, die Aufmerksamkeit verdient), dass sie chronisch wird und zu monatelangem Kranksein führt. Eine Abfindung oder ein Rentenbegehren kann den narzisstischen Selbstwert wieder stabilisieren. Aus dem Drang zum Erfolg und der daraus folgenden überhöhten Kränkungsbereitschaft sind sie anfällig und entwickeln ein hohes Abhängigkeitspotential gegenüber Medikamenten, Alkohol und Drogen.

4.3.5 Narzisstische Personen in Führungsfunktionen

Narzisstisch strukturierte Persönlichkeiten sind in Führungsfunktionen anzutreffen, da sie ihr Bedürfnis nach Macht, Prestige und Glanz, ihr Gefühl für Dramatik, ihren Hang zu kurzlebigen, oberflächlichen Beziehungen dort gut ausleben können.

> Sie sind unabhängig und nicht leicht einzuschüchtern. Sie haben Freude an Innovationen und Wettbewerb. Sie sind in der Lage, das große Bild zu sehen und fesselnde Visionen der Zukunft zu entwickeln. Als kreative Strategen und gewandte Redner gelingt es ihnen zudem leicht, Menschen zu faszinieren und mitzureißen.[199]

Als Vorgesetzte können sie neue Akzente setzen und machen sich besonders für solche Ideen stark, bei denen ihre Mitwirkung zu erkennen ist[200], weil es durch ihre Art gelingt, andere zu beeinflussen und für sich einzunehmen. Sie haben hohe Ansprüche an die eigene Leistungsfähig-

---

[198] Henseler, H.: Narzißtische Krisen. Zur Psychodynamik des Selbstmords (1974), Reinbek b. Hamburg, 1980

[199] Schäfer, A.: Was in Unternehmen wirklich vor sich geht. Psychologie heute, a.a.O.

[200] vgl. König, K.: Kleine psychoanalytische Charakterkunde, a.a.O., S. 70

keit und sind erfolgsorientiert. Dieselben hohen Ansprüche haben sie gegenüber ihren Mitarbeitern, was dem Ziel dient, das eigene Ansehen zu mehren. Dabei werden die Mitarbeiter nur als Mittel zum Erfolg gesehen, um bestimmte Ziele zu erreichen, die dem Narzissten zugeschrieben werden und bei Dritten Bewunderung erzeugen.[201] Mitarbeiter werden nur dann gefördert, wenn sie Ausführende bleiben und die Ideen ihres Chefs weiterentwickeln. Solange sie Schüler bleiben und nichts Eigenes oder Anderes anstreben, steht er zu ihnen. Wechseln sie den Arbeitsplatz oder versuchen sie, neue Wege zu gehen, werden sie von ihm fallen gelassen und bekämpft.

Die oft magische Wirkung, die solche Unternehmenslenker auf ihre Bewunderer ausüben, lässt sich mit den unbewussten psychischen Übertragungsprozessen der „Idealisierung" und der „Spiegelung" erklären. Die Mitarbeiter projizieren ihre Wünsche nach „Größe" und „Stärke" auf ihren Chef und schreiben ihm damit unrealistische Kräfte und Eigenschaften zu.

> Genauso, wie Patienten ihren Chirurgen gern für den besten halten, weil sie das ruhiger und sicherer macht, geht es auch Mitarbeitern gegenüber einem Chef, der die Zukunft ihrer Firma wesentlich bestimmt.[202]

Das Bild von „Großartigkeit", das die Mitarbeiter von ihrem Chef haben, wird gespeist durch Blicke, Verhalten und Gesten und führt nicht selten dazu, dass dieser tatsächlich daran glaubt, dieses „großartige Wesen" zu sein. „Das Chef-Mitarbeiter-Verhältnis bietet für verzerrte Spiegelungen Gelegenheit in Hülle und Fülle."[203]

Narzisstische Chefs erliegen diesem „Zerrspiegel", wenn es ihnen nicht gelingt, über ihre narzisstischen Tendenzen zu reflektieren. „Sie werden oft so abhängig von der Bewunderung ihrer Untergebenen, dass sie ohne diesen emotionalen Kick gar nicht mehr funktionieren können."[204]

Können sie keine Anführer sein, möchten sie zumindest als „graue Eminenz" im Hintergrund die Fäden ziehen und alles in der Hand haben. Dies kann auch aus der Rolle eines Beraters erfolgen. Sie können sich

---

[201] vgl. König, K.: Kleine psychoanalytische Charakterkunde, a.a.O., S. 104f.
[202] Kets de Vries, M.: Führer, Narren und Hochstapler. Die Psychologie der Führung, a.a.O., S. 50
[203] Kets de Vries, M.: ebd., S. 50
[204] Kets de Vries, M.: Führer, Narren und Hochstapler. Die Psychologie der Führung, a.a.O., S. 50

dabei als „Isolierer" betätigen, indem sie den Chef vor Anfeindungen und Kritik abschirmen, im Laufe der Zeit aber manipulativ agieren, den Chef von wichtigen Informationskanälen abschneiden und seine Autorität untergraben, womit sie sich selbst in eine aussichtsreiche Position bringen.

Eine „dunkle Seite" der Narzissten ergibt sich aus dem Gefühl der Unbesiegbarkeit, das aus dem Erfolg und der Bewunderung, die sie bekommen, resultiert. Sie verhalten sich dann selbstgerecht und arrogant, gehen unverantwortliche Risiken ein und ignorieren Warnungen von Kollegen und Mitarbeitern. „Narzisstische Leader können ihre Unternehmen ruinieren, wenn sie ihre Exzesse unkontrolliert ausleben."[205]

Die ursprünglich verehrten und hoch gelobten Chefs können vom „Sockel" fallen, wenn sie die geweckten Erwartungen nicht erfüllen. Dann werden sie mit Frustration, Enttäuschung und teilweise offener Ablehnung und Aggression konfrontiert, die sie aggressiv, misstrauisch und unempathisch werden lassen.

Pensionierung und Berentung werden vom Narzissten als existentielle Bedrohung erlebt. Er hat das Gefühl, dass ihm die Arbeit und die Bedeutung weggenommen werden. Er versucht noch von außerhalb Einfluss auf die Institution zu nehmen oder übernimmt ehrenamtliche Führungsfunktionen in Vereinen oder Gesellschaften. Es stehen ihm häufig nur noch die Menschen nahe, die nicht eigenständig werden konnten. Dafür verachtet er sie. Aufgrund seiner Strukturierung kann der Narzisst keine „Ganzobjektbeziehung" herstellen, die auf Gegenseitigkeit und Wertschätzung beruht. So bleibt er schließlich allein auf sich gestellt und droht im Alter zu vereinsamen. Er stößt auf wenig Mitgefühl, weil unverständlich ist, warum jemand so wenig zwischenmenschliche Beziehungen haben kann.

> Manche narzisstische Menschen merken am Ende des Lebens, daß ihnen in Beziehungen etwas fehlt, wenn sie nämlich damit konfrontiert sind, daß an ihnen kaum noch jemand Interesse hat. Wenn sie dann nicht nur die anderen für das Fehlende verantwortlich machen, versuchen sie einen anderen Umgang mit Menschen, indem sie das Verhalten von Personen, die Ganzobjektbeziehungen haben, nachzuahmen versuchen.[206]

---

[205] Schäfer, A.: Was in Unternehmen wirklich vor sich geht, a.a.O., S. 49
[206] König, K.: Kleine psychoanalytische Charakterkunde, a.a.O., S. 107

a) Anamnese

Der 25-jährige Patient ist in einer Kleinstadt aufgewachsen und hat eine ältere Schwester (+ 5 J.). Beide Eltern sind Ärzte und berufstätig gewesen. Der Patient sei nicht gestillt worden. Im Alter von 5 Jahren habe er einen Unfall erlitten mit anschließender Krankenhausbehandlung und Trennung von der Familie. Danach habe er Trennungsangst entwickelt. Neue Situationen sind angstbesetzt geblieben. Die Scheidung der Eltern sei für ihn unerwartet gekommen. Der Vater habe eine andere Frau kennen gelernt und der Patient (damals 16 J.) habe mit der Mutter umziehen müssen, was er als sozialen Abstieg erlebt habe.

Früh habe der Patient verinnerlicht, dass Anerkennung durch Leistung geschieht, und er habe auf eigenen Wunsch das Gymnasium besucht. Die Schwester habe eine engere Beziehung zur Mutter gehabt, weshalb der Patient sich zu kurz gekommen fühlte und mit Eifersucht reagierte. Er versuchte, bessere Schulleistungen als die Schwester zu erzielen, um sich dadurch die Anerkennung der Eltern zu sichern. Zu Hause habe eine Atmosphäre des kämpferischen Rivalisierens geherrscht. Der Patient habe immer versucht, durch hohe Leistungsanforderungen und Vergleich mit anderen Aufmerksamkeit und Bewunderung zu erzielen. Er habe mehrere kürzere Liebesbeziehungen gehabt. Der Patient studiere BWL in einer Großstadt.

b) Symptomatik

Im Zentrum der Psychotherapie des Patienten stand die Krise seines labilen Selbstwertgefühls, was sich in einer tiefen Verzweiflung und einem Gefühl der Wertlosigkeit äußerte. Auslöser für die Selbstwertkrise, welche mit einer schweren Depression und Selbstmordphantasien einherging, war das abrupte Verlassenwerden von seiner Partnerin. Auf diesen Verlust hat er mit massiven Ängsten und Verlassenheitsgefühlen reagiert. Er litt unter Stimmungsschwankungen, wollte „alles" hinschmeißen (BWL-Studium) und habe an seinem Berufswunsch gezweifelt.

Zur Vorgeschichte gehört eine überhöhte Kränkbarkeit durch Verlusterlebnisse als Folge der Scheidung der Eltern in der Pubertät. Die Trennung vom Vater sei sprachlos verlaufen und der Patient schwankte zwischen Idealisierungs- und Abwertungsbedürfnissen. Der Patient hat in der frühen Kindheit keine stabile primäre Beziehung zu den Elternfiguren aufbauen können. Die Mutter war emotional wenig verfügbar, blieb blass und lebte für ihren Beruf, während der Vater als Beziehungsfigur ebenso wenig greifbar war, jedoch beruflich erfolgreich und in der Forschung tätig.

Als Kleinkind war der Patient auf sich allein gestellt und lernte früh, dass er durch Ehrgeiz und gute Leistungen die benötigte Aufmerksamkeit bekam. Im Kontakt blieb er einsam und litt unter seiner Isolierung. Die Zeit der Pubertät war geprägt durch Einsamkeit. Er haderte mit seinem Körper und fand sein Äußeres abstoßend. Früh wurde an ihn die Erwartung gestellt, schmerzliche Gefühle hinter einer Fassade zu verstecken und als Schwäche zu verdrängen. Durch das Verlassenwerden von der Partnerin wurden Trennungserlebnisse aus der Kindheit reaktiviert, die er bisher mit Erfolg verdrängt hatte. Die mit der narzisstischen Kränkung verbundenen aggressiven Impulse bewirken die Intensität der Symptomatik und führen zu begleitenden massiven Arbeitsstörungen, was ihn zusätzlich verunsichert. Früher habe er sich hinter einer Leistungsfassade versteckt, um seine Minderwertigkeitsgefühle durch Größenphantasien zu kompensieren.

c) Therapieverlauf

Der Patient erscheint in den ersten Sitzungen angespannt und verzweifelt. Zu spüren sind seine unflexiblen hohen verinnerlichten Selbstideale und es wird deutlich, wie er Intelligenz und Leistungsfähigkeit bei sich selbst idealisiert. Er berichtet vom Verlust seiner Partnerin und davon, wie er sich durch ihre Abwendung abgewertet und verlassen gefühlt habe. Er habe das Gefühl, ohne diese Geborgenheit in der Beziehung nicht zurechtzukommen. Er spüre in sich eine große Sehnsucht nach Verschmelzung und erlebe sich in heftigen Ambivalenzgefühlen verstrickt. Diesen Wunsch nach Kontakt und Anerkennung kenne er seit seiner Kindheit und er sei enttäuscht über seine Freundin, die ohne Vorwarnung nun eigene Wege gehen will. Er sei auf ihre Bewunderung und Bestätigung angewiesen und empfinde einerseits, dass sein Leben nun keinen Sinn mehr habe. Andererseits entwickele er aufgrund dieser Enttäuschung heftige Rachegefühle („eines Tages wird sie es bereuen, dann ist es zu spät"). Er erinnert sich an ähnliche Idealisierungs- und Entwertungs-

phantasien in der Beziehung zu seiner Mutter. Er habe unter dem sprach-
losen Umgang in der Beziehung mit ihr gelitten und sie als unerreichbar
und einengend erlebt. Ihre Anerkennung sei ihm wichtig gewesen und er
habe sich leistungsmäßig „wahnsinnig angestrengt", um ihr zu gefallen.
Emotional habe er sich in ihrem Beisein „wie abgestorben gefühlt", nur
über Noten hätten sie miteinander reden können. Zu Anfang des Studiums habe er die Fixierung auf die Anerkennung durch die Mutter als
Belastung empfunden. Seine Abgrenzungsversuche seien in Machtkämpfe
ausgeartet, mit herabsetzenden Bemerkungen und offenen Kränkungen.

Im Übertragungs- und Gegenübertragungsgeschehen in der therapeutischen Beziehung zeigen sich deutlich überhöhte Erwartungen und
eine übergroße Angst vor Ablehnung. Anfänglich macht der Patient
abschätzige Bemerkungen: „Eigentlich müsste ich doch mit diesem Problem alleine klarkommen." Spürbar werden ein labiles Selbstwertgefühl
und eine große Sehnsucht nach Bewunderung, was sich vor allem in Form
von Selbstidealisierung zeigt. Er erwartet Anerkennung für seine Arbeitsleistung und seine sprühende Intelligenz. Dagegen kann er seine emotionalen Lücken im Beziehungsbereich nicht wahrnehmen. Sichtbar wird,
wie er den Therapeuten idealisiert und von diesem erwartet, dass er gut
arbeitet, was Tolles sagt, damit er aus der Krise herauskommt, dass er die
Schuld für die Trennung ausschließlich bei der Frau sieht und keine Kritik an ihm äußert. Er ist der Meinung, er selbst habe „alles" richtig
gemacht. Die Frau könne „gar nichts".

Erlebbar werden seine Größenideale und welche Anstrengungen er
unternimmt, um sein glorifiziertes Selbstbild aufrechtzuerhalten. „Wenn
ich mich anstrenge, schaffe ich das Unmögliche." In der Therapie erwartet er Bestätigung seiner Einmaligkeit. Wie früher beim Vater befürchtet
er Kritik und Abwertung. Der Therapeut empfindet den inneren Druck
des Patienten, seinen Konflikt, seine Verzweiflung, den Wunsch angenommen zu werden und seine Angst, verachtet zu werden. Der Vater des
Patienten konnte nicht zuhören, sondern verschanzte sich hinter Erklärungen und einem innerlichen Wegschieben. Dieser Circulus vitiosus von
Fassade, überhöhten Selbstidealen und Kränkbarkeit führte zu Selbstentfremdung und Einsamkeit.

Als dem Patienten zunehmend bewusst wird, wie er selbst diesen
Teufelskreis von Gefühlen – Minderwertigkeits- und Selbstunsicherheits-
gefühlen, Kompensation in Größengefühlen, Sehnsucht nach Angenom-
menwerden und Bewunderung und aktives Bemühen um Selbstdarstellung mit der begleitenden Angst vor Ablehnung und Kränkung –

unbewusst herstellt und somit die narzisstischen Geltungsbedürfnisse am Leben erhält, kann er sich in einen Prozess der Öffnung und Erweiterung des eigenen Selbst einlassen. Es gelingt ihm, sein Studium abzuschließen, und er erhält einen Praktikumsplatz bei einer Bank in Paris. Es gelingt ihm auch, sich in einen neuen Beziehungsversuch einzulassen. Nach zwei Jahren hat es einige Kontakte zwischen Patient und Therapeut gegeben. Der emotionale Zustand des Patienten ist stabil.

4.4 Arbeitshaltungen und Arbeitsstörungen der zwanghaften Persönlichkeit

4.4.1 Erscheinungsbild

Die für zwanghafte Charakterstrukturen typischen Erscheinungsformen haben in bestimmten Kulturen eine lange Tradition und werden geschätzt. So sind ausdauernde Leistung, Genauigkeit und strikte Arbeitsmoral Eigenschaften, die gefördert werden. Mentzos spricht von einer Überkompensierung oder Sublimierung analer Tendenzen, die man in den Werthaltungen Preußens oder im Puritanismus (Askese, strenge Arbeitsmoral, Überbewertung der Leistung) wiederfindet.[207] Auch im Calvinismus und in der christlichen Religion überhaupt sind diese Werte verinnerlicht. So sind in Religionen gesellschaftlich akzeptierte Zwangsrituale wie z.B. Gottesdienst, Schuldbekenntnis, Opfer, Entsagungen (Ramadan, Fastenzeit), Pilgerreisen (zum Vatikan in Rom, zur Hadsch nach Mekka, Bad im Ganges usw.) wesentlicher Bestandteil der religiösen Zeremonie.[208]

Zwanghaft strukturierte Menschen streben nach Sicherheit und Überschaubarkeit. Eigenschaften wie Korrektheit, Planung und Kontrolle haben für sie eine zentrale Bedeutung:

> Das Grundproblem zwanghafter Menschen können wir also in ihrem überwertigen Sicherheitsbedürfnis erkennen. Vorsicht, Voraussicht, zielbewußte Planung auf lange Sicht, überhaupt die Einstellung auf Dauer, hängen damit zusammen.[209]

---

[207] vgl. Mentzos, S.: Neurotische Konfliktverarbeitung (1982), a.a.O., S. 165
[208] vgl. Kutter, P.: Der Zwang in Neurose und Gesellschaft, in: Die Psychologie des 20. Jahrhunderts, Bd. II: Freud und die Folgen (I), hg. v. Eicke, D., Zürich 1976, S. 672
[209] Riemann, F.: Grundformen der Angst (1961), a.a.O., S. 107

Sie lieben Disziplin, Pünktlichkeit und Selbstbeherrschung und bei ihnen stehen „[...] Charakterzüge wie übertriebene Ordentlichkeit, Sauberkeit, Sparsamkeit, Rigidität, Überkorrektheit und ähnliches im Vordergrund"[210].

Auf der körperlichen Ebene ist ein Bedürfnis nach Sauberkeit und Reinlichkeit festzustellen. Selbst in der Körperhaltung kann sich die Rigidität ausdrücken. Im seelischen Bereich dominieren ausgeprägte und dominierende Moralvorstellungen, die zu einer starken Gehaltenheit und Beherrschtheit führen.[211]

In der Literatur existieren verschiedene Fachausdrücke, welche die Vielfältigkeit und den Grad der Intensität einer Zwangssymptomatik beschreiben. Es wird von zwanghafter Struktur, zwanghaftem Stil, anankastischer Persönlichkeit, vom Zwangscharakter, der Charakterzwangsneurose und der Zwangsneurose gesprochen, was auch die Schwierigkeit der Abgrenzung dieser Begriffe andeutet. Bei der anankastischen Persönlichkeit, die dem Zwangscharakter bzw. dem zwanghaften Charakter entspricht[212], liegt eine zwanghafte Struktur vor, die unter den kulturellen Rahmenbedingungen einigermaßen normal erscheint. Das zwanghafte Verhalten fällt nicht auf und wird als dem Ich zugehörig (Ich-synton) erlebt.

Die Zwangssymptomatik setzt sich zusammen aus:[213]

1. Zwangsideen oder -vorstellungen (Zwangsgedanken): Bei den Zwangsgedanken liegen inhaltliche und formale Denkstörungen vor, die mit unablässigem Grübeln, ständigem Wiederholen der gleichen Abläufe, Weitschweifigkeit, Verlust des Blickes für das Wesentliche und verunsicherndem Zweifel einhergehen. Es herrscht eine magische Grundeinstellung: Gedanken, Dinge, Farben und Zahlenkombinationen müssen vermieden werden, weil sonst etwas Negatives passiert. Zur Neutralisierung müssen nun Gegengedanken gedacht werden. Es existiert keine Sicherheit, alles muss angezweifelt werden.[214]

---

[210] Mentzos, S.: Neurotische Konfliktverarbeitung, a.a.O., S. 161
[211] vgl. Reich, W.: Charakteranalyse (1933), 5. Auflage, Köln 1997, S. 264
[212] Hoffmann, S.O., u. Hochapfel, G.: Einführung in die Neurosenlehre und Psychosomatische Medizin (1979), Stuttgart 1987, S. 229
[213] vgl. Mentzos, S.: Neurotische Konfliktverarbeitung, a.a.O., S. 159
[214] vgl. Hoffmann, S.O., u. Hochapfel, G.: Einführung in die Neurosenlehre und Psychosomatische Medizin, a.a.O., S. 126f.

2. Zwangsimpulsen: Bei den Zwangsimpulsen handelt es sich um einschießende Vorstellungen meist aggressiver und sexueller Natur; sie sind obszön und entwertend wie z.B. jemanden unflätig ansprechen, anschreien, angreifen, verletzen, anstarren, anspucken, anurinieren, unsittlich anfassen usw. Es besteht die Angst, dass aus Zwangsgedanken und Zwangsimpulsen Realitäten werden. Dies wird jedoch durch die aggressive Hemmung verhindert.

3. Zwangshandlungen: Sie beziehen sich auf Denkvorgänge, Sprache sowie Handlungen und sollen durch magische Rituale das Böse bannen. Sie können sich in Kontrollzwängen, Ordnungszwängen oder Waschzwängen usw. äußern.

Bei ausgeprägteren zwangsneurotischen Strukturen werden die Zwangshandlungen Ich-fremd (Ich-dyston) erlebt und wirken störend auf den Betreffenden und seine Umwelt. „Ich-Fremdheit bei gleichzeitiger Einsicht in das Unsinnige des Verhaltens" ergibt den gemeinsamen phänomenalen Nenner der Zwangsproblematik. Die zwanghafte Tendenz kann nicht einfach unterdrückt oder ausgeredet werden, denn dadurch würde die ängstlich gefärbte innere Spannung zunehmen und sich bis zur Panik steigern (hier drückt sich die Nähe zur Phobie aus).

Selbst wenn den Zwängen nachgegeben wird, tritt nur eine vorübergehende Beruhigung ein. In fortgeschrittenen Stadien finden stereotype, ritualisierte Wiederholungen desselben Vorgangs statt. Je nach Intensität der Zwanghaftigkeit wird die Arbeitsfähigkeit eines Menschen stark beeinträchtigt. Er ist unter Umständen den ganzen Tag mit seinen Zwangshandlungen beschäftigt, fühlt sich unfrei und ist nur noch Knecht seiner unkontrollierbar erscheinenden Handlungsabläufe. Eine geregelte Arbeit ist kaum mehr möglich.

4.4.2 Genese und Psychodynamik

Zwanghafte Persönlichkeitsstrukturen werden in einer Zeit geprägt, in der sich das Kind durch motorisch-expansives Verhalten die Welt aneignen will. Unordnung fürchtende Eltern reagieren mit Ärger und Kritik und versuchen diese expansiven Strebungen mit Bestrafung zu bremsen. So werden Spontaneität, Eigenwille, lebhafte Motorik und Aggressivität früh unterdrückt. Insgesamt bestehen strenge, rigide, sachbezogene, teilweise auch aggressive oder auch willkürliche Entwicklungsbedingungen, was zum Aufbau eines strengen, rigiden Über-Ichs führt:

> Das Kind wird durch Einmischen und dominierende Tendenzen der Mutter in seinen Autonomiestrebungen gestört und reagiert auf ihre Befehle, Verbote und Strafen entweder mit Wut oder auch mit angstvollem Gehorsam.[215]

Eine zwanghafte Struktur bildet sich also heraus, wenn Eltern auf die Selbstständigkeitsbestrebungen eines Kindes mit Liebesentzug, kontrollierender Strenge und Disziplinierung reagieren.[216] Die Einengung erzeugt Wut und induziert reaktiv Schuldgefühle, die abgewehrt, verdrängt oder inhaltlich vom Affekt isoliert werden müssen, was jedoch nur unzureichend gelingt. Zur Lösung kann eine formale Übererfüllung (perfektionistisches bis pedantisches Verhalten) an die Stelle der inhaltlichen treten.

Der zwanghafte Mensch versucht diesem inneren Konflikt mit Abwehrmaßnahmen zu begegnen, indem er z.B. intellektualisiert und alles in scharf abgegrenzte und geordnete Begriffe und Kategorien einteilt. Er ist bestrebt, die Zukunft genau zu kalkulieren und zu kontrollieren. Sein Denken ist geprägt von Rationalisierungen, indem er für alles scheinbar vernünftige Erklärungen sucht. Seine Bewegungen sind präzise, geordnet und von emotionalen Regungen befreit und von Sturheit und Rigidität begleitet.

> Die Unfähigkeit des Ichs zur freien, eigenwilligen Handlungsführung macht es subjektiv höchst gefährlich, Triebimpulse zuzulassen. Dem Über-Ich steht kein funktionsfähiges Ich zur Verfügung, das durch probierende Handlungen gelernt hätte, Denken und Tun zu unterscheiden. Wünschen ist gleich Tun, der aggressive Affekt allein kann in der Phantasie des Patienten schon töten. Der Magie von Handlung und Worten sind Tür und Tor geöffnet.[217]

Das magische Denken (Handlungs- und Denkrituale) und verinnerlichte Werte wie Ordentlichkeit, Pünktlichkeit, Gewissenhaftigkeit, Sparsamkeit und Eigensinn sollen die nötige Sicherheit geben, die der Zwanghafte so dringend braucht. Dabei strebt er „emotionale Autarkie" an, erscheint als „affektiver Selbstversorger" und will sich mit dem Grundsatz „Ich brauche niemanden" aus allen menschlichen Verpflichtungen heraushal-

---

[215] Mentzos, S.: Neurotische Konfliktverarbeitung, a.a.O.,S. 163
[216] vgl. Hoffmann, S.O., u. Hochapfel, G.: Einführung in die Neurosenlehre und Psychosomatische Medizin (1979), a.a.O., S. 245
[217] vgl. Hoffmann, S.O., u. Hochapfel, G.: ebd., S. 129f.

ten. Gleichzeitig wird durch seine Zweifelsucht eine quälende Unentschlossenheit provoziert, weil jeder Handlungsmöglichkeit eine Alternative entgegensteht und eine Festlegung verlangt, die der Zwanghafte fürchtet. Er vermeidet daher „autonome Handlungen", um jeder Fehlermöglichkeit zu entgehen. Ebenfalls kennzeichnet ihn ein Gefühl des Getriebenseins, als ob ein unsichtbarer Aufpasser im Nacken sitzt und ihn ständig antreibt, so dass er nie wirkliche Zufriedenheit über das Geleistete entwickeln kann.

4.4.3 Soziale Beziehungen

Zwanghaft strukturierte Menschen zeigen sich in ihren sozialen Beziehungen ausdauernd, verlässlich und haben eher einen festhaltenden Charakter. Sie haben bestimmte, häufig überhöhte Verhaltens- und Rollenerwartungen an sich selbst, die sie unter Druck setzen. Sie wirken daher sehr beherrscht und geben dann kaum spontanen Impulsen nach.[218] Diese Haltung hat häufig etwas Gewaltsames, Ernsthaftes und wenig Humorvolles an sich.

> Diese Menschen haben immer die Angst, daß alles sofort unsicher, ja chaotisch würde, wenn sie auch nur ein wenig lockerer ließen, dem Andersartigen sich öffneten, und nur etwas nachgäben oder sich einmal spontan überließen, ohne die immerwährende Selbst- und Fremdkontrolle.[219]

In Diskussionen gehen sie nicht auf ihr Gegenüber ein und beachten dessen Argumente nicht. Mit Hilfe von Intellektualisieren und Rationalisieren vermeiden sie emotionale Nähe und stellen damit im zwischenmenschlichen Kontakt Distanz her. Die demonstrierte Sachlichkeit führt auch zu Konflikten und Unverständnis in der Kommunikation, da unterschiedliche Ebenen der Mitteilung verwendet werden und sie für emotionale Informationen und Selbstoffenbarung anderer nicht offen sind. Sie möchten Kontrolle über ihre Zuhörer ausüben und sie reagieren mit Angst oder Ärger, wenn diese sich ihrer Kontrolle z.B. durch Unaufmerksamkeit entziehen. Ein typisches Beispiel für diese Kommunikationsstörung wird in Edward Albees Theaterstück „Wer hat Angst vor Virginia Woolf?" ausgedrückt.

---

[218] vgl. Shapiro, D.: Neurotische Stile, Göttingen 1991, S. 44f.
[219] Riemann, F.: Grundformen der Angst, a.a.O., S. 110

Wenn sie sich die offene Dominanz wegen ihrer Strafangst nicht zutrauen, dominieren sie indirekt, indem sie z.B. „betont langsam und umständlich sprechen und noch umständlicher werden, wenn man sie bittet, zur Sache zu kommen"[220]. Sie können auch mit verdecktem Protest reagieren, indem sie ihrerseits nicht zuhören, wenn andere etwas sagen.

In Beziehungen sind für zwanghafte Personen besonders Hysteriker oder weniger zwanghaft Strukturierte attraktiv, bei denen sie bestimmen und deren Impulsivität sie unterdrücken können. Dies führt jedoch zu einem latenten Konflikt, der z.B. im Generationenproblem mit den eigenen Kindern besonders schroff und heftig werden kann:

> Indem sie alles Neue, Ungewohnte, Unübliche ablehnen oder unterdrücken wollen, führen sie ihre Einstellung leicht ad absurdum und rufen gerade dadurch die gefürchteten Gegenkräfte auf den Plan, den Rebellen und Revolutionär, der nun seinerseits meint, sie mit den Mitteln des anderen Extrems bekämpfen zu müssen, und dabei oft das Kind mit dem Bade ausschüttet.[221]

4.4.4 Arbeitsstil und Arbeitsstörungen

Der Arbeitsstil des zwanghaft strukturierten Menschen ist gekennzeichnet durch gewissenhaftes, überaus genaues Arbeiten und häufiges Übererfüllen der gestellten Aufgaben. In vielen wichtigen Industrie- und Dienstleistungsbereichen werden sie wegen ihres Arbeitsethos als wertvolle Mitarbeiter geschätzt. Durch ihre Fähigkeiten, Dinge systematisch zu ordnen, sich mit Details zu beschäftigen, Listen und Tabellen zu erstellen, sich an einer Aufgabe „festzubeißen", leisten sie einen wichtigen Beitrag im Arbeitsleben. Ihre verinnerlichten hohen Leistungserwartungen bewirken, dass sie sich bei der Arbeit selbst wichtig und bedeutend fühlen und diese Haltung glorifizieren. Die Fähigkeit, bei der Arbeit auch noch Freude und Vergnügen empfinden zu können, betrachten sie mit Skepsis. Das „sozial erwünschte" Unterdrücken der Emotionalität in Organisationen führt zu einer Überbewertung des Bereichs Arbeit. Das Leben zwanghafter Personen wird um „Arbeitsaktivitäten herum zentriert"[222].

---

[220] König, K.: Kleine psychoanalytische Charakterkunde, a.a.O., S. 62
[221] Riemann, F.: Grundformen der Angst, a.a.O., S. 110
[222] Shapiro, D.: Neurotische Stile, a.a.O., S. 38

Diese positiven Eigenschaften zwanghafter Personen verkehren sich bei übermäßiger Ausprägung in ihr Gegenteil und können dann teilweise massive Arbeitsstörungen zur Folge haben. Zwanghafte sind in einer für sie typischen Denkstörung verfangen, die durch Pedanterie, Rigidität und Enge gekennzeichnet ist. Sie neigen zu dogmatischem bis starrsinnigem Verhalten und haben einen „Hang zu umständlichem, grüblerischem Denken"[223]. So kann der Wunsch nach Genauigkeit und Perfektion zu einem übermäßigen Kontrollverhalten führen. Regeln, Gesetze und Verordnungen werden dabei eng ausgelegt nach dem Motto: „Wohin kämen wir denn sonst?" oder „Da könnte ja jeder kommen" (dann würden Unsicherheit und Chaos entstehen).[224] Damit sollen Gefühle von Ängstlichkeit, Unzulänglichkeit und Zweifel darüber, was das „richtige Verhalten" ist, klein gehalten werden. Sie befürchten die Kontrolle zu verlieren, wenn sie nicht alles reglementieren würden. Die Angst vor Fehlern führt dazu, dass sie Entscheidungen hinauszögern. Da sie unter dem Zwang stehen, sich absolut richtig entscheiden zu müssen, damit alles perfekt und abgesichert ist, kommt es zu einer Entschlussunfähigkeit. Ihr Arbeitsverhalten ist dann geprägt von Zögern, Zaudern und der Tendenz, Aufgaben zu verschieben, weil sie sich nicht entscheiden können. „Eine Möglichkeit, sich aus dem lebendigen Fluß des Geschehens herauszunehmen, ist das Zaudern, Zögern und Zweifeln."[225]

Zwanghafte Persönlichkeiten verfügen über eine hohe Disziplin und Selbstdisziplin. So sind sie immer beschäftigt und können lange und angestrengt arbeiten.[226] Zu Beginn eines Arbeitstages oder vor neuen Aufgaben planen oder ordnen sie die einzelnen Arbeitsgänge. Es gibt eine Tendenz, zunächst im Kopf eine Ordnung herzustellen, was dann auf die Arbeit übertragen wird. Diese Eigenart kann viel Zeit kosten, bis sie mit der eigentlichen Arbeit beginnen können. Auch ihre Tendenz zur Übergenauigkeit und Absicherung führt zu einer Verlangsamung des Arbeitstempos. Somit ergeben sich Schwierigkeiten im Umgang mit der Arbeitszeit. Sie laufen Gefahr, das Arbeitspensum in der vorgegebenen Zeit nicht zu bewältigen, machen dann Überstunden, „beißen" sich in der Arbeit fest und können kein Ende finden. Wenn der Ordnungszwang und ihre charakteristische Eigenschaft, Aufgaben zu verschieben, weil sie sich nicht entscheiden können, zu großen Raum einnehmen, dann sind die

---

[223] Reich, W.: Charakteranalyse, a.a.O., S. 262
[224] vgl. König, K.: Kleine psychoanalytische Charakterkunde, a.a.O., S. 80
[225] Riemann, F.: Grundformen der Angst, a.a.O., S. 110
[226] vgl. Shapiro, D.: Neurotische Stile, a.a.O., S. 40

Produktivität und Effizienz der Arbeit eingeschränkt. Es kann sogar Kontraproduktivität daraus folgen.[227]

In den zwischenmenschlichen Beziehungen am Arbeitsplatz tendieren zwanghafte Personen dazu, entweder zu dominieren oder sich unterzuordnen.[228] Sie haben ein hierarchisches Denken verinnerlicht und hierarchische Strukturen in Betrieben geben Orientierung und Sicherheit. Wenn die Zuständigkeiten und die Verantwortung geklärt sind, dann hat alles seine Ordnung. Die Polarität von Macht oder Unterwerfung führt zu Schwierigkeiten in teamorientierten Arbeitszusammenhängen. Durch den verinnerlichten „autoritären Charakter" (Adorno) ist auch die kollegiale Zusammenarbeit erschwert. Es kann dann ständige Auseinandersetzungen um Normen, Werte, Moral usw. geben, die in Machtkämpfe ausarten können.

Beruflich neigen sie zu Tätigkeiten des Kontrollierens, Planens, Organisierens, gesetzlichen Interpretierens und Rechtsprechens. So sind sie häufig in Berufen wie Buchhalter, Steuerprüfer, Qualitätskontrolleure, Schiedsrichter, Richter oder Polizist anzutreffen. Für Menschen mit dem Hang zur Sparsamkeit oder dem Interesse am Sammeln von Informationen kommen oft Berufe wie Bankkaufmann oder Bibliothekar in Frage. Die Tendenz, Bestehendes bewahren zu wollen, finden wir in Berufen wie Archivar und Antiquitätenhändler. Die Fähigkeiten zur Genauigkeit, Verlässlichkeit und Disziplin sind in Berufen anzutreffen, wo hohe Sicherheitsstandards erforderlich sind, wie z.B. Fluglotse, Pilot, Zugführer.

4.4.5 Zwanghafte Personen in Führungsfunktionen

Zwanghaft strukturierte Chefs sind skeptisch gegenüber neuen Ansätzen und Utopien. Sie beharren eher auf ihren Meinungen, Einstellungen, Grundsätzen und Gewohnheiten und lehnen Phantasien oder Theorien als unterstützende Arbeitsmittel zur Problemlösung ab. Sie verlassen sich lieber auf die Realität und auf ihre eigenen Erfahrungen. Sie sind daher eher „Empiriker als Theoretiker"[229]. Aus Übervorsicht und der Angst heraus, fremde, neue, unbekannte Situationen könnten in Chaos enden, entwickeln sie ein konservatives Element, das Festhalten am Bestehenden, was die wissenschaftliche Produktivität bzw. den Einsatz von Neue-

---

[227] vgl. König, K.: Kleine psychoanalytische Charakterkunde, a.a.O., S. 81
[228] vgl. König, K.: Arbeitsstörungen und Persönlichkeit, a.a.O., S. 45
[229] König, K.: Kleine psychoanalytische Charakterkunde, a.a.O., S. 80

rungen hemmt. Andererseits sind die erzielten Arbeitsergebnisse oft zuverlässig und fußen auf gesicherter Grundlage.[230]

Sie berufen sich auf ihre Vorstellungen, wie man einen Betrieb zu leiten hat, und sehen dabei nur einen „richtigen" Weg: „In meinem Betrieb kann ein jeder machen, was ich will." Von kompetenten Mitarbeitern, die diesem Konzept nicht entsprechen, werden sie sich trennen. Hat ein Angestellter Änderungsvorschläge, werden diese Ideen übernommen bzw. gefördert, wenn sie in das Ordnungsschema des Chefs passen. Konflikte werden von den zwanghaften Chefs häufig auf das „Kleinste verschoben". Sie mäkeln an Kleinigkeiten herum, ob Fristen eingehalten, die Ablage ordentlich oder der Arbeitsplatz sauber gehalten wird. Sie können sich als Kontrollfreaks oder Bürokraten zeigen, die ihre Mitarbeiter mit ihrer Selbstgerechtigkeit und ihrem Perfektionismus in den Wahnsinn treiben. Sie wollen alles unter Kontrolle haben, würden am liebsten alles selbst machen und haben daher Schwierigkeiten, Aufgaben zu delegieren. Besonders wenn diese Chefs Probleme mit ihrem eigenen Vater hatten, reagieren sie empfindlich, wenn Mitarbeiter sie kritisieren. Auf sie wird dann der Hass aus der Vater-Beziehung projiziert. Auch bei den Mitarbeitern spielen Gefühlsprojektionen aus der eigenen Elternbeziehung eine Rolle und es wird z.B. das Autoritätsproblem auf die Beziehung zum Chef übertragen. Nicht selten kann es dann zu einem offenen oder auch verdeckten Protestverhalten kommen.

> Der Chef wird autoritärer erlebt, als er ist, oder man erwartet von ihm mehr Einsatz, als er leisten kann oder zu leisten bereit ist. Man erwartet von ihm mehr Strenge oder Großzügigkeit, als er tatsächlich zeigt.[231]

Zwanghafte Personen als Pädagogen in Schule und Hochschule verstehen sich als klassische Pauker, als Patriarchen, denen der Leistungsaspekt und die Kontrolle wichtig sind. Hoch stehende Werte sind für sie Gerechtigkeit, Ordnung, Strenge und Zensuren, mit deren Hilfe sie ihre Machtposition stärken. Die pädagogische Einrichtung wirkt dabei wie ein „Kasernenhof" (Richter). Diese Personen neigen zum Burn-out, wenn sie sich bei ihrer Schwierigkeit, sich auf das Wesentliche zu konzentrieren, verzetteln und in durch Machtfragen dominierten Konflikten zerreiben. Häufig entwickeln sie körperliche Symptome wie z.B. Magenbeschwer-

---

[230] vgl. König, K.: Arbeitsstörungen und Persönlichkeit, a.a.O., S. 45
[231] König, K.: Arbeitsstörungen und Persönlichkeit, a.a.O., S. 142

den, Kopfschmerzen, Verspannungen, Rücken- und Bandscheibenbeschwerden oder sie erleben aggressive Durchbrüche mit Wutanfällen.

4.4.6 Fallvignette

a) Anamnese

Der 36-jährige Patient ist Erstgeborener und hat einen jüngeren Bruder (– 4 J.). Die Eltern führten einen Handwerksbetrieb, in dem sich alles um das Geschäft gedreht habe. Beide Eltern seien bei der Geburt des Patienten im fortgeschrittenen Alter gewesen. Als Kind sei er ängstlich gewesen und habe sich der strengen Mutter gegenüber angepasst. Früh habe er verinnerlicht, dass Anerkennung durch Bravheit und Tüchtigsein erfolgt. Den jüngeren Bruder habe er als Bedrohung erlebt. Dieser sei flexibler und offener gewesen. Einengend habe er erlebt, dass er eines Tages in die Fußspuren des Vaters treten und den Betrieb übernehmen sollte. Eigene Autonomiewünsche wurden im Keim erstickt. Dagegen habe er aber heftig offen und mit Jähzornausbrüchen rebelliert. Zu Hause habe eine Atmosphäre mit „Festungscharakter" (Richter) geherrscht. Während der Ausbildungsjahre habe er sich in einer größeren Stadt befunden. Später fühlte er sich gegenüber den Eltern verpflichtet, den Betrieb zu übernehmen. Er habe geheiratet, und es seien drei Kinder (Sohn und zwei Töchter) geboren worden.

b) Symptomatik

Im Vordergrund der Therapie standen Herzrhythmusstörungen und Probleme am Arbeitsplatz. Der Patient leide unter einem ständigen Zwang, etwas leisten zu müssen, und er erlebe sich selbst als übertrieben ordentlich und korrekt. Im Betrieb habe er ein starkes Bedürfnis nach Sauberkeit. Den Mitarbeitern gegenüber sei er kritisch und misstrauisch eingestellt. Er verspüre das Bedürfnis, diese ständig zu kontrollieren, was zu negativer Stimmung führt.

Auch das Familienleben (zwei Kinder befinden sich in der Pubertät, eines ist noch jünger) versuche er durch Regeln zu organisieren. Die Folge seien häufiger Streit und Missstimmung zwischen ihm und seiner Frau.

Zur Vorgeschichte gehört eine Familiensituation von Zwang, Kontrolle und Rigidität. Die Eltern haben nur Kontakte mit ihren Kunden gepflegt. Soziale Kontakte wurden als unnötig und zeitraubend betrachtet. Alle neuen sozialen Situationen bedeuteten Unruhe und Gefahr. Der Vater habe zu „Haarspalterei" geneigt. Die Mutter hätte sehr viel Wert auf Ordnung und Sauberkeit gelegt, sie sei ein „Putzteufel" gewesen. Bei Tisch galt die Regel, beim Essen nicht zu reden. Der Patient erinnert sich, dass der Vater stumm auf seinen Teller starrte und sich auf das Essen konzentrierte.

Als Kind sei der Patient viel mit der Mutter zusammen gewesen und habe früh verinnerlicht „leise und ruhig" zu spielen. Unordnung wurde durch Schimpfen bestraft; wenn er auf den Spielplatz durfte, wurde erwartet, dass er sich nicht schmutzig machte. In der Schulzeit entwickelte er Autoritätsprobleme und habe versucht gute Leistungen zu bringen. Seine Schularbeiten fertigte er gewissenhaft an. Bei bestimmten Lehrern sei er in eine Oppositionshaltung geraten, habe unbewusst gegen diese rebelliert und in der Pubertät habe er Probleme mit ständigem Zuspätkommen entwickelt. Offen zu rebellieren habe er nicht gewagt, weil er dafür vom Vater in anderen Fällen hart bestraft worden war (Prügel, Stubenarrest).

c) Therapieverlauf

Der Patient schildert, unter ständiger Anspannung zu leben und alles perfekt machen zu müssen. Er versuche alles unter Kontrolle zu halten, damit ihm keine Fehler passieren und nichts Unvorhersagbares eintrete. Er habe Angst, Fehler zu machen, Angst zu versagen und nicht genügend leisten zu können. „Ich spüre ein Kontrollbedürfnis in mir, gerate in Affekt, wenn die anderen sich nicht genügend anstrengen."

Zu Beginn der Behandlung ist der Patient ängstlich (Autoritätsangst), fühlte sich sichtlich unwohl, schwitzte, und es fiel ihm schwer, über seine Probleme zu sprechen. Seine Kleidung ist hoch geschlossen, überkorrekt, und alles sitzt genau. Er trägt Rollkragenpullover in unauffälligen Grau- und Brauntönen. Die Haare sind zu einer Tolle gekämmt und mit Haargel präpariert. Beim Sprechen formuliert er langsam und bedächtig, nach Worten suchend, als ob er jedes einzelne Wort, das die Lippen verlässt, überprüfen müsse. Spürbar wird, dass er die Kontrolle über die Situation behalten möchte.

Er schildert Arbeitssituationen, in denen er versucht alles hundertprozentig zu erledigen und dabei so in Anspannung gerät, dass der Blutdruck in die Höhe schießt und Herzrhythmusstörungen auftreten. Bei neuen Aufträgen verhält er sich abwartend und korrekt. Mit den Mitarbeitern gerät er häufig in einen Machtkampf, weil er nicht nachgeben kann und auf seine Meinung beharrt. Als er auf einer Mitarbeiterschulung war, litt er Qualen, fühlte sich gehemmt und empfand Versagensängste. In solchen sog. Prüfungssituationen spürt er seine unterschwellige Aggression und Ärgergefühle, was Schuldgefühle auslöst und dazu führt, dass er sich bei anderen Menschen betont höflich und freundlich gibt. Er befindet sich in einem ewigen Kampf zwischen seinem rigiden Gewissen und seinen verdrängten Autonomiebedürfnissen.

Im Übertragungsgeschehen und in den Träumen zeigen sich analaggressive Impulse sowie Entwertungstendenzen in Form von Rachsucht. Diese treten in der Form auf, andere Menschen „beschmutzen" und „herabsetzen" zu wollen, wobei in den Träumen Bombenangriffe stattfinden und Schusswaffen zum Einsatz kommen.

In der Beziehung zum Therapeuten zeigt sich die Zwanghaftigkeit, indem er Wichtiges verschweigt, Nebensächliches umständlich erklärt und lange überlegt, bis er sich entscheidet, was er erzählen will, als ob er den Therapeuten unbewusst um das Wichtigste „bescheißen" möchte.

In der Gegenübertragung empfindet sich der Therapeut gereizt, eingeengt und herausgefordert. Es entsteht eine Spannung im Raum. Der Patient erwartet vom Therapeuten die perfekte Lösung, am besten ein fertiges Rezept. In der nächsten Sitzung hat er viele Ausreden oder begründet, warum er die in der Therapiesitzung besprochenen Handlungsstrategien nicht habe umsetzen können.

Jede verinnerlichte Regel, die nicht eingehalten wird, löst Angst und Affekt aus. Durch eine emotional korrigierende Erfahrung (es passiert ihm ein Fehler) ist es ihm möglich, seinen eigenen Druck anzuschauen, den er regelmäßig herzustellen pflegt. Als der Therapeut ihn nun fragt, ob das nicht zum Menschsein gehört, Stärken und Schwächen zu haben, wird ihm deutlich, dass er sich durch seine überhöhten Ich-Ideale permanent unter Druck setzt.

Im Therapieverlauf wird dem Patienten bewusst, dass er selbst dieses Druckgefühl aufbaut und sein Leben in solch anstrengenden Bahnen verlaufen lässt. Diese Erfahrung bedeutete ein Schlüsselerlebnis im Leben des Patienten und führte zu einer allmählichen Öffnung und Lockerung seiner Persönlichkeit. Bisher habe er sich Ruhepausen nur versteckt gönnen können, indem er getrödelt oder anstehende Aufgaben weggeschoben habe. So sei es vorgekommen, dass er am Schreibtisch über den Büchern eingeschlafen und erst dann aufgewacht sei, als er mit dem Kugelschreiber einen großen Strich über das Blatt gemacht habe.

4.5 Arbeitshaltungen und Arbeitsstörungen der ängstlichen Persönlichkeit

4.5.1 Erscheinungsbild

In der Menschheitsgeschichte gab es vielfältige Versuche, das Phänomen Angst zu verstehen. Bowlby[232] spricht von einer „natürlichen Disposition des Menschen". Der griechische Philosoph Platon erklärte Angst als mangelhaft entwickelten Eros. Kierkegaard beschreibt in seinem Werk *Der Begriff Angst*[233], dass der Mensch Angst hat, von Gott verlassen zu sein. Er hat Sehnsucht nach Gott als einem starken Objekt. Ansonsten ergibt sich die Angst als „Schwindel der Freiheit". Fromm führt diesen Gedanken weiter in *Furcht vor der Freiheit*[234] und beschreibt ihn als Angst vor Selbstverantwortung. Er unterscheidet dabei zwischen „Freiheit von" als Möglichkeit und „Freiheit zu", womit der „Sinn des Lebens" gemeint ist: „Wie kann ich meinem Leben Sinn verleihen?" In Heideggers Existenzphilosophie[235] wird Angst definiert als die existentielle Angst, als eine „Hineingehaltenheit in das Nichts".[236]

4.5.2 Genese und Psychodynamik

Der ängstlich strukturierte Mensch leidet unter diffusen Angstzuständen wechselnder Intensität. Es sind „frei flottierende Ängste" (Freud) mit einer ausgeprägten Tendenz zur Somatisierung. Oft werden die körperlichen Beschwerden wahrgenommen und nicht die Ängste. Dieses Krank-

---

232 Bowlby, J.: Trennung. Psychische Schäden als Folge der Trennung von Mutter und Kind, München 1976

233 Kierkegaard, S.: Angst (1844), Hamburg 1984

234 Fromm, E.: Furcht vor der Freiheit (1941), Frankfurt a.M. 1980

235 Heidegger, M.: Sein und Zeit (1927), Tübingen 1986

236 Heidegger, M.: Was ist Metaphysik? (1929), Frankfurt a.M., 15. Aufl. 1998, S. 38

heitsbild wurde erstmalig von Freud 1895[237] beschrieben und mit folgenden Symptomen gekennzeichnet (aus heutiger Sicht ist dem nichts hinzuzufügen):[238]

- Allgemeine Reizbarkeit, gesteigerte Erregung, Überempfindlichkeit gegenüber Geräuschen und Schlaflosigkeit.
- Ängstliche Erwartung. „Die ängstliche Erwartung ist das Kernsymptom der Neurose [...] man kann sagen, dass hier ein *Quantum Angst frei flottierend* vorhanden ist, welches bei der Erwartung die Auswahl der Vorstellungen beherrscht und jederzeit bereit ist, sich mit irgendeinem passenden Vorstellungsinhalt zu verbinden."
- Angstanfälle. Entweder treten diese plötzlich auf oder stehen im Zusammenhang mit Körperfunktionen (Atmung, Herztätigkeit, Vasomotorik usw.).
- Vegetative Äquivalente des Angstanfalls wie Störungen der Herztätigkeit, der Atmung, Schweißausbrüche, Zittern, Heißhungeranfälle, Durchfälle usw.
- Nächtliches Aufschrecken.
- Schwindelphänomene bis zu Ohnmachten.
- Phobische Phänomene.
- Eingeweidebeschwerden wie Übelkeit, Brechreiz, Durchfall, Harndrang usw.
- Parästhesien, begleitend mit dem Angstanfall oder dem Schwindel.

Bei den Phobien (Agoraphobie, Klaustrophobie, soziale Phobie, Erythrophobie, Akrophobie, Krankheitsphobien, Zoophobien usw.) spielen Erwartungsängste eine große Rolle, wobei die Ängste an einen Gegenstand oder eine spezifische Situation gebunden sind. Ursache vieler Phobien ist eine unbewusste Phantasie, deren Inhalt als bedrohlich empfunden (etwas subjektiv Verbotenes zu tun) und daher verdrängt wird. An die Stelle der intrapsychisch erlebten Bedrohung treten in der Außenwelt erlebte Gefahren, die symbolisch für die innere Bedrohung stehen. Der Betreffende kann seine unbewusste Angst nicht wahrnehmen, sondern fürchtet bestimmte Situationen und Objekte wie Marktplatz, Fahrstuhl, Turm, Spinne, Maus. Es findet ein Abwehrvorgang, eine sog. Verschiebung des Angstobjektes von innen nach außen statt. Relative Angstfrei-

---

[237] Freud, S.: Über die Berechtigung von der Neurasthenie einen bestimmten Symptomenkomplex als „Angstneurose" abzutrennen (1895), GW Bd. I, S. 315–342
[238] Freud, S.: Hemmung, Symptom und Angst (1926), GW Bd. XIV

heit kann erzielt werden, indem die Angstobjekte in der Außenwelt vermieden werden. Phobien können auch der Aggressionsabwehr dienen, also der Abwehr von vorwiegend aggressiven und antisozialen Impulsen, die in eine Zwangsdynamik mit Zwangsbefürchtungen überleiten können.

Entwicklungspsychologisch gesehen entsteht die ängstliche Persönlichkeitsstruktur, wenn die Kinder Eigenständigkeit entwickeln. Die Eltern sehen überall Gefahren für das Kind, sorgen sich, es könnte hinfallen, sich wehtun und möchten es am liebsten „in Watte packen". Sie hemmen die kindliche Aktivität durch ängstliches Beschränken und das Kind erlebt überall Verbote und Begrenzungen.

Die Ängste sind besonders ausgeprägt, wenn in der Familie Bedrohungen durch Unfall, Krankheit und Tod stattgefunden haben. Diese Eltern werden dann versuchen alles zu verhindern und einzuschränken, was ihrer Meinung nach ihr Kind gefährden könnte.

In dieser Weise erleben ängstlich strukturierte Menschen bei der alltäglichen Lebensbewältigung ein diffuses Unbehagen. Sie verspüren ein Mangelgefühl und verfügen nicht über eine realadäquate und funktionale Kompetenz. Sie fühlen sich dann sicherer, wenn ein Sicherheit spendendes Objekt zur Verfügung steht, das die drohende Selbstverlustangst beseitigt.

> So trauen sie sich selbst das Alltägliche, selbst das schon mehrmals richtig Ausgeführte, nicht zu. In Gegenwart eines Menschen, der auf sie „aufpaßt", fühlen sie sich sicherer und haben weniger Angst. Diese Personen übernehmen dann die Funktion des [...] sog. äußeren steuernden Objekts.[239]

Dieses steuernde Objekt beinhaltet eine Anlehnungsfunktion und stabilisiert das Verhalten des ängstlichen Menschen. Solche sichernden Objekte können Personen, Organisationen, aber auch Gegenstände sein, die dazu beitragen, die Angst zu bekämpfen.[240]

Bei Erwachsenen können Statussymbole, Glücksbringer oder Rituale, bei Kindern Decken oder Kuscheltiere (Übergangsobjekte [Winnicott]) die Rolle eines steuernden Objekts übernehmen und dadurch angstmindernd wirken.

---

[239] König, K.: Kleine psychoanalytische Charakterkunde (1992), a.a.O., S. 33
[240] König, K.: Angst und Persönlichkeit. Das Konzept vom steuernden Objekt und seine Anwendungen (1981), Göttingen 1991, S. 37f.

Bei ängstlichen Menschen ist durch das ängstliche Beschränken seitens der Eltern die Autonomieentwicklung gestört. Jegliche Verselbstständigungsschritte werden daher von Angst begleitet und die Tendenz, sich an sichernde Personen anzulehnen oder sich bei ihnen durch Rücksprache abzusichern, ist sehr ausgeprägt. Dadurch werden Verlockungen, sich durch eine „Versuchungssituation" unabhängig zu machen und sich frei zu entscheiden, sofort mit einem Angstimpuls belegt und vermieden. Daraus ergibt sich psychodynamisch ein innerer unbewusster Autonomiekonflikt, der mit Anlehnungswünschen einerseits und unbewussten Autonomiebedürfnissen andererseits einhergeht.

4.5.3 Soziale Beziehungen

Ängstlich strukturierte Menschen suchen die Nähe von Personen, die sie stärker und als Sicherheit gebend erleben. Aus Mangel an Selbstvertrauen fürchten sie, sich sozial inadäquat zu verhalten, weil sie als Kind zu wenig Raum für eigenes Tun hatten.[241] Dies hindert sie daran, altersentsprechende Sozialerfahrungen zu machen, was ihr Selbstvertrauen zusätzlich einschränkt.[242] Daher vermeiden sie die Kontaktaufnahme und warten ab, ob vor allem von den favorisierten Initialpersonen irgendwelche Impulse ausgehen. Sie verzichten auf Eigeninitiative, werden als unselbstständig angesehen und benötigen in vielen Lebensbereichen die Steuerung durch andere Menschen.[243]

In Gruppen tendieren ängstliche Personen dazu, sich aus Diskussionen herauszuhalten und zu schweigen, aus Angst etwas Unqualifiziertes zu sagen. Besonders wenn sie als Kinder von den Bezugspersonen überfordert wurden, erzeugen die Erwartungen eines Kommunikationspartners an das Gespräch eine ängstliche Resignation.

> Die Hilfe eines äußeren steuernden Objekts können sie schwer akzeptieren, weil das steuernde Objekt ihrer Kindheit zugleich ein überforderndes war.[244]

Ängstliche Menschen haben eine ausgeprägte Harmonietendenz, weil sie ihre Beziehung zu einem steuernden Objekt nicht gefährden wollen. Ihre

---

[241] König, K.: ebd., S. 37
[242] König, K.: Kleine psychoanalytische Charakterkunde (1992), a.a.O., S. 47
[243] König, K.: Kleine psychoanalytische Charakterkunde (1992), a.a.O., S. 91
[244] König, K.: ebd., S. 62

Konfliktscheu führt dazu, dass Konflikte nicht geklärt, sondern „unter den Teppich gekehrt" werden. Wenn diese Konflikte dann doch zum Ausbruch kommen, sind Ängstliche bereit, sich Hilfe zu holen und andere Personen (Kollegen, aber auch professionelle Berater) um Rat zu fragen. Sie wollen dann das Geschehen nicht selber in der Hand behalten.

4.5.4 Arbeitsstil und Arbeitsstörungen

Ängstliche Menschen wirken besorgt und angespannt, empfinden Minderwertigkeits- und Insuffizienzgefühle und sind von einem überwertigen Sicherheitsverlangen erfüllt. Sie sind ständig auf die Nähe eines „steuernden Objekts" angewiesen, das ihre Ängste beruhigt. Dies führt zu einer Abhängigkeit, die mit einer Unselbstständigkeit einhergeht. Sie schätzen daher ihre Fähigkeiten häufig geringer ein, als sie tatsächlich sind:

> Dabei trauen sich phobisch strukturierte Menschen meist weniger zu, als sie leisten könnten, weil sie die Einschätzung der Eltern verinnerlicht haben, man dürfe sie nicht selbständig gewähren lassen, da sonst etwas passieren könnte.[245]

In ihrem Arbeitsverhalten sind diese Menschen auf ständige Rückmeldungen angewiesen. In Bereichen, wo diese Rückmeldungen nicht möglich sind und sie selbstständig interagieren müssen wie z.B. beim Telefonieren, werden Handlungen aufgeschoben oder vermieden.

> Solche Phobiker entwickeln auch in einem Team Arbeitsstörungen; sie wagen es nicht, Initiative zu ergreifen, oder verbergen vor anderen, was sie tun, weil sie erwarten, daß man mit dem, was sie machen, nicht zufrieden sein könne.[246]

Dies gilt besonders für die ängstlich strukturierten Personen, die in ihrer Entwicklung überfordert wurden und deren steuernde Objekte daher ambivalent besetzt sind. Ferner trifft das auf den Menschen zu, der eine ängstliche, überbehütende Mutter hatte, die ihm alles abgenommen hat.

Ängstlich strukturierte Menschen spüren durchaus den Impuls, etwas zu tun, zu arbeiten, Aufgaben zu erledigen. Diese Impulse lösen bei ihnen jedoch eine Angst aus, die zur Handlungslähmung führt, so dass die anstehenden Arbeiten häufig nicht zur Ausführung kommen. Für die-

---

[245] König, K.: Kleine psychoanalytische Charakterkunde (1992), a.a.O., S. 33
[246] König, K.: ebd., S. 85

se Personen trifft folgende Charakterisierung des Arbeitsverhaltens zu: „Wenn ich einen Drang verspüre zu arbeiten, setze ich mich ganz schnell in eine Ecke und warte, bis er wieder vorüber ist."[247]

Daraus resultiert ein ängstlicher Denkstil, der aus einem Mangel an Initiative zum Denken besteht. Ängstliche haben Angst zu denken und vor Impulsen, auch wenn die Angst nicht immer ausdrücklich wahrgenommen wird. Die Denkhemmung macht sich besonders bemerkbar, wenn wichtige Bezugspersonen nicht dabei sind.

Sie können gut arbeiten, wenn sie entsprechende Kompetenzen erwerben konnten. Dabei kann die Alma Mater die Funktion eines steuernden Objekts übernehmen.[248] Bei manchen Ängstlichen müssen die steuernden Objekte unmittelbar anwesend sein (Bezugspersonen/Mitstudenten/Tutoren/Assistenten/Professoren müssen daneben sitzen und beruhigende Impulse geben), während es bei anderen genügt, wenn sie die steuernden Objekte von Zeit zu Zeit sehen und über ihre Arbeit berichten.

Ängstliche Studenten können häufig besser in Bibliotheken arbeiten als zu Hause. Das Klima wirkt dort anregend, andere arbeiten auch (man sitzt in einem Boot). Die Anwesenheit von anderen genügt, um sich nicht allein zu fühlen. Notfalls kann man andere Personen fragen, wenn man nicht weiterkommt. Diese Art steuerndes Objekt ist dann von seiner realen Funktion abgelöst.

Als Mitarbeiter sind Ängstliche beeinflussbar und können sich gut anpassen.[249] Ihre Entscheidungsschwäche hängt mit ihrer Furcht vor den Folgen des eigenen Tuns zusammen. Durch ihre Ängstlichkeit haben sie die Tendenz, Angstauslösendes ständig aufzuschieben, indem sie Rechtfertigungen präsentieren.[250]

Rituale können angstmindernd wirken (erwähnte Nähe zur Zwangsneurose), und so kann z.B. ein geordneter persönlicher Zeit- und Arbeitsablauf stabilisieren, während eine Störung dieser Struktur auf angstauslösende Situationen hinweisen kann.

Die Wahrnehmung ängstlicher Menschen ist dadurch geprägt, dass sie Erfolge der Aktivität anderer steuernder Objekte zuschreiben. Misserfolge werden als eigener Makel verbucht, schwächen somit das labile Selbstwertgefühl und verstärken die Angst vor zukünftigen Leistungssi-

---

[247] König, K.: Arbeitsstörungen und Persönlichkeit, a.a.O., S. 46
[248] vgl. König, K.: Arbeitsstörungen und Persönlichkeit, a.a.O., S. 47
[249] König, K.: Angst und Persönlichkeit, a.a.O., S. 37
[250] vgl. König, K.: ebd., S. 40f.

tuationen. In der Regel sind ängstliche Menschen in sozialen oder in Büro- und Verwaltungsberufen tätig, auch als Lehrer sind sie anzutreffen. Im Handwerk oder als Facharbeiter kann man sie wiederfinden, wenn eine bestimmte Nähe zu wichtigen Bezugspersonen existiert, die sie anleiten und ihnen somit Orientierung und Halt geben.

4.5.5 Ängstliche Personen in Führungsfunktionen

Ängstliche Persönlichkeiten in Vorgesetztenfunktionen können kooperativ sein und fühlen sich in Arbeitsgruppen wohl, weil sie die Verbindung zu anderen Menschen brauchen. Durch ihre Unsicherheit sind sie bei der Urteilsbildung jedoch auch offen für die Einschätzungen und Informationen Dritter. Sie sind seltener in Chefpositionen anzutreffen und vermeiden unbewusst eine Beförderung aus Angst vor den auf sie zukommenden Aufgaben. Meistens sind sie gute Zweite, wobei der Erste als steuerndes Objekt fungiert. Wenn sie sich von ihren Mitarbeitern gut beraten lassen und ihnen in Abständen über ihre eigene Arbeit berichten, können sie auch Führungsfunktionen übernehmen. Ebenso, wenn die Firma oder die Institution zum steuernden Objekt wird und damit psychischen Halt gibt. In diesem Falle sind sie nicht so eingeengt auf eine Person und empfinden Sicherheit, ohne allzu sehr abhängig zu sein.

Als Chef sind sie beliebt, gelten als demokratisch und kooperativ. Sie können gut harmonieren und sich an vorhandene Strukturen anpassen. Das kann bei der Bewerbung in einem Auswahlgremium positiven Eindruck hinterlassen. Ängstliche Chefs fragen vor wichtigen Entscheidungen ihre Mitarbeiter und geben ihnen damit das Gefühl, beteiligt zu sein. Somit kann eine breite Fachkompetenz bei Entscheidungen zum Tragen kommen. Diese Chefs fördern ihre Nachwuchskräfte, legen viel Wert auf die Entwicklung und Förderung ihrer Mitarbeiter, so dass diese ohne Gesichtsverlust um Rat gefragt werden können. Sie dürfen allerdings nicht ahnen, dass der ängstliche Chef nach dem Motto verfährt: „Der einzige, der hier nichts kann, bin ich."[251]

Den Abschied von einer Firma/Institution sowie Berentung und Ruhestand fürchten ängstliche Personen, weil sie jetzt ohne eine Aufgabe ihre Sicherheit verlieren, die ihr Leben strukturiert.

---

[251] König, K.: Kleine psychoanalytische Charakterkunde, a.a.O., S. 116

4.5.6 Fallvignette:

a) Anamnese

Die Patientin sei Einzelkind und in der ehemaligen DDR aufgewachsen. Ihren Vater (+ 35 J.), der sich durch Arbeiten und Fortbilden bis zur Erschöpfung angestrengt hat, erlebte sie als tüchtig. Später nach dem Übersiedeln in den Westen habe er „alles" getan, um die Familie zu ernähren. Seine Ideale seien „Aufrichtigkeit, Gründlichkeit und Ehrlichkeit" gewesen. Die Mutter (+ 25 J.) erlebte sie als „nervös, ungeduldig, unzufrieden, nörglerisch" und emotional unterkühlt. Nach außen habe sie das Bild einer gut gestellten, perfekten, harmonischen Familie zu vermitteln versucht. Die Familienatmosphäre sei von Angst, ungelösten Konflikten und Fassadendenken geprägt gewesen. Die Mutter habe auf die Autonomiewünsche der Tochter mit Ungeduld reagiert und sie mit den Worten eingeengt: „Gib her, das schaffst du nicht!" „Das kannst du nicht, dafür bist du zu dumm [bzw. zu klein]."

Schüchtern und ängstlich habe sie sich als Kind gefühlt. Obwohl sie bei guter Intelligenz gut lernen konnte, entwickelte sie eine Angst zu versagen und habe sich innerlich stark unter Druck gesetzt. Als ihr Vater verstarb, habe sie mit Verzweiflung reagiert und es nicht glauben können.

Nach der Realschule habe sie eine Ausbildung absolviert und sei seither als Kaufmännische Angestellte tätig. Die Patientin habe geheiratet, um aus der einengenden Beziehung zur Mutter herauszukommen. Sie habe zwei erwachsene Kinder.

b) Symptomatik

Die Patientin erscheint in der psychotherapeutischen Praxis gehemmt, ängstlich, mit zitternden Händen und trockenem Mund. Sie berichtet, dass sie sich abends nach der Arbeit total erschöpft fühle, häufig unter Migräne leide. Nachts schlafe sie schlecht, erwache morgens müde und beginne den Tag voller negativer Erwartungen. „Ängstlich fahre ich zur Arbeit, fühle mich unter Druck und muss, dort angekommen, erst einmal wegen Durchfalls die Toilette aufsuchen, mit Kopfschmerzen und unter Schwitzen das Arbeitspensum erledigen in der Angst, es nicht zu können und nicht zu schaffen." Bei der Arbeit selbst verhielt sie sich perfektionistisch und genau, so dass sie viele Arbeiten mehrmals kontrollieren musste, was zeitraubend war. Dabei fühlte sie sich angespannt und war besorgt, was der Chef von ihr dachte.

Sie selbst habe ihre Arbeitsleistung abgewertet und wäre nie mit sich selbst zufrieden. Dies führte dazu, dass ihr im Umgang mit den Kollegen deutlich wurde, wie locker diese mit der Arbeit umgingen. Wenn die anderen schneller waren, entstand bei ihr ein Gefühl von pessimistisch resignativer Stimmung und sie ging mit Migräne nach Hause. „Ich schaffe es nicht, so gut wie die anderen zu arbeiten. Mein Absicherungsbedürfnis behindert mich bei der Arbeit und wenn ich versuche, nicht so genau zu sein, kann ich es nicht abstellen."

Erschwerend komme hinzu, dass ihr Ehemann erhöhte Erwartungen an sie stelle, z.B. dass sie immer gut aussehe, für jede Unternehmung bereit sei usw. Sie fühle sich unsicher und befangen. Gleichzeitig erlebe sie seine Erwartungen als Kritik und fühle sich dadurch in ihrem Sicherheitsstreben bedroht. Alles Neue sei ihr zuerst suspekt. Konflikte und Risiken habe sie schon immer zu vermeiden versucht, um nicht zu versagen. In der Ehe habe sie eine ständige Sehnsucht nach Akzeptanz und Anerkennung. Gleichzeitig befürchte sie, von ihrem Mann in ihrer Autonomie eingeschränkt zu werden. Wenn sie ihm von ihren Wünschen und Interessen berichte, habe sie das Gefühl, dass er versuche, sich dafür zu interessieren. Sie habe jedoch häufig feststellen können, dass er es am nächsten Tag vergessen habe.

Zur Vorgeschichte gehören ein ausgeprägtes Vermeidungsverhalten und Sicherheitsstreben. Angstmindernd erlebte sie vertraute Menschen, überschaubare Urlaube usw. Ihre Angst habe sich zum Zeitpunkt der Pubertät verstärkt und sei depressiv getönt. Sie wagte nicht, ihren expansiven Impulsen nachzugehen, weil sie den Liebesentzug und die Strafen der Mutter fürchtete, und lebte mit einem verinnerlichten Gefühl: „Egal, wie ich es mache, es ist immer falsch!" Wenn die Gleichaltrigen sich zum Schwimmen oder in der Freizeit getroffen haben, habe sie ihr eigenes Bedürfnis danach verleugnet, weil sie sich einerseits die Auseinandersetzung mit der Mutter nicht zutraute. Andererseits fürchtete sie, den Schutz der Mutter zu verlieren und verstoßen zu werden. Sie habe sich innerlich zurückgezogen, ausgeprägten Phantasien nachgegangen, was sie alles machen möchte, wenn sie erwachsen werde. Sie werde es dann den anderen schon zeigen. In der Realität blieb ihr Handeln auf die Erwartungen und Normen der anderen Menschen zugeschnitten.

c) Therapieverlauf

In der Psychotherapie wirkt die Patientin schüchtern, gehemmt und versucht die Situation dadurch zu kontrollieren, dass sie leise spricht. Der Therapeut muss sich anstrengen, um sie zu verstehen, und versucht durch eine aufmunternde, freundliche Haltung ihr die Angst zu nehmen. Dabei wird deutlich, dass sie Wünsche und Bedürfnisse empfindet, diese aber wegen befürchteter Kritik und Abwertung nicht auszusprechen wagt. Sie leidet unter körperlichen Beschwerden wie Migräne, Durchfall und erwartet Hilfe vom Arzt bzw. Therapeuten als „steuernde Objekte" (vgl. König). Sie schildert, dass sie seit der Pubertät versucht habe, die Ansprüche und Erwartungen der Mutter zu erfüllen: „Immer hübsch, immer sauber, immer artig, immer aufgeräumt, immer einfühlsam, keine eigenen Wünsche haben, totale Kontrolle zulassen." Ihr wird bewusst, wie viel unterdrückte Wut sie durch die Einengung seitens der Mutter empfindet. Ähnliche Gefühle erlebe sie auch in Anwesenheit des Ehemanns. Um der negativ erlebten einengenden Beziehung zur Mutter zu entkommen, habe sie die Chance ergriffen und sei früh zu ihrem erfahren wirkenden Freund gezogen. Bei ihm habe sie sich sicher und geborgen gefühlt und er habe ihr viel erklären können. Anfänglich genoss sie an der Beziehung, dass er der „starke Mann" und sie die „schwache Frau" war.

Im Übertragungs- und Gegenübertragungsgeschehen erweist sich der unbewusste Autonomiekonflikt darin, dass sie sich einerseits unsicher und ängstlich zeigt, verstärkt Anerkennung und Trost sucht, um sich dadurch sicher fühlen zu können. Andererseits wehrt sie Autonomieimpulse ab, indem sie Entwicklungsschritte zur Überwindung der Angst negativ kommentiert und vermeidet. Spürbar wird, wie sie die Wünsche, frei zu sein, sich selbst entscheiden zu können und sich mehr in den Mittelpunkt zu stellen, ängstlich abwehrt. Diese vitalen Wünsche konnte sie nicht richtig festhalten und sie verschwanden dann ganz einfach aus dem Gedächtnis. Einmal schildert sie, welch große Angst sie beim Autofahren empfindet. Wenn sie in einen fremden Stadtteil komme, befürchte sie, verloren zu gehen. Sie habe sich immer mit vertrauten Menschen und an bekannten Orten sicher gefühlt. So habe sie gegenüber ihrer Wohnung ein starkes Bindungsgefühl entwickelt, das Gefühl gehabt, diese sei absolut perfekt, es gebe nichts Besseres.

Als der Patientin zunehmend bewusst wird, wie unzufrieden sie sich in ihren einengenden Beziehungen fühlt, versucht sie, ihre Lebensstimmung dadurch zu verändern, dass sie das Abitur nachholt. Sie geht verstärkt aus ihrer Situation heraus, sucht Kontakt und erfüllt eigene expansive Bedürfnisse nach Eigenständigkeit und Eigenverantwortlichkeit. Als ihre Ehe in die Brüche geht und ihre Mutter nach schwerer Krankheit plötzlich verstirbt, erlebt die Patientin zum ersten Mal ein Freiheitsgefühl. Das Versagensgefühl kommt in bestimmten Situationen nach wie vor durch. Als der Patientin bewusst wird, dass ihr Handeln mit dem Gefühl „Ich könnte etwas falsch machen" verbunden ist, reagiert sie mit Erleichterung. Sie geht eine neue Liebesbeziehung ein, fängt das Tanzen an und kann zunehmend Freude daran empfinden. Ihr Körpergefühl verändert sich und sie erlebt auch, dass sich beim Tanzen ihre Angst, „etwas falsch zu machen" bzw. „dumm zu sein", zurückbildet.

4.6 Arbeitshaltungen und Arbeitsstörungen der histrionischen Persönlichkeit

4.6.1 Erscheinungsbild

Hysterische Phänomene sind schon in der altägyptischen Medizin und seit der frühen Antike bekannt.[252] Der Begriff Hysterie leitet sich von dem altgriechischen Wort „Hystera" ab, was Gebärmutter bedeutet. Grundlage hierfür war die unter anderem von Hippokrates formulierte Vorstellung von einem Wandern der Gebärmutter, welche für die auftretende Symptomatik verantwortlich gemacht wird.[253] Im Mittelalter wurde die Hysterie gefürchtet und als Besessenheit interpretiert. Menschen, die unter hysterischen Symptomen litten, wurden mit dem Teufel in Verbindung gebracht und infolgedessen als Hexen verfolgt. Im 18. und 19. Jahrhundert wurde die Hysterie als neurologische Erkrankung eingestuft und als Degeneration des Nervensystems (Briquet-Syndrom) angesehen. Dem französischen Neurologen Charcot gelang es durch Einsatz von Hypnose, hysterische Lähmungen zu reproduzieren. Er zeigte, dass diese Folgen von Vorstellungen seien, die in bestimmten Situationen das Gehirn der Kranken beherrscht hätten. Es gelang ihm, hervorragende Schüler wie Pierre Janet und Sigmund Freud für diese Phänomene zu interessieren.

---

[252] vgl. Green, A.: Die Hysterie, in: Die Psychologie des 20. Jahrhunderts, Bd. II: Freud und die Folgen (I), hg. v. Eicke, D., Zürich 1976, S. 623
[253] vgl. Mentzos, S.: Hysterie (1980), Franfurt a.M. 1992, S. 22f.

In den *Studien über Hysterie* postulierte Freud (gemeinsam mit Josef Breuer) als Auslöser der hysterischen Erkrankung ein psychisches Trauma: „Als solches kann jedes Ereignis wirken, welches die peinlichen Affekte des Schreckens, der Angst, der Scham, der psychischen Schmerzen hervorruft."[254] Das Leiden ergebe sich aus Reminiszenzen, aus Erinnerungen, die den Träumen entsprechen, die nicht genügend abreagiert werden konnten und die das Symptom direkt oder in symbolischer Art immer wieder auslösen.[255]

Der Begriff „Hysterie" wird heute zunehmend als frauendiskriminierend und differentialdiagnostisch als veraltet empfunden. Aus der „Konkursmasse Hysterie"[256] sind psychosomatische Störungsbilder (dissoziative und somatoforme Störungen sowie Somatisierungsstörungen) hervorgegangen. Gegen die „hysterische Charakterstruktur" setzt sich begrifflich die „histrionische Persönlichkeit" durch, womit die Theatralik des Verhaltens geschlechtsunspezifisch erfasst wird.[257]

Histrionische Phänomene werden heute wie folgt unterschieden:[258]

1. Körperliche Funktionsstörungen wie Seh-, Hör-, Gleichgewichts- und Sprechstörungen sowie Atembehinderungen, Muskelschwächen, Lähmungen, Anästhesien aber auch Schluckstörungen, Erbrechen, Zittern, Astasien usw. Hierbei werden körperliche Erkrankungen (unbewusst) imitiert, ohne dass ein entsprechender organischer pathologischer Befund vorliegt. Bei der Konversion werden lebensgeschichtlich verdrängte Inhalte (Vorstellungen und Gefühle) in eine Körpersprache übersetzt und auf diese Weise ausgedrückt. Von einem Somatisierungssyndrom wird dann gesprochen, wenn eine flüchtige, rasch wechselnde körperliche Symptomatik erscheint.

2. Psychische Funktionsstörungen (dissoziative Phänomene) wie abgegrenzte Erinnerungslücken, Amnesien (Gedächtnislücken), Bewusstseinsstörungen wie psychogene Dämmerzustände, Ich-Spaltungen, Pseudohalluzinationen, Pseudodemenzen, Erregungszustände usw.

---

[254] Freud, S.: Studien über Hysterie (1895), GW Bd. I, S. 84
[255] vgl. Freud, S.: ebd., S. 89
[256] vgl. Hoffmann, S.O., Hochapfel, G.: Neurotische Störungen und Psychosomatische Medizin (1979), Stuttgart 2004, S. 184f.
[257] Seidler, G.H. (Hg.): Hysterie heute. Metamorphosen eines Paradiesvogels, Stuttgart 1996
[258] vgl. Mentzos, S.: Hysterie, a.a.O., S. 13f. und 46f.

Hierbei handelt es sich um unbewusst „Dargestelltes", wobei bestimmte psychische Prozesse vom Bewusstsein fern gehalten und von anderen psychischen Vorgängen getrennt (dissoziiert) werden.

3. Histrionische Verhaltensmuster und Charakterzüge, wie die Neigung zu Dramatisierung und Theatralik, Übererregbarkeit, Egozentrismus, Suggestibilität, verführerisches Verhalten, emotionale Labilität, verminderte Fähigkeit, zwischen Phantasie und Realität zu unterscheiden, sowie eine verlangende Abhängigkeit (demanding dependency). Hierbei handelt es sich um Verhaltensweisen und Attitüden, die eine gewisse Konstanz und typische Zusammensetzung aufweisen, was schließlich den histrionischen Charakter beschreibt.

4. Angstphänomene und Phobien sind häufig im Rahmen des histrionischen Syndroms zu finden. Nicht ohne Grund sprach Freud von der Phobie als einer Angsthysterie.

5. Sexuelle Störungen der unterschiedlichsten Art haben bei der histrionischen Struktur eine weitgehende Bedeutung.

4.6.2 Genese und Psychodynamik

Der hysterische Modus der Konfliktverarbeitung wird in der psychoanalytischen Interpretation mit Grundkonflikten im Rahmen der ödipalen Entwicklung erklärt. Das Kind muss von der symbiotischen Zweierbeziehung mit der Mutter in eine realistischere Dreierbeziehung Vater-Mutter-Kind (ödipales Dreieck/Triangulierung) hineinwachsen. Problematische Beziehungen der Eltern, in denen das Kind in altersunangemessener Weise in eine Partnerersatz-Rolle hineingezogen wird, eine Atmosphäre voller Widersprüche und Dramatik (Familie als Bühne/Schauspielhaus/Theater)[259], wo zu wenig gesunde Orientierung und nachahmenswerte geschlechtsspezifische Vorbilder existieren, begünstigen eine histrionische Charakterentwicklung.

Den Betreffenden gelingt es daher nicht, eine stabile Identität mit sich selbst aufzubauen, vor allem auch im Hinblick auf die soziale Rolle und die sexuelle Identität. Häufig bleiben sie in der Identifikation mit den Vorbildern aus der Kindheit verflochten oder sie übernehmen bzw. spielen virtuos selbst inszenierte oder aufgedrängte Rollen. Heute wird

---

[259] vgl. Richter, H.E.: Patient Familie (1970), a.a.O., S. 107f.

jedoch die Genese modifiziert und die Konfliktentstehung differenzierter betrachtet. Neben den ödipalen Konstellationen werden sowohl orale Konflikte (unvollständige Symbioseablösung, Abhängigkeitsprobleme und nicht konstruktiv verarbeitete Trennungen/Verluste) als auch strukturelle Mängel im Bereich der Regulation des Selbstwertgefühls in einer mehrdimensionalen Betrachtung untersucht.

Um die innere Leere zu überdecken, flüchtet der histrionische Mensch in eine Pseudopersönlichkeit. Er baut sich ein Pseudoselbst auf, um entsprechende Reaktionen der Außenwelt zu erfahren: „Das Brillieren soll die Freude am Denken ersetzen, sexy sein soll für die fehlenden Gefühle eintreten; interessant sein soll fehlendes Eigeninteresse ersetzen usw."[260]

4.6.3 Soziale Beziehungen

Der histrionische Mensch ist zuschauerbezogen und sucht bewusst oder unbewusst ein Publikum, das er beeindrucken, beeinflussen und überzeugen möchte. Diese kommunikative Funktion wird im Sinne eines Appells an die Umwelt eingesetzt.

> Hysterische Symptombilder lassen sich mit Inszenierungen vergleichen, die nur dann einen Sinn haben, wenn ein Publikum da ist, welches Inhalt, Dekoration, Dramatik der gespielten Handlung sowie die bevorzugten Schwerpunkte zu schätzen weiß.[261]

Das Lebendige, Kreative und der Charme dieser Menschen wirken ansprechend. Mit ihrer wendigen, sprachlich geschickten Art versuchen sie mitzureden, das große Wort zu führen und Themen an sich zu reißen, womit sie häufig eine angestrebte Mittelpunktstellung erreichen. Deutlich wird ihre Fähigkeit, in andere Rollen schlüpfen zu können, ihr überwertiges Geltungsbedürfnis und eine Tendenz zur Selbstdarstellung, die im Extrem bis zur Selbstglorifizierung und Hochstapelei reichen kann. In ihrem Redeverhalten und Kommunikationsstil sind sie auf Effekte aus und wollen beeindrucken. Sie zeigen Imponiergehabe, senden erotische Signale aus und wollen sich als möglicher Partner oder mögliche/potenzielle Partnerin ins Spiel bringen. „Dieses Verhalten erfüllt oft den angestrebten Zweck: man hört gern zu, macht sich vielleicht Hoffnungen, im

---

[260] vgl. Mentzos, S.: Hysterie, a.a.O., S. 78
[261] Mentzos, S.: Hysterie, a.a.O., S. 56

Ernst als Partner oder Partnerin ausersehen zu sein."[262] Sie sind ständig mit ihrer eigenen Wirkung und Attraktivität sowie mit ihrer äußeren Erscheinung beschäftigt.

> Die Hysterie produziert ein Spiel [...] Das Spiel, schwach und verzweifelt zu sein [...] das Spiel der Liebe und der Zärtlichkeit, das schmeichelhaft ist [...] schließlich noch das Spiel der Verzweiflung, das manchmal so perfekt abläuft, bis es zum Suizid führt.[263]

Histrionische Persönlichkeiten sind ständig auf der Suche nach Kontakten und Freizeitgestaltung, so dass ihnen Beziehungen leicht austauschbar erscheinen.

4.6.4 Arbeitsstil und Arbeitsstörungen

Histrionisch organisierte Personen scheinen durch ihre ausgeprägten expansiven und sozialen Fähigkeiten für unsere heutige von Medienpräsenz beherrschte Arbeitswelt gut geeignet zu sein. In ihrem Arbeitsverhalten glänzen sie durch ihre Spontaneität und Flexibilität, gehen leicht ein Risiko ein, wagen etwas und sind gegenüber allem Neuen aufgeschlossen. Kreativität und Ideenreichtum führen dazu, dass sie dafür geschätzt werden. Ihre Kommunikationsbereitschaft, die Fähigkeit zum Herstellen neuer Kontakte und die Leichtigkeit im Umgang mit den Medien sowie die Bereitschaft, sich in der Öffentlichkeit darzustellen, bringen ihnen Bewunderung ein.

Diese positiv erscheinenden Arbeitshaltungen können jedoch leicht ins Negative umschlagen, was sich dann in für diese Charakterstruktur spezifischen Arbeitsstörungen ausdrücken kann. Im Grundmuster sind in den Arbeitsbeziehungen dieselben charakteristischen Merkmale zu beobachten, die auch in den sonstigen sozialen Beziehungen und Partnerschaften festzustellen sind. So wird z.B. die Begeisterung für Neues wegen ihrer mangelnden Ausdauer schnell abflauen, so dass Projekte und Arbeitsvorhaben nicht durchgehalten werden können. Es entsteht stattdessen der Impuls, lieber wieder etwas Neues zu wagen und sich in neue Arbeitsprojekte zu stürzen oder die Arbeitsstelle zu wechseln, weil sie sich erhoffen, sich dort besser zur Geltung zu bringen. Diesem verinnerlichten Lebensstil (Adler) liegt das Motto „Reiz der Freiheit" (K. Hor-

---

[262] König, K.: Kleine psychoanalytische Charakterkunde, a.a.O., S. 62
[263] Israel, L.: Die unerhörte Botschaft der Hysterie (1976), München 1993, S. 60

ney) zugrunde, was dazu führt, dass Festlegung vermieden wird und das Bedürfnis besteht, sich alle Optionen offen zu halten.

> Vor allem braucht man das Gefühl der Freiheit, weil Ordnungen und Gesetzmäßigkeiten die Angst vor dem Festgelegtwerden, vor dem Nicht-ausweichen-Können konstellieren. Allgemein gültige, verbindliche Ordnungen werden vorwiegend unter dem Aspekt der Freiheitsbeschränkung erlebt, und daher wenn möglich abgelehnt oder vermieden.[264]

Dieser erhoffte Freiheitsspielraum scheint jedoch eher eine „Freiheit von" zu sein (Freiheit von allem Zwang) als eine „Freiheit zu" (sich für als sinnvoll erkannte Werte einzusetzen), die schöpferisch ist (E. Fromm). Somit wird einer Konfrontation mit den vorgegebenen Verhältnissen ausgewichen, die Auseinandersetzung und das Ringen um eigene Standpunkte vermieden. Nach dem Motto „es wird schon gehen" hoffen sie, „irgendwie durchzukommen", und vertrauen auf ihren Einfallsreichtum, wodurch ein vorhandener Kompetenzmangel überdeckt und versucht wird, diesen durch eine Intensivierung des „Rollenspiels" auszugleichen.

Dies entspricht einem „impressionistischen" Denk- und Wahrnehmungsstil, der technik- und faktenfeindlich organisiert ist und als charakteristisch für histrionische Menschen gilt. Aufgrund der Empfänglichkeit für flüchtige, phantasiegeladene Eindrücke, die mehr Gesamtbilder wahrnehmen und weniger Aufmerksamkeit auf Einzelheiten lenken, ist die Fähigkeit zur Konzentration beeinträchtigt und führt zu einem Defizit an faktischen Kenntnissen. Gedächtnis und Bewusstsein sind eher ungenau, diffus, nebelhaft und unverbindlich („opak" – im Gegensatz zu klar, eindeutig, durchsichtig: „luzide" – J.P. Sartre) ausgerichtet. Anstatt systematische, logische Gedankengänge zu vollziehen, neigen sie dazu, die Lösung von Problemen zu erraten.[265] Grundlage hierfür ist eine „Gehemmtheit der Wiss-Begierde"[266], die eine mangelhafte Entwicklung des logischen Denkens und der „exakten sinnlichen Phantasie" (Goethe) zur Folge hat und zu einer naiven Unbekümmertheit sowie zu einem willkürlichen Umgang mit der Realität führt.

Eine Tendenz, die kausalen Zusammenhänge, Regeln, Gesetze und Antinomien „nicht-ernst-zu-nehmen", „nicht-wahrhaben-zu-wollen",

---

[264] Riemann, F.: Grundformen der Angst, a.a.O., S. 157
[265] vgl. Shapiro, D.: Neurotische Stile, a.a.O., S. 114f.
[266] Heigl-Evers, A.: Zur Frage der hysterischen Abwehrmechanismen, in: Zeitschrift für Psychosomatische Medizin, 13, 1967, S. 116–130

entspricht im latenten Erleben einer großen Unsicherheit, dass nirgendwo fester Boden unter den Füßen vorhanden ist und ein Vertrauen zur Welt nicht existiert. Die Folge ist, dass histrionische Persönlichkeiten häufig über zu wenig Fachwissen verfügen, sich eher mit groben Zusammenhängen begnügen, als in die Tiefe zu gehen und sich mit Details auseinander zu setzen. Dies äußert sich auch in ihrer mangelnden Fähigkeit, sich ausdauernd und intensiv zu konzentrieren. Dagegen erscheinen sie leicht ablenkbar und von aktuellen Entwicklungen oder Personen beeindruck- und beeinflussbar. Daher wird den Eigenschaften von Planung, Ordentlichkeit und Pünktlichkeit kein hoher Wert beigemessen.

Deshalb kann es im Umgang mit der Zeit und in der Termingestaltung zu Problemen kommen. Das Gebundensein an Termine kann zu einem Gefühl der Einschränkung und Festlegung führen und einen inneren Protest auslösen. Dieser richtet sich dagegen, zu einer bestimmten Zeit an einem gegebenen Ort sein zu müssen und nicht die Freiheit für eine andere Gestaltung zu haben. Zudem fällt ihnen eine rationale Zeiteinteilung schwer. Sie versuchen vieles gleichzeitig „unter einen Hut" zu bekommen, nehmen nicht ernst, wie viel Zeit sie benötigen, geraten dadurch regelmäßig unter Druck und kommen zu spät: „Menschen mit hysterischer Struktur haben meist ohnehin Schwierigkeiten, die Zeit einzuschätzen, die sie für etwas brauchen. Ein innerer Protest verstärkt das noch."[267] Das Zuspätkommen bringt den Betreffenden in den Mittelpunkt. Er fällt auf, lässt andere auf sich warten, was störend wirkt und die Beziehung negativ beeinträchtigt.

> Menschen, die ein großes Bedürfnis nach Beachtung haben, auch wenn diese Beachtung alles andere als freundlich ist, nehmen die aggressiven Gefühle, die sie bei anderen hervorrufen, in Kauf, wenn sie nur beachtet werden.[268]

Sie versuchen eher aus dem Stegreif und spontan auf neue Aufgaben zu reagieren, ohne sich vorher tief gehende Gedanken zu machen. Im „Hier und Jetzt" die eigenen Fähigkeiten aufblitzen zu lassen, einen schnellen Erfolg zu erzielen, wird als eine große, das Geltungsbedürfnis befriedigende Herausforderung angesehen. Ein planmäßiges Vorgehen in kleinen Schritten wird daher als mangelnde Intelligenz erlebt. „Nichts tun oder wenig tun und gleichzeitig großen Erfolg haben, ist für sie dagegen das

---

[267] König, K.: Arbeitsstörungen und Persönlichkeit, a.a.O., S. 87
[268] König, K.: Arbeitsstörungen und Persönlichkeit a.a.O., S. 89

unbezweifelbare Zeichen von Genie."[269] Schwer fällt ihnen, nach dem Auftauchen eines Wunsches oder Willensimpulses einen Handlungsaufschub einzulegen oder einen Spannungsbogen auszuhalten, getragen vom „antizipierenden Denken im Sinne des Probehandelns" (Freud). Ruhiger, beharrlicher Fleiß, ohne dass zunächst ein Ergebnis ersichtlich ist, fällt ihnen daher schwer. Mitunter gelingen Prüfungen ohne solide Wissensgrundlage durch Sich-Einstellen auf besondere Interessen und Marotten des Prüfers, durch Brillieren in „aparten" Wissensgebieten oder durch aphoristische Witzigkeit.

Der Arbeitsstil der histrionischen Persönlichkeit ist davon geprägt, aus wenig viel zu machen, „Mehr-scheinen-Wollen als man ist" (Karl Jaspers), großartig zu vereinfachen und charmant zu sein: „Dadurch, daß zuviel erstrebt wird, wird zuwenig erreicht."[270] Wenn es nicht gelingt, entsprechend den eigenen Ich-Ideal-Forderungen, hoch erstaunliche Leistungen zu erbringen, kann es zu heftiger Gekränktheit und Affektbereitschaft kommen. Auch gibt es die Tendenz, kompensatorisch diese Situationen zu erotisieren und zu sexualisieren, um mit diesen Mitteln zu strahlenden „Sofort-Erfolgen" zu kommen.

Die Erotisierung kann eine entsprechende Genugtuung und Aufwertung des gedrückten Ichs verschaffen, was im Leistungsbereich nicht erfolgt. Wenn es noch gelingt, Vorgesetzte bzw. den Chef in die erotischen Phantasien einzubinden, dann wird das Bedürfnis nach „Sofort-Erfolg" befriedigt nach dem Motto: „Das Leben ist ein Spiel und es wird nie ernst." Im Kollegenkreis oder im Team kann diese Tendenz zur Erotisierung neben denen der Rivalität und Affektbereitschaft zu Belastungen führen, weil die persönlichen Aspekte über die sachbezogenen triumphieren.

Bei histrionischen Menschen lassen sich bunte und vielgestaltige frühe Berufswünsche feststellen. Diese wechseln häufig und sind stark an entsprechend bewunderte Vorbilder wie z.B. Lehrer, Idole, Medienstars gebunden. Häufig liegt eine Entscheidungsunfähigkeit in Bezug auf die spätere Berufswahl vor, die mit der Unfähigkeit zu verzichten, mit Riesenerwartungen und mit der unsicheren inneren Werthierarchie im Zusammenhang steht. Durch ihre kommunikativen Fähigkeiten sind histrionische Persönlichkeiten besonders geeignet für Berufe, die persönlichkeitsgebunden sind, wo sie Flexibilität, augenblicksbezogenes Reagie-

---

[269] Heigl-Evers, A.: Zur Frage der hysterischen Abwehrmechanismen, a.a.O., S. 119
[270] Schwidder, W.: Zur Strukturspezifität von Arbeitsstörungen (1967), Zeitschrift für Psychosomatische Medizin, 13, S. 244–246

ren, Anpassungsfähigkeit und ihre Geltungsbedürfnisse einsetzen können.

So liegen ihnen Berufe, bei denen sie repräsentieren können, um den Glanz ihrer Persönlichkeit zu erhöhen. In Vertreterberufen, im Verkauf, im Handel und in den Dienstleistungen können sie ihre Fähigkeiten gut zur Geltung bringen. In ihrem Bemühen anderen zu gefallen sind sie Meister der ständigen Anpassung, des Erspürens von Kundenwünschen und des effektiven Networkings (Marketingpersönlichkeit [E. Fromm]). Überall wo sie Charme, körperliche Vorzüge, Improvisation, Spontaneität und Gewandtheit einbringen können, sind sie am richtigen Platz. So liegen ihnen Berufe, die Kontakt zur „großen Welt" versprechen und mit Reisetätigkeit verbunden sind wie z.B. Reiseleiter, Repräsentant, Designer, Grafiker, Fotomodell und Mannequin. Sie bevorzugen Arbeit im Schmuck- und Schönheitsbereich, in Gesundheitsberufen sowie im Hotel- und Gaststättenbereich. Ihre Darstellungsfreude kann sich vor allem in Berufen als Schauspieler, Tänzer, Sänger sowie im Medienbereich bewähren.

Der Verlust des Arbeitsfeldes wird wie eine Kastration erlebt, weil dadurch die Bestätigung aus dem Beruf wegfällt, die ihnen ein Gefühl von Potent-Sein gegeben hat. Alter, Vergänglichkeit und Tod werden von ihnen geleugnet und sie bewahren sich ihre Illusion von „ewiger Jugend" und von einer Zukunft voller Möglichkeiten. Sie versuchen jugendlich zu wirken, was sich in Verhalten und Kleidung ausdrückt, oder umgeben sich mit jüngeren Partnern. Häufig leben sie dann von ihren Erinnerungen, die sie wunschgemäß verklären und in denen sie die Hauptrolle spielen.

4.6.5 Histrionische Personen in Führungsfunktionen

Histrionisch strukturierte Persönlichkeiten in leitenden Positionen sind gute Initiatoren, können sich gut vertreten, repräsentieren und ihre Mitarbeiter begeistern und mitreißen. Wichtig erscheint, dass sie über ausreichend Kooperation und geeignete Angestellte verfügen, welche die initiierten Projekte aus- oder zu Ende führen. Da sie den erforderlichen Zeitaufwand unterschätzen, reagieren sie mit Ungeduld, wenn die Ergebnisse nicht schnell genug vorliegen. Ihre Neigung zur Spontaneität kann dazu führen, dass sie voreilige Entscheidungen fällen, die sich auf wenige oder lückenhafte Informationen stützen. Hier benötigen sie entsprechende Fachleute, die diese Spontaneität mit Sachverstand und Kontinuität ausgleichen können. Als Chef haben sie Mühe, eine klare Richtung vorzugeben und dauerhafte, tragfähige Beziehungen zu ihren Mitarbeitern herzustellen. Manche Vorgesetzte schüren die Konkurrenz unter ihren Beschäftigten, um diese auf Abstand zu halten. Sie versuchen, sie in Fraktionen aufzuspalten, um ihre Position nach dem Motto „teile und herrsche" zu festigen.

Häufig wurde die Konkurrenz mit dem Vater selbst als konflikthaft erfahren, so dass sie Konkurrenzbeziehungen intensiver erleben. Daher fürchten histrionische Männer in Führungsfunktionen die Konkurrenz anderer Männer und wollen der potenteste Mann sein. Sie neigen dazu, sich mit Mitarbeiterinnen zu umgeben. Ihre eigene Unsicherheit bezüglich ihrer Identität (auch sexuell) und ihrer Attraktivität projizieren sie aus einem identifikatorischen Irrtum heraus auf ihre Mitarbeiter. Beide Geschlechter präsentieren sich betont männlich bzw. feminin, so dass sich Mitarbeiter und Mitarbeiterinnen in sie verlieben. So kommt es zu Rivalität, Neid und Eifersucht unter den Beschäftigten, was zu einem häufigen Wechsel des Personals führt, wobei viele im Streit gehen.

4.6.6 Fallvignette

a) Anamnese

Die 36-jährige Patientin, von Beruf Friseuse, stammt aus einer Familie, in der die Frauen sich selbstlos und aufopfernd verhielten. Der Vater sei von Beruf selbstständiger Bäckermeister gewesen, habe für den Betrieb gelebt und sich in der Familie unnahbar gegeben. Die Patientin erlebte ihre Kindheit sowohl harmonisch als auch chaotisch. Im Elternhaus habe eine Atmosphäre von Emotionalität und Dramatik geherrscht. Besonderer Wert wurde auf eine gute Fassade (Aussehen, Kleidung usw.) gelegt. Ihre Mutter habe sich gegenüber der Frauenrolle abwertend geäußert. So hat die Patientin Schuldgefühle empfunden, weil sie und die Schwester schuld an der Unzufriedenheit der Mutter seien. Einerseits wurde sie als die „Kleine" der Schwester vorgezogen, durfte die Prinzessin sein, gleichzeitig habe sie in einer Rivalität mit Mutter und Schwester gelebt. Als frühe Kindheitserinnerung schildert sie eine geschäftliche Autofahrt mit dem Vater, bei der sie alleine seine Aufmerksamkeit genießen konnte. Als

„Lieblingskind" des Vaters habe sie versucht, Anerkennung durch gute Leistungen zu bekommen.

Die Patientin habe mit 18 Jahren zum ersten Mal geheiratet. Es folgten zwei weitere Ehen und eine weitere Partnerschaft, aus der eine 5-jährige Tochter stamme. Zurzeit sei sie wieder auf Partnersuche.

b) Symptomatik

Die Patientin berichtet von Problemen am Arbeitsplatz mit ihrer Chefin, die sie als ungerecht und fordernd erlebt. Einerseits idealisiere sie die Chefin, identifiziere sich mit ihr, empfinde sie attraktiver und erfolgreicher als sich selbst. Andererseits fühle sie sich von ihr beschämt durch abwertende Bemerkungen über ihr Privatleben. Seit längerer Zeit fühle sie sich bei der Arbeit unwohl. Anfänglich habe sie gerne mit den Kunden gearbeitet, jetzt habe sie das Interesse und das Vertrauen verloren, am liebsten würde sie sich jetzt umschulen lassen. Ähnliche Ablehnungsgefühle kenne sie aus der Schulzeit und aus Beziehungen, wenn z.B. Freundinnen sich behaupten und ihre Wünsche durchsetzen. Sie selbst könne sich nur durch Dramatisieren in den Mittelpunkt bringen. Wenn sie sich nicht verstanden fühle, ziehe sie sich innerlich zurück. Häufige Enttäuschungen in Beziehungen, vor allem mit Männern, hätten zu Kontaktabbrüchen und Einsamkeitsgefühlen geführt.

Die Symptomatik brach kurze Zeit nach dem Tod des Vaters aus. Dieser sei längere Zeit krank gewesen. Gemeinsam mit der Mutter sei sie bei ihm gewesen, als er verstarb. Die Mutter sei dabei eingeschlafen. Dies habe die Patientin ihr nie verziehen. Früher habe sie ihre Mutter für ihre Schönheit bewundert und wollte eine enge Beziehung zu ihr haben. Die unzufriedene, hilflose Mutter konnte der Patientin keine ausreichende Wärme geben, sondern verhielt sich enttäuschend. Zuerst verteidigte die Patientin die Mutter, erlebte ihre ambivalenten Gefühle und hat nur teilweise eine Identifikation mit ihr gewagt. Nach dem Tod des Vaters erlebte sie die Mutter als schwach und hilfsbedürftig, was Ablehnungsgefühle bei ihr hervorrief. Als die Mutter Trost bei der Patientin suchte, geriet diese in Affekt, hatte das Gefühl, dass die Mutter etwas inszeniert und alltägliche Ereignisse emotionalisiert, um mit dem Tod des Vaters fertig zu werden. Die Patientin leidet unter Stimmungsschwankungen und innerer Unruhe und kann schwer allein sein. Sie befürchtet Ablehnung und allein dazustehen. Ohne einen Mann an ihrer Seite fühle sie sich als

Frau wertlos und verachtenswert. In der Beziehung zum Mann spüre sie ihre weibliche Unsicherheit deutlich und versuche sich durch sexuelle Attraktivität, auch durch Häufigkeit der Sexualität, als bedeutend zu erleben. Mit ihrem koketten Auftreten (langes Haar, aufreizende Kleidung) möchte sie Anerkennung über ihr Aussehen bekommen, um so ihr Selbstwertgefühl aufzuwerten. Als ihre Tochter sich dem Vater verstärkt zuwendet, belebt sich ihr altes Rivalitätserlebnis mit der Mutter, einhergehend mit Konflikten ihrer eigenen Weiblichkeit, die sie auf die Tochter überträgt.

c) Therapieverlauf

Aus der Biographie der Patientin wird deutlich, dass sie versucht hat, gute Leistungen zu erbringen, um die Zuwendung der Eltern zu bekommen. Ihre tief sitzende Lebensangst wird reaktiviert und die Patientin meidet daher Situationen, in denen sich ihr Autonomiestreben meldet. Sie befürchtet angeschaut und geprüft zu werden und hat die Phantasie, dass ihr Selbstbehauptungspotential die Sicherheit in der Beziehung zu den Eltern zerstören würde. Konfrontiert mit ihrer Angst vor Ablehnung und Kritik, erkennt sie Parallelen zu Gefühlen, wenn sie in der Kindheit allein auf sich gestellt war.

In der Übertragung und Gegenübertragung ist ein Widerstand zu spüren. Es gab unfreiwillige Unterbrechungen der Therapie, weil zunächst die Patientin selbst und dann ihr Kind erkrankt war. Sie berichtet, dass sie solche Unterbrechungen auch in Beziehungen erlebe. Kontakte brechen einfach ab und sie kann schwer die Beziehung wieder herstellen. Als der Therapeut genauer in Richtung Widerstand nachfragte, wie sie sich in der Beziehung zum Therapeuten fühle, reagierte sie mit Affekt (anhaltendem Weinen) und sagte: „Sie waren bisher der Einzige, der mich verstanden hat, und jetzt verliere ich Sie auch noch." In der Folgezeit äußert sie versteckte Kritik: „Warum hängen die Bilder im Therapieraum so niedrig?", „In der Toilette fehlt ein Spiegel." Deutlich wird ihr Wunsch zu idealisieren, sich durch abwertende Bemerkungen über andere selbst aufzuwerten. Ebenso ist ihre Selbstunsicherheit als Frau zu spüren, die sie durch kokettes Verhalten zu überdecken versucht. Anfänglich idealisiert sie das Männliche und versucht durch mütterliches Verhalten ihre fehlende Eigenständigkeit zu kompensieren. Sie kann sich für sich selbst und ihre Bedürfnisse zu wenig einsetzen und dafür Verantwortung übernehmen, erwartet vom Therapeuten Geborgenheit und die Befriedigung ihrer Anlehnungswünsche.

In der Fortführung der Therapie erscheint die Patientin weicher, ihr kommen jetzt häufiger die Tränen und sie kann jetzt mehr Nähe in den Sitzungen zulassen. Sie wird mit den Fragen konfrontiert, was ihre Männerbeziehungen mit ihrer Vaterbeziehung zu tun haben könnten, warum sie sich immer wieder Männer aussucht, von denen sie enttäuscht wird, ob sie sich von ihrem Vater, der an Krebs verstorben ist, im Stich gelassen gefühlt habe und ihm unbewusst treu bleiben möchte. Sie erinnert sich dabei an die schwierige Beziehung zum Vater aber auch an seine Fürsorge, seine Beständigkeit: „Ein Mann, der beständig ist wie eine deutsche Eiche."

4.7 Folgerungen für die Persönlichkeitsstile

Die differenzierte Beschreibung der spezifischen Arbeitsstile und Arbeitsstörungen der einzelnen Persönlichkeitsstrukturen bringt zum Ausdruck, dass ein enger Zusammenhang zwischen gestörtem Arbeitsverhalten und der jeweiligen Charakterstruktur formuliert werden kann.

Wichtig erscheint mir zu betonen, dass jede Arbeitshaltung auch konstruktive Aspekte aufweist und dass erst die Einseitigkeit und die Fixierung auf ein eingeschränktes Repertoire von Verhaltensmöglichkeiten zu Problemen beim Arbeiten führen.

In der Auseinandersetzung mit den verschiedenen Persönlichkeitsstrukturen und deren spezifischen Arbeitshaltungen wie auch deren Arbeitsstörungen wurde mir deutlich, dass in jeder Persönlichkeit ganz bestimmte Werte, Normen und Traditionen verinnerlicht sind, die mit Identifizierungen einhergehen und spezifische Ängste mit sich bringen. Eine Veränderung und Erweiterung dieser Persönlichkeitshaltungen in Richtung eines produktiven Arbeitsstils müsste die Veränderung dieser Werte und Normen sowie die spezifischen Ängste einbeziehen.

In diesem Sinne ist es Aufgabe des arbeitenden Menschen, die beschriebenen Vorteile und Mängel seiner Persönlichkeitsstruktur zu realisieren und an einem Ausgleich zu arbeiten. Dieser verläuft in Richtung einer Vervollkommnung, damit auch eines Prozesses der Personwerdung und führt zu seiner Ganzwerdung. Im Arbeitsprozess macht jeder zumindest gelegentlich die Erfahrung, dass ihm die Arbeit gelingt und sinnvoll erscheint. Wenn Arbeit in dieser Hinsicht als die „eigene Sache" betrachtet wird, entdeckt der arbeitende Mensch Möglichkeiten der Selbstverwirklichung, die er vorher übersehen hat. Parallel zur Entdeckung der eigenen Kreativität schärft sich der Blick des arbeitenden Menschen für unnötige Routinearbeit, Ausbeutung und Ungerechtigkeit, denn er will seine Zeit mit sinnvoller Tätigkeit füllen, von der er nicht nur in wirtschaftlichem Sinne profitiert.

Daraus kann eine Lebenshaltung entwickelt werden, die sich an höheren, übergreifenden Werten orientiert, wie sie in Kunst und Kultur vertreten sind. Dabei ist eine Einstellung denkbar, die Schönheit als einen Wert begreift (F. v. Schiller), der verwirklicht wird, wenn eine „schöne" Arbeit vollbracht ist oder ein gelungenes Produkt entsteht.

5 Subjektives Erleben von Arbeitsstörungen

5.1 Einführung und Methodik

Bis hierher erfolgte die tiefenpsychologische Beschreibung der Einflussfaktoren und Bestimmungsgründe für Arbeitsstörungen. Im folgenden wird der tiefenpsychologische Ansatz in einen empirischen, praxisnahen Zusammenhang gestellt.

Die Grundlage der Untersuchung bildet eine Befragung von 42 Personen (von 60 ausgeteilten Fragebögen wurden 42 beantwortet zurückgegeben). Die Befragten sind überwiegend Patienten bzw. ehemalige Patienten aus meiner eigenen psychotherapeutischen Praxis sowie Menschen bzw. Kollegen aus meiner näheren Umgebung. Dadurch ist die vergleichsweise hohe Rücklaufquote von 70 % zu erklären.

Es handelt sich bei dem Kreis der Antwortgebenden also um eine spezifische Auswahl, die keiner statistischen Stichprobe bzw. Normalverteilung entspricht und somit keine Repräsentativität verkörpert. Das Anliegen meiner Befragung stellt vielmehr eine qualitative Untermauerung der erfolgten theoretischen Ausführungen dar und soll damit zu einer praxisnahen Veranschaulichung meiner Arbeit führen.

Die ermittelten Ergebnisse bilden im tiefenhermeneutischen Sinne eine Exemplifizierung der theoretischen Ausführungen und werden in Fallvignetten veranschaulicht. Hierbei werden gesammelte Erfahrungen und Datenmaterial mit Patienten, die wegen Arbeitsstörungen in die Praxis kamen oder bei denen sich solche Störungen im Laufe der Behandlung herauskristallisiert haben, einfließen und somit eine empirische Fundierung erfahren. Die Beschreibung des subjektiven Erlebens der Betroffenen ergibt einen anschaulich-praktischen Zugang zu dem vorliegenden Thema. Grundlage ist ein halb-strukturierter Fragebogen, dessen Ergebnisse aufbereitet, interpretiert und so in die Arbeit integriert werden. Grundlage für diese Interpretation bilden die theoretischen Ausführungen von Wilhelm Dilthey, der bereits im 19. Jahrhundert die Methode des hermeneutischen Verstehens beschrieben hat.[271]

Er hat sich mit der Idee der Struktur des Seelenlebens sowie mit Strukturmodellen und einer Hierarchie von Strukturen auseinander

---

[271] Dilthey, W.: Ideen über eine beschreibende und zergliedernde Psychologie (1894), in: Gesammelte Schriften Bd. V, Göttingen-Zürich 1990

gesetzt. Das hermeneutische Verstehen geschieht auf der Grundlage einer Ganzheitsbetrachtung, von der aus die einzelnen Details der Persönlichkeit verstehend zergliedert werden. Aber auch umgekehrt ist ein verstehendes Schließen von einer Summe von Einzelphänomenen zu einer gesamten Totalität möglich, was schließlich das Gesamthafte einer Person verdeutlicht.

5.2 Sozialer Hintergrund der Befragten

Im ersten Schritt der Auswertung erfolgt eine Darstellung und Interpretation der sozialen Angaben der befragten Personen, um einen Querschnitt über deren Erfahrungs- und Lebenshintergrund zu bekommen.

Bei der Unterscheidung der Befragten nach ihrem Geschlecht überwiegt hier der Anteil der Männer mit knapp 60 % (58,97 %), währenddessen der Anteil der Frauen sich auf gut 40 % (41,03 %) beläuft. Diese Auswahl ergibt sich dadurch, dass ich als männlicher Therapeut auch eine Mehrzahl an männlichen Patienten behandle. Ich bin in einer Gemeinschaftspraxis mit meiner Frau und Kollegin tätig, die eine Mehrzahl von Frauen behandelt. Bei der Anmeldung und im Erstgespräch wird besonderer Wert darauf gelegt, welche Geschlechtskonstellation für den jeweiligen Patienten am günstigsten erscheint. Daher existiert hier keine klassische Verteilung der Psychotherapiepatienten, wie sie normalerweise anzutreffen ist.

Bei der Altersverteilung der Befragten ergibt sich eine besondere Häufung bei den 40 – 50 Jährigen (35,9 %). Es folgen die Gruppen der bis 30-Jährigen (17,95 %), der über 60-Jährigen (ca. 20 %) und schließlich die Altersgruppen der bis 40-Jährigen und bis 60-Jährigen, die mit jeweils 13 % vertreten sind.

Befragt nach der Lebensform, lebt die Mehrheit der Probanden in einer Partnerschaft oder in einer Ehe (46,15 %). Es folgen die Alleinstehenden/Singles) (41 %) und dann die Geschiedenen oder Getrenntlebenden mit ca. 13 %. Erstaunlich ist, dass rund 60 % der Befragten keine Kinder (58,97 %) haben, gut 23 % haben ein Kind und 15 % zwei Kinder; nur wenig (2,56 %) haben drei Kinder und mehr, was aufgrund der veränderten Familienstrukturen heutzutage nicht mehr verwunderlich erscheint.

Eingestuft nach den Schulabschlüssen, ergibt sich, dass fast 77 % über Abitur verfügen, ca. 18 % die Realschule und ca. 5 % die Hauptschule besucht haben. Von den Abiturienten haben rund 18 % ihre Hochschulreife über den 2. Bildungsweg erworben, was darauf hinweist, dass sich unter den Befragten ein beträchtlicher Anteil befindet, der erst nach Abschluss einer Berufsausbildung oder entsprechender Berufspraxis den Bildungszugang erworben hat. Im Vergleich zur allgemeinen Schulbildung in Deutschland lässt sich feststellen, dass fast die Hälfte der Bürger die Hauptschule besucht, über ein Viertel die Realschule und nur gut ein Fünftel die Fachhochschul- oder Hochschulreife erworben hat.

Bei der Frage nach der beruflichen Ausbildung ist festzustellen, dass jeder Fünfte in einem kaufmännischen/wirtschaftlichen Beruf, rund 8 % in einem medizinischen oder pädagogisch/erzieherischen Beruf ausgebildet wurden. Erstberufe in technischen oder künstlerischen Berufen sind nur mit jeweils 5 % oder 2,5 % vertreten. Dabei ist darauf hinzuweisen, dass mehr als die Hälfte der Befragten keine berufliche Ausbildung absolviert hat. Unter den Befragten sind viele, die ihre Berufsqualifikation über ein Studium erwarben (ca. 56 %), ohne zuvor eine berufliche Bildung durchgeführt zu haben.

Bei der Verteilung der Hochschulabschlüsse zeigt sich, dass gut drei Viertel der Befragten ein Studium abgeschlossen haben. Dabei nimmt das geisteswissenschaftliche Studium mit einem Drittel den ersten Rang ein, gefolgt von den Wirtschaftsstudenten (18 %), den Befragten mit technischem Studium (10 %), medizinischem Abschluss (8 %) und pädagogischen, künstlerischen und Verwaltungsstudien (jeweils 2,5 %).

Besonders auffallend ist, dass ein großer Teil der Befragten über mehrere Berufe verfügt (knapp 40 %) und damit die neuerdings geforderte Flexibilität in der Berufstätigkeit verwirklicht. Hierin ist auch der Anteil der Befragten enthalten, die erst später in ihrem Berufsleben die Qualifikation für die Hochschule erworben und dann eine andere Richtung in ihrem beruflichen Werdegang eingeschlagen haben. Es handelt sich teilweise also um Lebens- und Berufsverläufe, die nicht geradlinig verliefen, sondern verschiedene Brüche und Weiterentwicklungen aufweisen. Nach dem Postulat des „Lebenslangen Lernens" ist es hierbei oft zu Höherqualifikationen über den 2. Bildungsweg oder das Sonderbegabtenabitur gekommen. Dagegen konnten sich knapp 55 % mit ihrem ersten Beruf behaupten, in dem sie weiterhin darin tätig sind.

Bei der Geschwisterverteilung konnte ermittelt werden, dass die meisten Befragten die Stellung als jüngstes Kind einnehmen, gefolgt von den Ältesten und den Einzelkindern. Auffällig ist, dass keine mittleren Kinder in der Befragung vertreten sind.[272] Diese Erscheinung könnte unter Umständen typisch für die Inanspruchnahme von Psychotherapie sein, was einer weiteren Erforschung bedarf.

5.3 Symptombilder von Arbeitsstörungen

Bei der Auswertung der Ergebnisse der Befragung lässt sich feststellen, dass sich die ganze Bandbreite von Symptomen in den Antworten wiederfindet und somit ein repräsentatives Bild über das Phänomen Arbeitsstörungen hergestellt wird.[272]

Besonders häufig fühlen sich die Befragten von Konzentrationsstörungen betroffen, denn jeder Zweite gibt dies als Symptom an (22)[*]. Als nächstbedeutsame Symptome wurden Zeitdruck, etwas auf den letzten Drücker Tun oder allgemein Druckgefühle (19 bzw. 18) genannt. Mehr als die Hälfte der Befragten empfindet als Folge bei sich einen Widerwillen, inneren Protest oder sogar eine Verweigerungshaltung (18), was dazu führt, dass die Betreffenden nicht zur eigentlichen Hauptsache der Arbeit vorstoßen, sich gegen die Arbeit erst einmal sträuben und dagegen innerlich protestieren. Häufig kommt es dann zu einer Tendenz, die Aufgabe hinauszuschieben oder sich in Details aufzuhalten und so in der Produktivität behindert zu sein (jeweils 17). Oft führt dies auch zu einem Gedankenkreisen (15), was die Handlungsfähigkeit einschränkt, begleitet von hohen Perfektionsvorstellungen, also alles ganz genau machen zu wollen (14).

Zu diesem Symptombereich zählt das Bedürfnis, erst einmal viel Material zu sammeln (9), lange Vorbereitungen zu treffen (8) und die Qual des Anfangs, nichts auf das Papier zu bekommen (7).

Alle diese Symptome können sich im Sinne eines Circulus vitiosus psychodynamisch gegenseitig verstärken. So kann z.B. ein inneres Druckgefühl dazu beitragen, dass die anstehende Aufgabe aufgeschoben wird, und umgekehrt können das Aufschieben und die Neigung, alles auf

---

[272] vgl. *Grafiken Nr. 3.1 Sozialer Hintergrund der Befragten und Nr. 3.1.1–3.1.10, s. Anhang S. 211–215*
vgl. *Grafiken Nr. 3.2 Äußerungsformen der Arbeitsstörungen und Nr. 3.3 körperliche Beschwerden, s. Anhang S. 216 und 217*

[*] Diese und die folgenden Zahlen in Klammern beziehen sich auf die Anzahl der Nennungen.

den letzten Drücker zu tun, dazu führen, dass ein inneres Druckgefühl entsteht.

Besonders ausgeprägt erscheint das Ausweich- und Vermeidungsverhalten, das in verschiedenen Variationen (58) geschildert wird. So scheinen Putzen, Waschen, Einkäufe aber auch Aufräumen oder Telefonieren und Zeitunglesen sowie Fernsehen, Internetsurfen und Computerspiel (jeweils 13) geläufige Handlungen zu sein, um sich von der eigentlichen Arbeit abzulenken. Ein bestimmter Anteil entscheidet sich lieber für die Möglichkeit, sich mit Freunden zu treffen (6), als sich der anstehenden Aufgabe zu widmen. Nicht wenige neigen dazu, die Frustrationserlebnisse aus der Arbeit so zu bewältigen, dass sie unbewusst Streit mit dem Partner suchen oder soziale Konflikte erleben (8). Knapp ein Viertel berichtet von ausgeprägter Müdigkeit und dem Bedürfnis zu schlafen (9) und ebenso viele entwickeln Tagträumereien und Phantasien (auch erotische Phantasien), um so die an sie gerichteten Anforderungen von sich fern zu halten.

Fast die Hälfte der Befragten (20) beschreibt bei sich Ersatzbefriedigungen wie süchtiges Verhalten (Naschen, Essen, Trinken, Rauchen), um sich mit etwas Angenehmem zu verwöhnen. Eine ähnliche Verwöhnungshaltung zeigt sich auch in der eher lustorientierten Einstellung, sich erst einmal etwas zu gönnen oder sich zunächst mit den leichteren Seiten einer Aufgabe zu beschäftigen, bevor der Ernst des Lebens beginnt (8). Auch der Hang, sich nicht festlegen zu können, und leichte Ablenkbarkeit werden von knapp einem Viertel geschildert. Eine gleich große Gruppe berichtet von Flüchtigkeit, Ungenauigkeit und einer hohen Fehlerquote in ihrem Arbeitsverhalten, was von ihnen auch als problematisch eingestuft wird.

Eine Tendenz zu einem Suchtverhalten (Arbeitssucht) kann bei den Personen vermutet werden, die ihren Lebensinhalt ganz auf die Arbeit abstellen, in ihr aufgehen und selbst bei Krankheiten sich als unabkömmlich empfinden (8). Wieder andere berichten von einer nicht effektiven Arbeitsweise, die mit Unzufriedenheit, Ärger und Frustration (8) einhergeht.

Einen weiteren Schwerpunkt bei den Symptomen bilden die Angstsymptome wie Versagensangst, Unruhe, Nervosität, Panik (14), die das Verhältnis zur Arbeit in Leistungssituationen und Prüfungen beeinträchtigen.

Ähnlich stark werden depressive Reaktionen erlebt, die mit Überforderungsgefühlen, schlechtem Gewissen und Schuldgefühlen einhergehen (12).

Bei den körperlichen Beschwerden, die als Folge- bzw. Begleitphänomene der vorhandenen Arbeitsstörungen beschrieben werden, fällt besonders die Häufigkeit der Schlaf- und Erholungsstörungen auf, wobei eigentliche Schlafstörungen (13) sowie Müdigkeit und Erschöpfung (22) als Symptome angegeben werden.

Einige Antworten beschreiben Störungen im Bereich der Sinnesorgane wie Ohrenklingeln, Druck im Kopf, Schwindel und Sehstörungen (10). Besondere Probleme bereiten jedoch Kopfschmerzen und Migräne (12). Andere Befragte schildern Störungen im Verdauungssystem (10) und ganz speziell Druck in der Magengegend (10). Wieder andere sind durch Störungen im Herz-Kreislauf-System (10) betroffen wie erhöhten Blutdruck und Herzbeschwerden. Insbesondere werden Schweißausbrüche und Erröten (11) als störende Symptome geäußert.

Als nächste Problemgruppe werden Störungen im Skelett- und Muskulatur-System genannt, was alle Formen von Verspannungen oder Verkrampfungen im Hals-, Rücken- und Lendenbereich einschließt (8). Manche Befragte registrieren Störungen im Bereich der Atmungsfunktion, insbesondere Atembeschwerden, Reizhusten und Infekte (7), während Störungen im Bereich des Urogenital-Systems nur von wenigen Personen registriert werden (4).

Einen besonderen Schwerpunkt bildet eine Gruppe von Störungen, die durch Angst/Stress/Überforderung ausgelöst werden (29), wie besonders Unruhe- und Spannungszustände, Angstträume, Panik, inneres Zittern und kalte, zittrige Hände. Der Zusammenhang zwischen angstbesetzten Drucksituationen und körperlichen Reaktionen, wie sie im Arbeits- und Leistungsbereich nahe liegen, kommt hier also deutlich zum Ausdruck.

Auf den ersten Blick scheinen die geschilderten Symptome keiner bestimmten Charakterhaltung zuordenbar zu sein. Einzelne Symptome können sowohl bei der einen als auch bei der anderen Persönlichkeitsstruktur von Bedeutung sein. Einzelne Symptome ergeben noch kein Charakterbild. Erst wenn einzelne Strukturelemente auf ein gesamtes Konstrukt bezogen werden, kann ein Gesamtbild entstehen, das ein Persönlichkeitsprofil ergeben kann. Entscheidend ist hierbei, wie die Elemente kombiniert werden - also die Anordnung der Elemente ergibt ein sinnvolles Ganzes (Dilthey'sches Strukturmodell).

Bei genauerer Betrachtung können somit Zusammenhänge, z.B. zu einer Angstproblematik, hergestellt werden, wenn die Einzelsymptome von Angst- und Panikgefühlen, Versagensangst, sozialer Hemmung, gelernter Hilflosigkeit sowie Ausweich- und Vermeidungsverhalten den körperlichen Korrelaten wie Unruhe- und Spannungszustände, Angstträume, Schweißausbrüche, Schwindel, Verdauungsprobleme (Durchfall) subsumiert werden.

Auf depressive Erlebnisweisen kann geschlossen werden, wenn Symptome wie Konzentrationsstörungen, Gedankenkreisen, Druckgefühl, soziale Gehemmtheit, schlechtes Gewissen, die Zeit nicht zu nutzen, lieber etwas für andere zu tun, selbst bei Krankheit zur Arbeit zu gehen (Altruismus), langsames Vorankommen und die körperlichen Begleiterscheinungen von Spannungszuständen, Erschöpfungsgefühlen, Müdigkeit, Schlafstörungen sowie Verstopfung auftreten.

Viele Befragte beschrieben Symptome, die zwanghaftem Erleben nahe stehen, wie Hinausschieben, hohe Perfektion, nichts aufs Papier bringen zu können, sich in Details aufzuhalten, lange Vorbereitungen zu treffen, Material zu sammeln und anzuhäufen, alles auf den letzten Drücker zu tun, Druckgefühle, Gedankenkreisen, Widerwillen, Verweigerung, Protest, zwanghafte Gedanken und Grübeln sowie Ausweichverhalten durch Zögern, Aufräumen, Ordnen. Auch die körperlichen Sensationen von Magendruck, erhöhtem Blutdruck und Rückenverkrampfung passen dazu. Zudem neigen diese Menschen dazu, sich durch Nebenkriegsschauplätze wie Streit mit dem Partner oder soziale Konflikte ein Ventil zu schaffen.

Bei narzisstischen Charakteren finden wir Kritikempfindlichkeit, Rückzugstendenz, überhöhte Erwartungen an sich und andere, Ehrgeizhaltung, zu viele Projekte auf einmal (Größenphantasien), bei narzisstisch verwöhnten auch lustorientiertes Verhalten, Ausweich- und Vermeidungstendenz durch Körperpflege, Einkäufe usw.

Histrionische Persönlichkeiten zeichnen sich durch Symptome aus wie Flüchtigkeit, Ungenauigkeit, eine hohe Fehlerquote, leichte Ablenkbarkeit, Fülle von Projekten, der Gewohnheit, alles auf den letzten Drücker zu tun, Hinausschieben, Zeitdruck, dem Problem, sich nicht festlegen zu können, Widerwillen, lustorientiertes Verhalten, (erotische) Phantasien und Tagträume, ausgeprägtes Ausweich- und Vermeidungsverhalten (Internet, Telefonate, Einkäufe). Aber auch körperliche Reaktionen im Bereich der Sinnesorgane, wie Schwindel, Schlafstörungen,

Müdigkeit, Übelkeit, Herzprobleme und sexuelle Funktionsstörungen, lassen sich feststellen.

Personen mit schizoider Struktur sind dadurch erkennbar, dass sie in einer einsamen Welt leben, soziale Konflikte haben, soziale Gehemmtheit zeigen, als Ausweichverhalten sich im Internet beschäftigen oder Musik hören und als körperliche Reaktionen Störungen im Bereich der Sinnesorgane empfinden, was ihre Sensibilität im Sozialkontakt weiter einschränkt.

Psychosomatische Reaktionen können sich als Somatisierungsstörung oder somatoforme Schmerzstörung in Kopfschmerzen, Migräne oder Magenbeschwerden ausdrücken. Menschen mit Essstörungen erleben Essanfälle, neigen zum Naschen, Essen und Trinken.

Beim Versuch, die Symptome in Bündeln zur Charakteristik von Persönlichkeitsstrukturen einzuordnen, wurde mir deutlich, dass diese nicht aussagekräftig genug sind und die Persönlichkeitsstrukturen zu wenig differenzieren. Erlebte Konzentrationsstörungen oder Unruhe- und Spannungszustände können bei verschiedenen Charakterstrukturen als Symptom auftreten. Auch der Untersuchungsumfang von 42 Personen ist zu gering, als dass repräsentative Differenzierungen möglich werden, die aufschlußreicher erscheinen.

Um in tiefenhermeneutischer Vorgehensweise zu Struktureigenschaften zu kommen, ist es erforderlich, im Sinne des hermeneutischen Zirkelschlusses von dem Einzelsymptom zu einem Bündel von Symptomen und der dahinter liegenden Ganzheitsbetrachtung zu kommen und umgekehrt von der Darstellung der Ganzheit eines Phänomens auf die dazugehörigen Einzelsymptome zu schließen (Dilthey).

Um das subjektive Erleben der Probanden besser zu verstehen, erscheint es erforderlich, die biographische Lebens- und Arbeitsgeschichte mit einzubeziehen, damit die inneren Motive für das Handeln oder unterbliebenes Handeln nachvollziehbar werden.

5.4 Biographie der Arbeits- und Lerngeschichte

In den Antworten zum Fragebogen wird sichtbar, wie viele Aussagen über die Arbeit in „familiären Weisheiten" in Form von Sprüchen vermittelt wurden. Diese wurden als Kind verinnerlicht. Als Erwachsene empfinden sie diese „Weisheiten" heute in ihrer Ambivalenz: Ihr Verstand lässt sie darüber lächeln, ihre emotionale Beteiligung lässt sie daran leiden. Die Sprüche bewirkten, dass sie diese im Sinne einer sich selbst erfüllenden Prophezeiung (self-fulfilling prophecy) ihr Leben lang im Gedächtnis behielten und sich nach ihnen ausgerichtet haben. Auch wenn sie sich bewusst dagegen wehrten, war die Kraft des Unbewussten zu spüren.

Folgende Antworten wurden von den Teilnehmern der Untersuchung geäußert:

- „Erst die Arbeit, dann das Vergnügen!"
- „Das Leben ist kein Zuckerschlecken!"
- „Was man beginnt, macht man auch zu Ende!"
- „Der Lebensinhalt ist Arbeit!"
- „Arbeit sofort erledigen!"
- „Arbeit schadet nicht!"
- „Das Leben ist Arbeit!" – Dahinter steckte der Traum vom eigenen Häuschen und von Entlastung vom Arbeitsstress.
- „Arbeit ist nützlich zum Geldverdienen!"
- „Arbeit muss nicht Spaß machen!"
- „Auch bei Krankheit geht man zur Arbeit!"
- „Es gibt keine echte Freiheit, man ist irgendwie immer im Getriebe!"
- „Arbeit schändet nicht!"
- „Arbeiten als solches ist ein hoher Wert – auch in der Freizeit!"
- „Immer Arbeit haben!"
- „Nie die Arbeit verlieren."
- Vater: „Ich war nie arbeitslos!"
- „Nicht nur arbeiten, sondern sich nach vorne arbeiten. Besondere Stellung im Arbeitsleben einnehmen. Hohe Position, hohes Gehalt anstreben. Materielle Sicherheit anstreben. Geld war ein großes und ständiges Thema. Sparen, nichts für ‚unvernünftige Sachen' ausgeben. Sich Taschengeld verdienen, nicht von den Eltern gewährt bekommen."
- „Wenn nicht Definition über Leistung, wodurch dann?"
- „Durch das Abitur und Studium habe ich mir eine gewisse Identität erarbeitet, ich empfinde sie oberflächlich, da ich zu leicht durch Leistungsanforderungen oder Fehler zu verunsichern bin, anschließend von selbstzerstörerischen Scham- und Schuldgefühlen und Härte mir selbst gegenüber geplagt werde".
- „Du sollst etwas Vernünftiges und Solides machen, das ein sicheres Einkommen verspricht!"
- „Wenn du deinen Eltern eine Freude machen willst, dann strenge dich an!"

- „Es gibt keine echte Freizeit, man sollte immer etwas Nützliches tun!"
- „Dienen oder Befehlen!"
- „Du suchst wohl die Herausforderung, das Ziel in noch weniger Zeit zu erreichen!"
- „Ich kann, wenn ich will!"
- „Du kannst, wenn du willst!"
- „Das Erreichen von Status und Macht verspricht Freiheit und Wohlstand!"
- „Das alles kann nur durch Arbeit und Lernen erreicht werden!"
- „Du musst wissen, was das Lernen dir wert ist!"
- „Man kann nie genug lernen!"
- „Lernen um zu lernen!"
- „Du lernst für dich und deine Zukunft!"
- „Meine Lernhaltung am Gymnasium war ambivalent. Ich galt als sehr fleißig, weil ich lange am Schreibtisch saß und in der Schule sehr ordentliche und gewissenhafte Arbeiten abgab. Dennoch habe ich nicht effektiv gearbeitet, sondern mich in dieser Zeit oft mit Depressionen herumgeschlagen."
- „Wenn du sitzen bleibst, brauchst du nicht mehr nach Hause zu kommen!"
- „Aus den Augen, aus dem Sinn!" – hinsichtlich Schule und Hausaufgaben.
- „Streng dich an – sei doch nicht so blöd!"
- „Das ist nicht schön genug – pass doch besser auf!"
- „Wenn du nur wolltest!"
- „Ich habe, wie schon gesagt, einfach keine Lust. Ein wenig dahinter geschaut: Bislang hat es doch auch immer funktioniert. Ich habe nie richtig gelernt zu lernen. Ich bin mir nicht sicher, aber mein Lernverhalten gehört sicherlich zu den ineffektivsten überhaupt. Ein Beispiel: Klausur in der Uni. Da ich nicht bei allen Vorlesungen anwesend war, muss ich mir unbekannten, noch nie gehörten Stoff durch Bücher aneignen. Anstatt dass ich einfach regelmäßig zu den Vorlesungen gehe, um alles schon einmal gehört zu haben."
- „Ich fühle mich nicht gut, wenn ich etwas tun soll. Es lastet auf mir, ich fühle mich bedrängt. Diesem Druck entgehe ich, indem ich nichts mache."
- „Es wurde uns früh beigebracht, dass alles nur durch Arbeit und Lernen ging."

– „Von meinem Vater wurden alle Aktivitäten als positiv bewertet, die sich in barer Münze auszahlten. Malen und musizieren z.B. waren brotlose Künste, bedeuteten Aufwand, waren wenig angesehen. In Schule und Beruf war ich immer leistungsorientiert. In früheren Zeiten hat mir diese Ausrichtung geholfen im Leben voranzukommen, heute fühle ich mich eher ausgenutzt. Mein Stand in der Klassengemeinschaft war sowohl angepasst als auch führend. Wortgewaltigen Autoritäten gegenüber habe ich heute noch Respekt, obwohl ich es rational nicht nachvollziehen kann."

– „Arbeiten bis zum Umfallen, Pflichterfüllung" ... „Man muss ein fleißiges Bienchen sein!"

– „Das Arbeitsverhalten bzw. die Arbeitseinstellung meiner Eltern war und ist geprägt durch Ehrgeiz, Disziplin und Korrektheit. Ich habe nie Nachlässigkeit gespürt, wenn es um die Erfüllung von Arbeitsaufgaben meiner Eltern ging. Ich werde in meiner Arbeitshaltung insbesondere durch Ängste beeinflusst. Diese Ängste schränken mich zum Teil sehr stark auch in alltäglichen Situationen wie z.B. der Arbeit ein. Ich fühle mich dann selbst in Routinesituationen unsicher und neige dazu, diesen Situationen/Ängsten aus dem Weg zu gehen, indem ich mich einenge und den Kontakt zur Außenwelt bis auf den engsten Familienkreis einschränke."

– „Was Hänschen nicht lernt, lernt Hans nimmermehr."

– „Da ich in der Kindheit nicht viel lernen musste, fiel es mir später umso schwerer. Ich habe nie gelernt, wie man ‚richtig' lernt. Ich lernte nur das Notwendigste, denn ich wollte andere Sachen tun. Ich sah die Schule nicht als besonders wichtig an, was man anhand meiner Noten erkennt. In manchen Fächern entwickelte ich absolutes Desinteresse. Bei diesen lernte ich meistens noch nicht mal das Nötigste, es war mir egal."

Diese familiären Weisheiten und Einstellungen zur Arbeit haben sich bei den Befragten tief in das Unterbewusstsein eingeprägt, so dass diese im Erwachsenendasein weiterhin ihre Einstellung zur Arbeit, ihr Gefühl und das Handeln bestimmen und die kognitive Verarbeitung von Arbeitserlebnissen prägen. Deutlich wird, dass die Wertvorstellungen der Eltern aus dem Befragtenkreis von hohen Leistungserwartungen, Disziplin und Anstrengungsbereitschaft geprägt sind und dass sie wünschen, dass ihre Nachkommen es eines Tages besser haben sollen. Es handelt sich bei diesen Stellungnahmen um Menschen, von denen etliche Eltern aus Kriegs-

und Nachkriegsgenerationen stammen. Sehr viele Eltern haben in der Großstadt Berlin und im Umkreis gelebt, deren Leben war von Hunger und Not, Entbehrung und Existenzangst gekennzeichnet. Die Eltern bzw. Mutter, Vater, Großeltern der Befragten wurden als strebsam und leistungsbetont geschildert:

> „Meine Eltern waren beide sehr strebsam und haben sich aus kleinen Verhältnissen emporgearbeitet. Die Existenzsicherung war ihr Hauptanliegen." (Fall 6)

Ohne Zweifel haben die Eltern der Befragten „nur das Beste" für ihre Kinder gewünscht und durch falsche Erziehungsvorstellungen oder eigenes Unvermögen eine Stimmung in der Familie erzeugt, die eher das Gegenteil bewirkte als das, was sie eigentlich erhofft hatten. Durch ihre autoritäre Erziehungsvorstellung von Leistung kam es häufig dazu, dass die Bezugspersonen ihre Wertvorstellungen ohne die Kooperationsbereitschaft des Kindes durchzusetzen versuchten. Durch eine Erziehung zur Anpassung übersahen sie, dass jedes Kind in seiner Individualität geachtet und gefördert werden muss. In den meisten Familien führten die Schule und das Lernen zu einem Konfliktthema. Entweder gab es Konflikte zwischen den Eltern und dem Kind oder unter den Eltern über unterschiedliche Erziehungsvorstellungen und darüber, wie man ein Kind zum Lernen bringen kann.

In den Äußerungen der Befragten wurden solche Wertekonflikte sichtbar:

- „Ich habe immer das Gefühl, mich durch Leistung beweisen zu müssen, sonst habe ich kein Anrecht, auf dieser Welt zu sein."
- „Die Schule hatte bei uns einen großen Stellenwert."
- „Für meinen Vater hatte mein Besuch des Gymnasiums höchsten Stellenwert."
- „Steter Fleiß und Leistungsbereitschaft gaben gute Aufstiegschancen zu Zeiten des Wirtschaftswunders."
- „Selbstverständlich wollten mir meine Eltern die bestmögliche Schulausbildung ermöglichen und erwarteten von mir, dass ich mich hierfür anstrengte."
- „Meine Eltern haben mir folgendes Arbeitsverhalten vorgelebt. Seitens meiner Mutter habe ich hier keine besonderen Erinnerungen. Irgendwie hat sie immer das gemacht, was nötig war, zwar mit Gewissenhaf-

tigkeit, aber oft auf irgendeine Weise missmutig und nörgelig. Mein Vater hat sich für die Familie aufgeopfert."

Bei einigen Aussagen wird sichtbar, wie wichtig die väterliche Arbeitshaltung gewesen ist:

- „Vater hat sich für die Familie aufgeopfert. Seine Werte waren Gehorsam und Ordnung, Fleiß und Höflichkeit."
- „Der Vater, er war lebenspraktisch universell."
- „Meine Eltern, insbesondere mein Vater, waren/sind sehr verantwortungs- und pflichtbewusste Menschen. Mein Vater schonte sich als Alleinverdiener nicht. Dabei litt er manches Mal an Kopfschmerzen, insbesondere an den Wochenenden und schließlich an Bluthochdruckkrisen. Der Charakterschwerpunkt meines Vaters ist sein starkes Pflichtbewusstsein ohne Rücksicht auf das eigene Befinden. Beim Arbeiten ist er extrem genau und dafür entsprechend langsam, dabei wirkt er etwas umständlich."

Eine 35-jährige Augenoptikerin schildert ihren Vater als einen außergewöhnlichen Mann mit hohem Arbeitsethos und innerer Zufriedenheit:

- „Mein Vater ist fast 50 Jahre arbeiten gegangen und ich kann mich nicht daran erinnern, dass er jemals zu Hause geblieben ist. Er hatte gleitende Arbeitszeit und war gewöhnlich am frühen Nachmittag wieder zu Hause. Er schien nie müde oder erschöpft oder schlecht gelaunt zu sein, wenn er von der Arbeit nach Hause kam. Und das sogar, obwohl er sehr regelmäßig unter Migräne litt. Wenn er dann nach Hause kam, hat er sich häufig noch um den Haushalt gekümmert und Erledigungen gemacht. Oder er hat, als wir noch klein waren, stundenlang mit uns gespielt." (Fall 14)

Ein 57-jähriger Lehrer beschreibt, wie tüchtig er seine Mutter im Alltag gesehen hat:

> „Meine Mutter war eine außergewöhnlich tüchtige Frau, die ihrer Arbeit als Krankenschwester und später als Kindergärtnerin nachging. An Wochenenden und Feiertagen war sie zusätzlich in der kirchlichen Jugendarbeit sehr aktiv. Sie wirkte selten hektisch oder überfordert. Sie war einfach gewohnt viel zu arbeiten." (Fall 3)

Ein 30-jähriger BWL-Student berichtet, wie er negativ erfahrene Lernerlebnisse mit seinem Vater nicht verarbeitet hat:

„In der 7. Klasse hat mich mein Vater einmal – nach einer 6 im Französisch-Vokabeltest – mit Vokabeltraining bis zum sinnbildlichen Erbrechen und tatsächlichen Heulen zur Verzweiflung gebracht. Den nächsten Test bestand ich mit 1." (Fall 2)

In einem anderen Beispiel schildert eine 57-jährige Sozialpädagogin ihre Verzweiflung beim Lernen mit dem Vater:

„Tja. Ich spüre noch den heißen und schnaufenden Atem meines Vaters hinter mir und dessen stechenden Blick, wenn er meine verzweifelten Rechenversuche überwachte. Meistens gab es dann einen Tobsuchtsanfall, dem folgten Tränen, noch mehr Verzweiflung und noch mehr Verzweiflung und noch weniger Durchblick – besonders wenn es sich um ,eingekleidete Aufgaben' handelte. Die waren mein ,Lerntod'. Da starb auch noch der letzte Rest von Nachdenken und Überlegen ab. Ich hockte stumpf und trostlos vor immer rätselhafter werdenden Worten und Zahlen, die mich verhöhnten. Wie sollte ich bei dieser väterlichen Gefahr leicht und offen denken können?" (Fall 10)

Mit der Mutter erlebten die Probanden das Lernen auch nicht einfacher. Die Mutter ist bemüht, das Kind zu unterstützen, und die Befragte schildert, wie sie und ihre Mutter verzweifelt versuchten, die Hausaufgaben korrekt zu erledigen.

„Trotz vorgezogener Linien entglitten mir die Worte mit den undurchschaubaren Schlaufen, Haaren und Kringeln. Sie landeten regelmäßig rechts oben in der Tafelecke, wurden zu Krakeln, die nichts von ,Kasper' und ,Grete' erkennen ließen, was meine Mutter veranlasste, die mühsam gearbeiteten Kringel immer wieder auszuwischen, und mich nötigte, doch endlich die Linien zu respektieren." (Fall 10)

In den geschilderten Antworten zeigen sich kompliziert erlebte Lernerfahrungen mit der Mutter und dem Vater. Die Betreffenden erlebten eine große Bandbreite von Emotionen und Handlungsmustern und sowohl negativ wie positiv bewertete Erfahrungen, die häufig nebeneinander stehen. Viele bewunderten ihre Eltern, diese waren ihnen ein positives Vorbild und andere wiederum haben unter den Erlebnissen gelitten.

Ein 66-jähriger Freiberufler schildert seine Mutter als positives Vorbild:

„Meine Mutter hat mir ein positives Arbeitsverhalten vorgelebt, das ich allenfalls bewundert habe. Sie war extrem fleißig, ideenreich, ordentlich, strebsam." (Fall 6)

Inwieweit die elterlichen Wertvorstellungen und Erziehungsmaßregeln das Entstehen einer Identität mitbeeinflusst haben, wird in folgenden Beispielen anschaulich geschildert. Häufig berichten die Befragten von negativen und belastenden Lernerfahrungen mit ungeduldigen, gestressten Erziehern, was ein negatives Selbstbild entstehen ließ und unbewusst die weiteren Lernerfahrungen beeinflusst hat.

So schildert eine 61-jährige Erzieherin zum Beispiel:

> „Meine Mutter verhielt sich unausgeglichen, mal nachgiebig, mal streng und unerbittlich v.a. bei den Hausaufgaben, bei denen sie mich oft ungeduldig beschimpfte und mir das Heft um die Ohren schlug." (Fall 9)

Eine 24-jährige Lehramtsstudentin berichtet über die Erwartungshaltung ihrer Eltern:

> „Na ja, du hättest ja auch wirklich mehr lernen können. Waren die Noten besonders schlecht, durfte ich mir Vorträge über meine unsichere Zukunft anhören." (Fall 23)

Die anfängliche Bewunderung für die Eltern und das zunehmende Bewusstwerden, dass diese von ihren Noten enttäuscht sind, dringen in das Wertesystem einer Frau ein. Ihre Explorationslust und ihr Bedürfnis, an die Aufgaben heranzugehen, sind von heftigen Emotionen und Affekten begleitet:

> „An mein Studium ging ich mit einer Mischung aus Neugier, Naivität und Desinteresse heran. Innerhalb der Anonymität der Universität verflog das Gefühl, das ich mir in dem letzten Schuljahr angeeignet hatte, nämlich mich vor allen beweisen und demonstrieren zu müssen, dass ich NICHT BLÖD bin, schnell." (Fall 23)

In einem anderen Beispiel findet sich folgende Antwort (53-jähriger Mann, Geschäftsführer eines psychosozialen Projekts):

> „Beim Durchlesen der Frage fällt mir als Erstes auf, dass ich fast alle der genannten Beispiele aus meinem eigenen Verhalten kenne. Allerdings gehören Streiten und Belohnen vor der Leistung nicht zu meinen Vermeidungsstrategien. In erster Linie habe ich es mit Widerwillen, Druckgefühlen und Versagensphantasien zu tun." (Fall 21)

In vielen Antworten wird die Angst zu versagen deutlich. Die Betreffenden wehren sich gegen diesen inneren Zwang, um ihr Nichtkönnen und ihre Arbeitsstörung nicht akzeptieren zu müssen und zu verhindern, dass diese nach außen sichtbar wird. Ihr negativ erlebtes ängstliches Verhalten führt in Beziehungen zu Konflikten und Unzufriedenheit. Die realistische Einschätzung, wer sie sind und was sie leisten können, ist begrenzt und es wird befürchtet, die Mitmenschen könnten die Arbeitsblockierung erkennen. Damit ist die Befürchtung verbunden, dass die Betroffenen in der Fremdeinschätzung ihrer Mitmenschen ähnlich negativ eingestuft werden, wie sie sich selbst erleben und bewerten. Andere wiederum verfallen in eine Haltung des Jammerns und Klagens über ihre „falsche" Arbeitshaltung, was zu Konflikten in den Beziehungen führt:

> „Am allernächsten bekommt mein armer Freund diesen unmittelbaren Druck zu spüren, denn der Ärmste wird auch schon mal mitten in der Nacht aus dem Bett geklingelt, wenn ich in einem Anflug von purem Egoismus und Hysterie heulenderweise einen Nervenzusammenbruch ausleben muss." (Fall 23)

Durch chaotische Zustände im Affekt- und Gemütshaushalt leiden viele Befragte vor allem unter Versagensängsten, was eine immense Angst mit sich bringt Fehler zu machen. Affekte entstehen durch die fehlende emotionale Entlastung. Es wird agiert, anstatt die anstehenden Aufgaben so gut wie es eben geht anzupacken.

Eine 42-jährige Versicherungskauffrau schildert:

> „Die Flucht vor mir selbst/vor Aufgaben lässt mich alles Mögliche machen (z.B. administrative Aufgaben, Sauberhalten des Haushaltes, die ‚Problemgespräche' von Freundinnen). Bei allen Tätigkeiten lege ich mir Perfektion – teilweise sogar Penibilität – auf, um so ein inneres Erfolgserlebnis zu bekommen. Geprägt von inneren Widersprüchen, kann ich aber genauso gut ‚schlusen', ‚schieben' und ‚halbe Sachen' machen." (Fall 20)

Versagensangst und Kritikempfindlichkeit wurden durch autoritäre Erziehung geprägt. Sie berichtet weiter:

> „Allerdings habe ich Schwierigkeiten damit, wenn von Arbeitgebern etwas ‚Negatives' oder Kritik kommt. Mein erster Gedanke: ICH habe etwas falsch gemacht (auch wenn sich herausstellt, dass es nicht an mir lag). Es ist mir sehr peinlich, und ich komme mir dumm und klein vor. Das zieht sich schon seit meiner Kindheit wie ein roter Faden durch mein Leben." (Fall 20)

Eine wohlwollende Familienatmosphäre, in der das Kind bei Schwächen und Fehlern nicht kleingemacht und gedemütigt, sondern unterstützt und ermutigt wird, führt zu Offenheit, Reflektion und der Bereitschaft, es noch einmal zu versuchen. Dies ermöglicht inneres Wachstum und die Fähigkeit, sich Vorbilder zu suchen z.B. in oder außerhalb des Familienkreises (vgl. Beschreibungen der Befragten) und sich somit an tragenden Beziehungserfahrungen zu orientieren.

> Solange das Kind durch Misserfolge noch nicht entmutigt ist, geht es unbefangen an jede Aufgabe heran, die es als solche versteht.[273]

Ein 54-jähriger Arzt schildert, wie er durch positive Vorbilder der Erwachsenen verinnerlicht hat, dass Fehler zu machen die beste Lernmutter für ihn gewesen sei:

> „Eigene Vorbilder waren immer die vorhandenen Erwachsenen. An ihnen war das Leben zu lernen. Nachahmung war die Arbeitshaltung. Am Misslungenen konnte oft am meisten gelernt werden. Diese Art des Lernens war die nachhaltigste. Der Fehler ist die beste Lernmutter." (Fall 17)

Der Umgang mit Fehlern, Schwächen und Versagen gelingt am ehesten, wenn eine humorvolle Haltung eingenommen werden kann. Der humorvolle Mensch ist mit der Gabe des liebevollen Blicks ausgestattet, der eine wohlwollende Betrachtung eigener Fehler und Fehler anderer ermöglicht. Er akzeptiert die Unvollkommenheit dieser Welt und macht sie zur Quelle seiner Heiterkeit.

Freud definiert den Humor als „die sieghafte Selbstbehauptung des Ich angesichts widriger und sogar fast aussichtslos erscheinender Umstände".[274] Humor hat mit Selbstbehauptung selbst in schwierigen Lebenslagen zu tun. Das führt zu einem Wertempfinden der eigenen Person, das unabhängig von momentanen Problemen, Mängeln und Enttäuschungen getragen ist.[275]

---

[273] Wexberg, E.: Arbeit und Gemeinschaft, Leipzig 1932, S. 111
[274] Freud, S.: Der Humor (1928), GW Bd. XIV, S. 385
[275] Rattner, J.: Kritisches Wörterbuch der Tiefenpsychologie für Anfänger und Fortgeschrittene, Berlin 1994, S. 143

5.5 Aufkeimende Arbeitsfähigkeit

Oft ist die Versagensangst mit verinnerlichten „Du-sollst"-Forderungen verwoben. Wenn einem ängstlichen Menschen Hoffnung eingeflößt wird, macht ihn das auch arbeitsfähiger. Bei genauerer Betrachtung der Antworten der Befragten wird deutlich, dass es mehrere gute Beispiele gibt, die der Veranschaulichung punktueller Arbeitsfähigkeit dienen können.

Ein 57-jähriger Lehrer beschreibt eine positive Schulsituation mit dem tüchtigen Vater, der trotz seiner Berufstätigkeit und eingeschränkten Zeit sich ausführlich erkundigt hatte, um ihm einen guten Schulfüller zu schenken. Dies erschien wie eine Initialzündung, war mit Anerkennung verbunden und wirkte einerseits motivierend auf die Anstrengungsbereitschaft in der Schule und blieb andererseits als motivierendes Beispiel in Erinnerung:

> „Mein Vater unterstützte alles, was wir in der Schule machten. Ein wichtiges Ereignis war zum Beispiel der Kauf eines Füllers, bevor ich am Gymnasium anfing. Es handelte sich hierbei um einen Initiationsritus, dem ich schon anlässlich der Einschulung meines älteren Bruders am Gymnasium beiwohnen durfte. Mein Vater ließ uns von dem Verkäufer des Schreibwarengeschäfts mehrere Füller zeigen, die wir ausprobieren sollten. Er als gelernter Kartograph wusste über Tinte und Schreibgeräte Bescheid. Ich war stolz, einen Vater zu haben, der in einem Bereich Experte war." (Fall 3)

Diese Interaktion mit dem Vater führte dazu, dass Gefühle von Ernstgenommen-Werden und von Geachtet-Sein entstehen konnten, was sich als ein guter Grundstein für Arbeitsfähigkeit positiv auswirkte.

Ein 53-jähriger Journalist hebt hervor, wie es für ihn selbstverständlich war, den elterlichen Erwartungen von guten Leistungen zu entsprechen. Anfänglich war das Lernen nicht einfach, später habe er dadurch in mehreren Berufen viel Erfolg gehabt, Interesse an den Menschen entwickelt und Freude dabei empfunden.

> „Das Vorbild anderer (eines Mentors, von Freunden), die tüchtig und produktiv waren und sind und denen ich nacheiferte; konkrete technische Hinweise aus Büchern; literarische Vorbilder, die ich bewunderte (Lion Feuchtwanger, Thomas Mann); ein guter Arbeitsplatz, der nach meinen Bedürfnissen gestaltet ist. Regelmäßigkeit, was die Arbeitsstunden betrifft; ausreichend Muße und Sport für die Regeneration. Förderung und Ermutigung durch

einen Mentor; Akzeptanz der eigenen Unwissenheit; Sicherheit im Umgang mit dem eigenen Wissen; Erfolge in der Arbeit und daraus folgendes Lob; Zielstrebigkeit nach dem Auswählen und Akzeptieren selbst gesetzter Ziele; konkrete, schrittweise angeordnete Arbeitsplanung, Erstellen von Listen mit Arbeitsaufgaben, die konsequent abgearbeitet werden." (Fall 19)

Ein 54-jähriger Arzt beschreibt seine Situation wie folgt:

„Die Wirklichkeit diktiert die Notwendigkeit. Das Unbequemste wird zuerst erledigt. Dabei konnte sich ergeben, dass das Vorurteil eben nur ein Vorurteil war und das Urteil, das nach dem Erledigen des Lästigen erfolgte, zu einer völlig entgegengesetzten Aussage führte. Für das Bewältigen des Leichten gilt das Umgekehrte. Gab es einmal Arbeitshemmnisse, dann war die Politik der kleinen Schritte das Beste. Das Ausfüllen der scheinbar verlorenen Zeit durch andere Arbeiten bringt langfristig Ergebnisse, welche in einem Durchgang nicht zu erzielen sind. Aus der Komposition von Stringenz und Abwechslung resultiert Effizienz." (Fall 17)

Ein 30-jähriger Student schildert, wie er sich innerlich zuerst unter Druck fühlt und Zeit braucht, bevor er an die Aufgabe herangehen kann. Ist der Anfang beim Schreiben gemacht, entwickelt er Engagement und Interesse:

„Mein Problem ist der Einstieg. Habe ich einmal angefangen, die ersten Zeilen zu schreiben oder die ersten Sätze zu formulieren, verflüchtigen sich alle Arbeitsstörungen. Ich bin dann konzentriert bei der Sache und ermüde kaum. Bevor ich allerdings anfange, habe ich den subjektiven Eindruck, der Aufgabe noch nicht gerecht werden zu können, über ein ungenügendes Vorwissen zu verfügen, noch weiter planen zu müssen." (Fall 41)

Eine 55-jährige Lehrerin berichtet, wie sie durch Selbsterziehung ihre Arbeitsfähigkeit steigern konnte und gleichzeitig mit ihrem ausgeprägten Freiheitsdrang besser zurechtgekommen ist. Durch Effizienz und schnelle Erledigung der Sachen fühlt sie sich zunehmend wohler:

„Während ich früher Dinge vor allem auf die lange Bank geschoben habe, wohl in der Hoffnung, sie könnten sich irgendwie selbst erledigen, gehe ich sie heute direkt an. Aufgaben, Pflichten etc. werden, wenn möglich, sofort erledigt. Antrieb hierfür ist vor allem die Erkenntnis, dass mein Freiheits- und Souveränitätsgefühl und Lebensgefühl durch unerledigte Aufgaben erheblich eingeschränkt werden und sie außerdem doch nur von mir selbst gemacht werden können." (Fall 8)

6 Bewältigung von Arbeitsstörungen

Hinter den nach außen erscheinenden subjektiven Hemmungen, z.B. mit dem Arbeiten zu beginnen, verbergen sich innere Konflikte. Diese erscheinen dem Betreffenden unbewusst bzw. „ungewusst" (Adler), sind in Persönlichkeitshaltungen tief verankert und münden daher in einen innerpsychischen Teufelskreis. So reagieren z.B. autoritär strukturierte Menschen unbewusst mit einer Vermeidungsstrategie, um der befürchteten „Unterwerfung" gegenüber Personen bzw. geforderten Leistungen auszuweichen.

Durch Zögern, Zaudern und Ausweichverhalten wird der Erfolg unbewusst torpediert. Oft wird der Beginn einer Tätigkeit so lange hinausgeschoben, dass unter normalen Umständen die Leistung nicht mehr vollbracht werden kann. Wenn dann das schier Unmögliche doch noch erreicht wird, dann bedeutet dies eine außerordentliche Befriedigung der narzisstischen Bedürfnisse nach Großartigkeit. Dies wird mit den Worten kommentiert: „Wenn ich mehr Zeit gehabt hätte, was hätte ich dann erst leisten können." Gleichzeitig wird die Autonomie gewahrt, die ja durch eine von außen erfolgte Anforderung bedroht schien. Psychodynamisch kann eine unter Zeitdruck erfolgte Arbeit eine Entlastung von den verinnerlichten perfektionistischen Anforderungen und einem übersteigerten Ich-Ideal bewirken: „In der kurzen Zeit war bei bestem Willen nicht mehr zu leisten." So schützt die selbst arrangierte Zeitknappheit vor der Verurteilung durch das verinnerlichte strenge Gewissen.[276] Hierzu schreibt K. Horney:

> Druck von außen, wie zum Beispiel ein Ziel, das erreicht werden soll, kann sogar nützlich sein, da er durch zeitweilige Stillung des inneren Konflikts die Arbeitshemmungen beseitigt.[277]

Übersteigertes Geltungsstreben (Adler), Illusionäre Ansprüche und Erwartungen (vgl. Heigl 1969), überhöhtes Ich-Ideal (vgl. Baumeyer 1968, Sperling 1967), Allmachtsillusionen (vgl. Lüders 1967) bzw. Überschätzung der eigenen Produktionsfähigkeit (vgl. Heimann) bewirken eine Aktivitätshemmung (ad-gredi [Schultz-Hencke]) und führen z.B.

---

[276] Heigl, F.: Zur Psychodynamik der Lernstörungen, in: Zeitschrift für Psychosomatische Medizin, a.a.O., S. 249

[277] Horney, K.: Arbeitshemmungen, in: Psyche 7, a.a.O., S. 490f.

zum Hinausschieben der anstehenden Aufgabe, um nicht mit der eigenen „realen Minderwertigkeit" konfrontiert zu werden. Der Zeitdruck lässt die Größengefühle auf ein Mindestmaß schrumpfen, so dass die Hürde der Inaktivität überwunden werden kann. Diese Erfahrung könnte für die Therapie von Arbeitsstörungen genutzt werden, indem die Betreffenden sich selbst kleine, erreichbare Ziele stecken und sich von den irrealen Größenvorstellungen verabschieden.

Bei ängstlichen Charakteren ergibt sich ein unbewusster Ambivalenzkonflikt um Autonomie und Abhängigkeit. Dies führt dazu, dass die nötige Eigenständigkeit im Arbeitsprozess als „Schwindel der Freiheit" (Kiekegaard) gefürchtet ist.

Depressive projizieren Einsamkeits- und Verlusterlebnisse in die Arbeitssituation, weshalb sie sich an „stützende Objekte" anklammern oder sich unentbehrlich (Altruismus) machen wollen.

Mitunter werden Leistung und Erfolg als Bedrohung erlebt, weil dadurch Eltern bzw. Geschwister übertroffen werden könnten. Erfolg kann als „ödipaler Sieg über den Vater bzw. die Geschwister" gewertet werden, so dass das unbewusste Scheitern von hysterisch strukturierten Menschen verständlich wird.[278]

Die Arbeitsstörung kann als eine Hemmung, erfolgreich zu sein, verstanden werden, die entweder mit einem Angst- oder Schuldgefühl verbunden ist, jemand hinter sich zu lassen, der in der Biographie bedeutsam war. Das Agieren von Affekten wie Neid, Eifersucht, Geiz, Aggression usw. beeinflusst ebenfalls die Beziehungen am Arbeitsplatz und führt somit zu konfliktreichen Konstellationen, die mitunter an die Dynamik von Familien- und Geschwisterbeziehungen erinnern. Diese unbewusst verlaufenden Konfliktsituationen bringen Unverständnis und Enttäuschungsgefühle mit sich und können in der Folge dazu führen, dass Arbeitsstellen häufig gewechselt werden.

Der individuelle Arbeitsstil bzw. die entsprechenden Arbeitsstörungen sind vor dem biographischen Hintergrund der jeweiligen Person zu betrachten. Die in der Lebensgeschichte verinnerlichten Werte und Normen, die am Beispiel der Eltern durch „familiäre Weisheiten" vermittelt wurden (siehe *5.4 Biographie der Arbeits- und Lerngeschichte*) und eine subjektive Auseinandersetzung und Verarbeitung erfuhren, sind im Erleben häufig noch sehr präsent. Jedoch sind die Botschaften der Eltern, also die vermittelten Über-Ich-Anteile, oft widersprüchlicher Natur.

---

[278] vgl. Freud, S.: Einige Charaktertypen aus der psychoanalytischen Arbeit (1916), GW Bd. X, S. 363–391

Einesteils betonen die Eltern das Erfolgs- und Leistungsstreben, andererseits sabotieren sie dieses, weil es das Unabhängigkeitsstreben und eine Trennung der Kinder fördern würde. Dabei geraten zwei Über-Ich-Anteile miteinander in Konflikt, „von denen der eine Unabhängigkeit fordert und im Fall des Versagens wie bei der Arbeitsstörung Scham, nämlich Abhängigkeitsscham hervorruft und der andere Loyalität und Verbundenheit mit dem Mutter-Objekt fordert und Trennungswünsche mit Schuldgefühl quittiert"[279].

Da diese Konfliktkonstellationen weitgehend unbewusst verlaufen, die gesamte Person mit ihrem Selbstwert, ihrer Identität, ihren Lebenszielen und ihren Affektäußerungen einbezogen ist und in jeder „Schwellensituation" erneut zur Reaktion herausgefordert wird, kann dies kaum durch bewusste Tätigkeit, z.B. Planen, Bemühen, Einsatz von Techniken usw., verändert werden.

> Der Zwiespalt ist es, der die in der Arbeit selbst angelegte Konflikthaftigkeit so anheizt, daß das Vollbild einer schweren Arbeitsstörung daraus resultieren kann.[280]

Es erscheint daher sinnvoll, die inneren Motivationen zur Arbeit näher zu betrachten. Die innere Bereitschaft, sich mit der Arbeit als einer Erfüllung der Lebensaufgaben und des Handelns auseinander zu setzen, wird von Adler als Ziel angesehen. Daher hat Adler dem Bereich „Arbeit" einen hohen Stellenwert verliehen und diesen neben den Faktoren „Liebe" und „soziale Beziehungen" (Gemeinschaft) als zentrale Lebensaufgabe betrachtet. Auch im Hinblick auf das Problem der Arbeitslosigkeit und der Position älterer Menschen in unserer Gesellschaft betont er, dass „der Wert der Arbeit fast ausschlaggebend für die Schätzung der Persönlichkeit ist".[281]

Das sog. Persönlichkeitsideal bildet den Schlüssel zu allen Verhaltensweisen, Reaktionen und Stellungnahmen eines Individuums. Dieses Ideal äußert sich im „Lebensstil" bzw. „Lebensplan" eines Menschen und ist auch das bewusste und unbewusste Ziel seiner Strebensrichtung. Die Individualpsychologie versteht sich als eine „verstehende Psychologie" (Dilthey), um diese inneren Zusammenhänge deutlich und erfahrbar zu machen. Der Betreffende begreift oft selbst nicht seine unbewussten

---

[279] Wurmser, L.: Die Flucht vor dem Gewissen (1987), Berlin 1990, S. 191
[280] Hohage, R.: Psychoanalyse des Arbeitens und der Arbeitsstörungen, a.a.O., S. 122
[281] Adler, A.: Über den nervösen Charakter (1912), Frankfurt a.M. 1972, S. 120

Motivationen, warum er z.B. arbeiten will, sich aber gleichzeitig dagegen sträubt und sich damit selbst im Wege steht.

Die Fähigkeit, sich mit seinen Mängeln und Hemmungen anzufreunden, die Überwindung des Gefühls der Minderwertigkeit anzustreben, ermutigt, sich als „Mitspieler" bzw. „Mitarbeiter" zu verstehen. Auseinandersetzung mit verinnerlichten Verwöhnungswünschen und auftretenden Schwierigkeiten schult die „Kraft des Überwindens". Gelingt diese Aufgabe nicht, erlahmen Neugier und Wissbegierde und es kommt zu einer „Werdenshemmung" (Viktor Emil von Gebsattel). Sich als Werdenden oder sich Entwickelnden zu begreifen, ist somit die Voraussetzung für die Entstehung eines gesicherten Persönlichkeitsgefühls und bildet damit ein gutes Fundament für das Arbeitenkönnen.

> So ist der Schluß berechtigt, daß ein Mensch, der über ein hinreichendes Selbstwertgefühl verfügt, auch zur Arbeit bereit sein wird, daß also Selbstvertrauen und Leistungswille in einem direkten Verhältnis zueinander stehen.[282]

Arbeit sollte dabei jedoch nicht nur auf das Ausführen einfacher Tätigkeiten reduziert werden, sondern ist als ein menschliches Grundgeschehen (Hegel) zu begreifen, das einen Lebenssinn in sozial nützlicher Arbeit sieht, in der nicht nur entfremdeter Zwang existiert, sondern auch kreative Freiheit ermöglicht wird. Dies ist gleichzeitig eine Herausforderung für die Gesellschaft, menschenwürdige Arbeitsmöglichkeiten zu schaffen, in denen sich der Mensch vergegenständlichen kann, Sinn empfindet und sich in seiner Funktion erleben, sich selbst verwirklichen kann. Wird ihm dies verwehrt, dann wird er an seinem „Menschsein" gehindert. Der handelnde Mensch erkennt sich und erschafft sich in seinem Tun (Selbsterwirkung und Selbstverwirklichung) und wird dadurch erst für seine Mitmenschen sichtbar. Er wird erst durch das, was er aus sich macht, was er tut, wo er sich engagiert, was er unterlässt, wie er spricht, für andere begreifbar. An dem Schnittpunkt von Selbstbild und Fremdbild erfährt er seine Identität.

> Handelnd und sprechend offenbaren die Menschen jeweils, wer sie sind, zeigen aktiv die personale Einzigartigkeit ihres Wesens, treten gleichsam auf die Bühne der Welt, auf der sie vorher nicht sichtbar waren [...]. Dies Risiko, als ein Jemand im Miteinander in Erscheinung zu treten, kann nur auf sich nehmen, wer bereit ist, in diesem Miteinander künftig zu existieren, und das heißt, bereit ist, im Mit-

---

[282] Wexberg, E.: Arbeit und Gemeinschaft, Leipzig 1932, S. 97

einander unter seinesgleichen sich zu bewegen, Aufschluß zu geben darüber, wer er ist, und auf die ursprüngliche Fremdheit dessen, der durch Geburt als Neuankömmling in die Welt gekommen ist, zu verzichten.[283]

Der Arbeitsgehemmte zeichnet sich ja gerade dadurch aus, dass er unter einer Handlungsstörung leidet, Aufgaben verschiebt oder sich in „Nebentätigkeiten" erschöpft und sein Selbstwertgefühl durch sein Nicht-Können beeinträchtigt ist. Der arbeitsfähige Mensch dagegen steht in einem Selbstverhältnis und in einem Weltbezug. Er hat eine Beziehung zu sich selbst, die durch Selbsterfahrung, Selbstbewusstsein, Selbsterkenntnis und Selbstverwirklichung gekennzeichnet ist. Gleichzeitig ist er offen seiner Umwelt gegenüber („In-der-Welt-Sein" [Heidegger]) und findet vielfältige Anregungen, die seine Potenzen inspirieren. In diesem Zwieverhältnis von Selbst- und Fremdbezug entwickelt sich sein Identitätsgefühl, also mit sich und seiner Umwelt stimmig zu sein. Im dialogischen Austausch (Dialogisches Prinzip [Martin Buber]) findet Kommunikation unter gleichwertigen Partnern statt. Dabei kann die Erfahrung gemacht werden, dass Probleme bei der Arbeit über „Fachsimpelei" zu einer Begegnung mit anderen Personen führen, die Anteilnahme, Solidarität, das Bewusstsein, mit den Arbeitskonflikten nicht alleine zu stehen, erlebbar machen. Somit wird nachvollziehbar, dass der arbeitsgestörte Mensch dagegen sowohl in seiner Beziehung zur Arbeit als auch in seiner Beziehungsfähigkeit schlechthin beeinträchtigt ist. Er ist abgekapselt und verschlossen gegenüber seiner Umwelt und sein überwertiges Sicherheitsstreben soll alle Lebensbewegungen unter Kontrolle halten.

Dies könnte die existenzphilosophische Einsicht einschließen, dass der Mensch unter verschiedenen Möglichkeiten die „Wahl zur Freiheit" (Sartre) hat und nur in seinem Handeln Realität schafft. Er „ist" nur in dem Maße, wie er seine Vorhaben ausführt: „Er ist das, zu dem er sich macht" (Sartre: „Der Mensch ‚ist' die Summe seiner Taten"). Ist also ein Mensch durch Arbeitsstörungen an der Verwirklichung seiner Potentiale gehindert, dann ist das im gewissen Sinne auch seine „Wahl", die auch seinem Lebensstil entspricht, und er hält diese Situation aufrecht, indem er einer „tendenziösen Apperzeption" unterliegt, die das Persönlichkeitsideal („Finalität" [Adler]) immer wieder negativ bestätigt.

Kommt es durch Arbeitsstörungen zu einer persönlichen Krise, hängt dies auch mit fehlenden Lebenszielen zusammen und die Frage

---

[283] Arendt, H.: Vita activa oder Vom tätigen Leben, a.a.O., S. 219f.

nach dem „Sinn des Lebens" wird häufig verfehlt (Identitätskrisen als Heranwachsende, Krise in der Lebensmitte oder im Alter). Fehlende Erfolgserlebnisse, Ängste und Affekte wie Neid, Aggressionen und Missgunst führen zu Depressionen und psychosomatischen Erkrankungen.

Im therapeutischen Sinne ist es in solchen Fällen die Aufgabe des Psychologen, „das Gefühl der Verzweiflung in ein Gefühl von Hoffnung zu verwandeln, das Energien für die erfolgreiche Durchführung nützlicher Arbeit freisetzt".[284]

Viele Menschen bewahren jedoch die Sehnsucht nach Selbstwerdung und Identität in sich und sind in den Ambivalenzen von Aufbruch und Regression, Vertraut- und Fremdsein verfangen.

> Nur selten finden wir den Mut und die Gelegenheit, eigene Anteile unseres Wesens zu entdecken und ihnen zum Austrag zu verhelfen. Das Ich-selbst-Sein ist aber das Seltenste und Kostbarste, das es in unserem Dasein zu erobern gilt, und dementsprechend groß – wenngleich nicht immer bewusst und klar – sind unsere Sehnsüchte danach, als eigentlicher Mensch zu leben.[285]

In diesen Menschen lebt die Vorstellung nach Vervollkommnung, Ich-Werdung und Individuation (C.G. Jung) fort und sie sind offen für vielfältige Anregungen aus den Bereichen Kunst und Kultur.

Arbeit und Freude korrespondieren, wenn es gelingt, in der Arbeit Selbstverwirklichung zu empfinden. Dabei tritt der selbstentfremdete Pflichtcharakter der Arbeit, das „Du-sollst", das „Müssen", zurück und gibt der Funktionslust (K. Bühler), Befriedigung durch Erfolg („Das habe ich geschafft!") und dem „Spielerischen" (F. von Schiller) den erforderlichen Raum. Es kommt zu einem „Flow-Erlebnis" (Csikszentmihalyi)[286] und es entsteht eine innere Begeisterung für die Arbeitsaufgaben. Die Abwechslung von Arbeit und Muße ist getragen durch die Auflockerung der sturen Wertehierarchie, wo nur Arbeit zählt und Muße mit Faulheit und Nichtstun gleichgesetzt wird. Muße kann jedoch im Wechsel von Konzentration und Loslassen das Denken im Sinne eines Probehandelns (S. Freud) anregen und vorhandene Fähigkeiten zur Geltung bringen.

---

[284] Adler, A.: Lebenskenntnis (1929), Frankfurt a.M. 1978, S. 127
[285] Rattner, J., Danzer, G.: Philosophie für den Alltag, Darmstadt 2004, S. 128
[286] Csikszentmihalyi, M.: Kreativität. Wie Sie das Unmögliche schaffen und Ihre Grenzen überwinden, 2. Aufl., Stuttgart 1997 (amerikanisch 1996)

Vielfältige Erfahrungen im Umgang mit Versagensängsten und Affekten wirken gemildert, wenn der Betreffende eine humoristische Einstellung zu sich selbst und zu seiner mangelnden Arbeitsfähigkeit erwerben konnte. Freud sieht im Humor etwas Großartiges und Erhebendes, aber auch Befreiendes:

> Das Großartige liegt offenbar im Triumph des Narzißmus, in der siegreich behaupteten Unverletzlichkeit des Ich. Das Ich verweigert es, sich durch die Veranlassungen aus der Realität kränken, zum Leiden nötigen zu lassen, es beharrt dabei, daß ihm die Traumen der Außenwelt nicht nahegehen können, ja es zeigt, daß sie ihm nur Anlässe zum Lustgewinn sind.[287]

Humor ist ein aktives Selbstwertstreben und ein Zeichen für psychische Gesundheit. Der humorvolle Mensch bestimmt den Wert seiner Person ungeachtet seiner Fehlschläge und Enttäuschungen und kann über sich und seine Handlungen schmunzeln oder sogar lachen. Er verfügt über eine gewisse Milde des Über-Ichs oder Gewissens und hat Wert- und Idealvorstellungen verinnerlicht, mit denen er auf Frustrationen des Lebens tröstlich und aufmunternd reagieren kann: „Nimm das nicht so tragisch!"

Dem Arbeitsgestörten dagegen fehlt die humoristische Distanz zu sich selbst und zu seinen Mitmenschen. Er nimmt alles „tierisch" ernst, ist fixiert auf seine Tätigkeiten und die Fähigkeit zum Lächeln oder Lachen ist wenig entwickelt. Somit lässt sich formulieren, dass Arbeitsstörungen und Humorlosigkeit in enger Beziehung zueinander stehen.

Der Philosoph Russell sieht in einer erfüllenden Arbeit das Wesentliche des Menschseins, das die Voraussetzungen für das Empfinden von Freude und das Erleben von Glück schafft:

> Die Gewöhnung, das Dasein als ein Ganzes zu betrachten, ist ein wesentlicher Teil der Lebensweisheit wie der Moral und eines der Momente, die bei der Erziehung betont werden sollten. Beständigkeit der Zielsetzung allein ist nicht genug, das Leben lebenswert zu machen, aber doch ist sie eine fast unentbehrliche Voraussetzung glücklichen Lebens. Und die Beständigkeit der Zielsetzung findet ihren Ausdruck hauptsächlich in der Arbeit.[288]

---

287 Freud, S.: Der Humor (1928), GW Bd. XIV, a.a.O., S. 385
288 Russell, B.: Eroberung des Glücks (1951), Frankfurt a.M. 2005, S. 185

7 Thesen zur Überwindung von Arbeitsstörungen

Im Folgenden werden einige Thesen formuliert, welche die Auseinandersetzung mit dem eigenen Arbeitsstil erleichtern und die Überwindung von Arbeitsstörungen im Sinne von Handlungsanleitungen anregen sollen:

- Arbeit ist eine grundlegende Lebensaufgabe der individuellen und gesellschaftlichen Existenz. Die subjektive Stellungnahme zur Arbeit geschieht nach dem seit der frühen Kindheit eingeübten Lebensstil bzw. Persönlichkeitsstil. Bei der Ausprägung von unterschiedlichen Persönlichkeitsstrukturen sind spezielle innere Konflikte beteiligt, die dem Betreffenden weitgehend unbewusst sind. Arbeitsstörungen sind somit häufig Ausdruck für innere, unbewusste Konflikte. Aufgabe ist es daher, die positiven Anteile der die Arbeit begünstigenden spezifischen Persönlichkeitsstruktur als Ressource zu verstehen und neu zu entdecken. Zudem gilt es zu lernen, die Einseitigkeiten, Engen und negativen Fixierungen des Arbeitsstils zu akzeptieren und aufzulockern.
- Ermunterung zur Angstüberwindung:[289] Angst wirkt lähmend, einengend, Konzentration störend, Unsicherheit fördernd (Fromm: *Die Furcht vor der Freiheit*). Die Aufgabe ist daher zu lernen, anstehende Herausforderungen anzunehmen und zu probieren, diese „mit" oder „trotz" der Angst anzupacken, so dass sich das Selbstwertgefühl stabilisieren kann.
- Politik der kleinen Schritte: Sinnvoll ist es, die Arbeitsaufgaben in Teilstücke zu zerlegen, zu analysieren und zu bestimmen, welche Schritte am dringlichsten sind und was nacheinander erfolgen soll. Erfolgreich bewältigte Teilschritte stärken das Selbstvertrauen und fördern den Mut, die nächsten Schritte anzugehen. Rückgriff auf einfache Formen des Arbeitens unter dem Routineaspekt bewirkt eine Entlastung vom Entscheidungsdruck und bildet einen wichtigen Schutzfaktor gegenüber Arbeitsstörungen.
- Aufbrechen des Teufelskreises (Circulus vitiosus) von Allmachtsillusionen (Riesenerwartungen), Inaktivität (Bequemlichkeit) und Protesthaltung: Abbau der Größenvorstellungen auf ein realistisches Maß, damit die Hürde von Hinausschieben, Verzögern, Ausweichen und

---

[289] vgl. Schaubild 1.4 „Minderwertigkeitsgefühl und Angstüberwindung", Anhang S. 207

„Nebenkriegsschauplätzen" aktiv übersprungen werden kann und Handlungsfähigkeit entsteht. Auflockern oder „Auflösen" der inneren Protesthaltung, weg vom „Ich muss", hin zum „Ich will".

– Abbau bzw. Auflockerung überhöhter Über-Ich-Anforderungen, Milderung des Gewissens: Die Integration des eigenen Über-Ichs führt dazu, dass Über-Ich-Konflikte (Vater-Chef-Professor) nicht mehr externalisiert werden müssen („Chef schimpft immer"), und es ergibt sich ein persönlicher Freiheitsspielraum. Perfektionistische Leistungsideale und „Du-sollst"-Forderungen können Arbeitsstörungen auslösen.

– Arbeitsstörungen und Prüfungsangst stehen in engem Zusammenhang mit mangelnder Ablösung und Trennung von der Familie bzw. wichtigen Bezugspersonen. Mit der Bewältigung der Prüfung wird unbewusst das Getrenntsein von anderen (Herkunftsfamilie, Mehrgenerationen-Perspektive) befürchtet. Die Trennung aus Abhängigkeiten wie von den Eltern, Partnern, Freunden usw. als Bewegung von einem Identitätsstadium zum nächsten wird vermieden, weil es die „Furcht vor der Freiheit" (Fromm) auslöst.

– Verbesserung der Arbeitstechnik: durch kontinuierliches Training, Zeitmanagement, Strukturierung der Arbeitsaufgaben, „learning by doing".

– Vermeidung negativer Kognitionen („Ich schaff es nicht"; „Immer bleibt alles bei mir hängen") und Ersetzung durch positive und ermutigende Gedanken, die Hoffnung erzeugen („Eins nach dem anderen"; „So weit, so gut"; „Übung macht den Meister"; „Nur wenn ich etwas ausprobiere, kann ich die Erfahrung machen, dass ich es kann!")[290]

– Das Unangenehme zuerst ausführen: Dies ermöglicht neue Erfahrungen in der Bewertung und Einteilung von Arbeitsschritten.

– Anstehende Aufgaben gleich in Angriff nehmen und nicht erst einmal Hinausschieben, bis der Zeitdruck eine Erledigung fordert, z.B. eingehende Post sofort erledigen, Briefverkehr ablegen, Kontoauszüge einheften und nicht vorerst auf einen Berg legen, woraus ein tatsächliches „Berggefühl" entstehen kann (Gefahr von Messie-Verhalten).

– Begonnene Arbeiten immer zu Ende führen und sich nicht ablenken lassen oder durch neue Reize mit etwas anderem beginnen. Nicht Abgeschlossenes besitzt eine Eigendynamik, ist im Bewusstsein/Unterbewusstsein nach wie vor präsent, bindet dadurch Energie, lähmt die

---

[290] vgl. Bucay, J.: Der angekettete Elefant, in: derselbe, Komm, ich erzähl dir eine Geschichte (1999), Zürich 2005, S. 10

Konzentration und verhindert, dass sich ein Befreiungsgefühl einstellt (Zeigarnik-Effekt).[291]

- Umwertung der Werte durch „Wert erkennen" (Max Scheler): positiv entwicklungsfördernde Momente als Ziel des eigenen Tuns benennen, die in sozial nützlichem und gemeinschaftsförderndem Arbeitsverhalten münden. Nicht nur Leistungsstreben und Verausgabung für individuelle oder egoistische Zwecke favorisieren. Geduld, Muße und Kontemplation führen auf längere Sicht zur positiveren Motivierung des Arbeitshandelns. Pendeln zwischen Arbeit und Muße führt zu einer natürlichen Distanz zu Arbeitskonflikten und fördert einen spielerischen Umgang im Sinne des Probehandelns.

- Analyse der verinnerlichten Werteordnung, die in der bisherigen Biographie wegleitend war. Neuorientierung im Hinblick auf eine Vervollkommnung, ein „inneres Rundwerden", Individuation, Selbstwerdung und fortdauernde Persönlichkeitsentwicklung, die mit einem Prozess des „lebenslangen Lernens" und Bildens einhergeht. Arbeitsstörungen sind nach V.E. von Gebsattel „Werdenshemmungen".

- Entwicklung von Kommunikationsfähigkeit: Über die Arbeit wird man seinen Mitmenschen gegenüber sichtbar (H. Arendt); das Selbstwerterleben durch die Arbeit beeinflusst auch die Beziehung zum Arbeitsgegenstand und zu den Mitmenschen (M. Buber: Dialogisches Prinzip). Daher kann formuliert werden, dass Arbeitsstörungen auch Ausdruck für Beziehungsstörungen sind, da Arbeitsstörungen immer mit aktuellen Beziehungen oder verinnerlichten Beziehungserfahrungen in Verbindung stehen.

- Arbeit ist Suche nach Lebenssinn: Entwicklung von Ich-stützenden und sinnerfüllenden Aufgaben. Arbeitsstörungen verweisen auf verfehlten Lebenssinn und Krisen in der Identitätsbildung.

- Entwicklung von Humor: Nur wenn man über sich selbst lächeln oder lachen kann, ist man in der Lage, Distanz zu den Lebensereignissen herzustellen. Denn: Arbeitsstörungen stehen auch für Humorlosigkeit.

- Erlebnis von Freude und Glück: Interesse, Wissbegier, Funktionslust führen zu einer Befriedigung und geben spielerischen, kreativen Elementen Raum. Dagegen stehen Arbeitsstörungen für Zwang, Pflichterfüllung, Protest, Tyrannei des „Du-sollst" und wirken fremdbestimmt. Das Gefühl des „Ich habe es geschafft" führt zu einer freudigen Reaktion, beglückt im Sinne eines „Flow-Erlebnisses", motiviert für weitere

---

[291] Lewin, K., Zeigarnik, B.W.: Über das Behalten von erledigten und unerledigten Handlungen, Berlin 1927

Schritte, lässt alte Gewohnheiten auflockern und hebt den Menschen auf eine höhere Daseinsstufe.[292]

---

[292] vgl. Schaubild 1.5 „Auflockerung von Gewohnheiten", Anhang S. 208

8 Resümee

Das Phänomen Arbeitsstörungen hat sowohl für die Arbeit in einer Gesellschaft als auch für das individuelle Erleben eine große Bedeutung und zeitigt weit reichende Folgen. Das Thema ist für verschiedene Wissenschaftsdisziplinen wie Tiefenpsychologie, Arbeitspsychologie, Psychosomatik, medizinische Anthropologie, auch für die Ökonomie, Soziologie, Politologie und für die Philosophie von Belang.

Bei wissenschaftlichen Untersuchungen zu diesem Thema ist neben den objektiven Bedingungen am Arbeitsplatz das subjektive Befinden der Arbeitenden zentral. Auswirkungen auf die körperlich-psychische Gesundheit werden in immer größerem Maße den Bedingungen zugeschrieben, die psychosozialen Stress verursachen (Uexküll). Die Beschäftigten erleben Situationen von Überforderung in der Arbeit, was als „Hektik", „Zeitdruck" oder als „Stress" wahrgenommen wird. Dadurch wird psychosozialer Stress zu einem zunehmenden gesundheitlichen Risiko. Entscheidend für die Bewertung, was als Bedrohung, die Stress und Angst erzeugt, erlebt und interpretiert wird, ist die subjektive Wahrnehmung des Einzelnen. Insbesondere wenn Arbeitsplatzverlust droht bzw. Arbeitslosigkeit eingetreten ist oder wenn Mobbing-Situationen die tägliche Arbeit belasten, wird die individuelle Wahrnehmung, Bewertung und Verarbeitung solcher Situationen das Maß an subjektiver Beeinträchtigung prägen. In der Folge kann es zu gesundheitlicher Gefährdung kommen, die mit körperlichen Symptomen, psychosomatischen Krankheitsverläufen, Erschöpfungssyndromen (Burn-out), Angst- und Panikzuständen, Messie-Syndrom, Depression, Resignation, Sinnlosigkeitsgefühlen und konflikthafter Kommunikation einhergeht und die individuelle Energie in einem negativen Erleben bindet.

Arbeitsstörungen sind durch die verinnerlichte Werteordnung sowie durch Erleben und Verarbeiten der Lebensgeschichte geprägt, was zur Ausformung eines spezifischen Lebensstils bzw. Persönlichkeitsmusters führt. Daraus resultieren persönlichkeitsspezifische Arbeitsstile, die mit bestimmten Arbeitsstörungen korrespondieren.

Eine besondere Zuspitzung mit krisenhaften Erscheinungen kann durch „objektive" Tatbestände wie betriebliche Veränderungen, Arbeitsplatzabbau, Intensivierung der betrieblichen Arbeitsleistung usw. ausgelöst werden, aber gleichermaßen auch durch „Schwellensituationen" im

Leben eines Menschen (z.B. Wechsel von der Schule zur Hochschule, Arbeitsplatzwechsel, Ablösung der Kinder, Krise in der Lebensmitte, Krankheit, Alter und Tod nahe stehender Personen). Es kann dann zu tiefen Verunsicherungen der bisher ausgebildeten Identität, einer Zuspitzung innerer Konflikte und zu einer Störungssymptomatik kommen. Besonders anfällig scheinen hierfür Studenten zu sein, in deren Gruppe mehr als jeder Vierte mit psychischen Beeinträchtigungen wie Leistungsstörungen, mangelndem Selbstwertgefühl, depressiven Verstimmungen, Versagens- und Prüfungsängsten reagiert. Als Ursache wird hierbei die Herausforderung an Autonomie in der studentischen Situation gesehen, die mit den Geborgenheitswünschen und Abhängigkeitsbedürfnissen in Bezug auf das vertraute soziale Milieu (Elternhaus, Schule, Freunde) in Konflikt gerät und die bisher ausgebildete Identität verunsichert. Die Dynamik dieser inneren Prozesse und deren Folgen verdeutlichen die Relevanz des Themas Arbeitsstörungen und Arbeitsstile für den Bereich der Psychologie wie auch für die Psychotherapie, aus deren Praxis anschauliche Beispiele in die Darstellung einfließen.

Aufgrund der im Alltagsleben auftretenden Relevanz wie auch der klinischen Bedeutung des Themas wurde in der vorliegenden Arbeit das Phänomen Arbeitsstörungen in seinen unterschiedlichen Facetten dargestellt und wissenschaftlich untersucht. Neben der Aufarbeitung wichtiger psychologischer, tiefenpsychologischer und psychosomatischer Literatur wurden auch anthropologische Aspekte mit einbezogen.

Arbeitshaltungen und Arbeitsstörungen – so lassen sich die Ausführungen meiner Arbeit auf einen kurzen Nenner bringen – werden von den betroffenen Individuen entsprechend ihres Persönlichkeitsstils erlebt und verarbeitet. Sie führen zur Ausprägung in einer spezifischen Symptomatik, die das alltägliche Leben belastet, Energie bindet, konflikthaftes Erleben überhand nehmen lässt und die Lebensstimmung beeinträchtigt.

Einen Beitrag zur Bewältigung von Arbeitsstörungen kann in der Initiierung eines emotionalen Prozesses gesehen werden, der Reflexion und Zugang zu dem inneren Konflikt ermöglicht. Vorhandene Fähigkeiten und Ressourcen können aufbauend wirken und integriert werden. Der Betreffende lernt sich auch mit den „dunklen" Seiten seiner Persönlichkeit anzufreunden und dass diese auch zum Menschsein dazugehören. In der Folge kann die jeweilige Persönlichkeitsstruktur ausgewogener wahrgenommen werden, was mit einer Umwertung der inneren Werteordnung einhergeht und zu einer Auflockerung der verinnerlichten Einstellungen und Haltungen führen kann. Wenn der Mensch mehr Einsicht in seine vitalen Bedürfnisse erfährt und sich handlungsfähiger fühlt, verringern sich auch seine Größenphantasien auf ein realistisches Maß, was den Mut zur Überwindung von Angst und Arbeitshemmungen steigert. Dies ist mit der Erweiterung des individuellen Weltbezugs verbunden, der die Möglichkeit der Personwerdung (Vervollkommnung, Ganzwerdung, Individuation, Selbstwerdung) zum Ziel hat und mit der Entwicklung der Emotionen der Freude, des Glücks und des Humors verbunden ist.

9 Literaturverzeichnis

Adler, Alfred:
- Gesundheitsbuch für das Schneidergewerbe, Berlin 1898
- Über den nervösen Charakter (1912), Frankfurt a.M. 1972
- Praxis und Theorie der Individualpsychologie (1920), Frankfurt a.M. 1989
- Menschenkenntnis (1927), Frankfurt a.M. 1973
- Lebenskenntnis (1929), Frankfurt a.M. 1978
- Der Sinn des Lebens (1933), Frankfurt a.M. 1986

Arbeitskreis OPD (Hg.):
- Operationalisierte Psychodynamische Diagnostik: Grundlagen und Manual (1996), Bern 1998

Arendt, Hannah:
- Vita activa oder Vom tätigen Leben (1967), München 2005

Aristoteles:
- Nikomachische Ethik, München

Baumeyer, Franz:
- Arbeitsstörungen bei Studenten, Zeitschrift für psychosomatische Medizin, 14, 1968

Biäsch, Hans:
- Zur Psychologie des schöpferischen Arbeitens, in: derselbe, Angewandte Psychologie als Lebensaufgabe, Bern 1977

Binswanger, Ludwig:
- Drei Formen missglückten Daseins. Verstiegenheit, Verschrobenheit, Manieriertheit, Tübingen 1956

Bornemann, Ernst:
- Bestrebungen um die Humanisierung der Arbeitswelt, in: Stoll, Francois (Hg.): Arbeit und Beruf, Bd. 1, Weinheim 1983

Bowlby, John:
- Trennung. Psychische Schäden als Folge der Trennung von Mutter und Kind, München 1976

Bräutigam, Walter:
- Reaktionen, Neurosen, abnorme Persönlichkeiten: Seelische Krankheiten im Grundriß (1968), Stuttgart 1985

Braun, Peter:
- Arbeitsstörungen, in: Pongratz, Ludwig (Hg.): Handbuch der Psychologie, Bd. 8, Göttingen 1978

Bronfen, Elisabeth:
- Das verknotete Subjekt. Hysterie in der Moderne, Berlin 1998

Bruyn de, Günter:
- Neue Herrlichkeit (1984), Frankfurt a.M. 1986

Buber, Martin:
- Das dialogische Prinzip (1954), Gerlingen 1994

Bucay, Jorge:
- Komm ich erzähl dir eine Geschichte (1999), Zürich 2005

Bruggemann, Agnes/Groskurth, Peter/Ulich, Eberhard:
- Arbeitszufriedenheit, Bern 1975

Caruso, Igor A.:
- Psychotherapie als Arbeit – Gedanken zum Arbeitsgehalt der Psychoanalyse, in: Petzold, Hilarion/Heinl, Hildegund (Hg.): Psychotherapie und Arbeitswelt, Paderborn 1983

Csikszentmihalyi, Mihaly:
- Kreativität. Wie Sie das Unmögliche schaffen und ihre Grenzen überwinden (1996), Stuttgart 1997

Danzer, Gerhard:
- Dichten ist ein Akt der Revolte, Würzburg 1996
- Frauen in der patriarchalischen Kultur, Würzburg 1997

Danzer, Gerhard/Rattner, Josef:
- Der Mensch zwischen Gesundheit und Krankheit, Darmstadt 1999

Dellisch, Heide:
- Auswirkungen der Charakterstruktur in der Schule, Praxis der Kinderpsychologie und Kinderpsychiatrie, 32, 1983

DER TAGESSPIEGEL:
- Aufschwung bringt noch keine Stellen, 62. Jg., Nr. 19119 vom 01.03.2006

Deutsches Ärzteblatt: Heft 9, Sept. 2004

Deutsches Studentenwerk (Hg.):
- Zum Stellenwert und zur Notwendigkeit spezifischer psychologisch-psychotherapeutischer Beratungsangebote für Studierende, Bonn 1997

DIE WELT:
- Eine halbe Million Mobbing-Opfer an deutschen Schulen, Nr. 37–7 vom 13.02.2006

Dilthey, Wilhelm:
- Ideen über eine beschreibende und zergliedernde Psychologie (1894), in: Gesammelte Schriften Bd. V, Göttingen-Zürich 1990

Dorsch, Friedrich:
- Psychologisches Wörterbuch, Bern 1982

Dührssen, Annemarie:
- Die biographische Anamnese unter tiefenpsychologischem Aspekt, Göttingen 1981

Eckermann, Johann Peter:
- Gespräche mit Goethe in den letzten Jahren seines Lebens (1835), München 1988

Eco, Umberto:
- Wie man eine wissenschaftliche Abschlußarbeit schreibt (1977), Heidelberg 1991

Ekesparre, Dorothee v.:
- „Das ist der halbe Tod." Psychosoziale und gesundheitliche Folgen von Arbeitslosigkeit, in: Hirsch, Mathias (Hg.): Psychoanalyse und Arbeit, Göttingen 2000

Erikson, Erik H.:
- Kindheit und Gesellschaft (1950), Stuttgart 1979
- Identität und Lebenszyklus (1959), Frankfurt a.M. 1973
- Jugend und Krise (1968), Stuttgart 1974

Ermann, Michael:
- Psychotherapeutische und psychosomatische Medizin (1995), Stuttgart 1999

Esser, Axel:
- Mobbing, in Auhagen, Ann Elisabeth/Bierhoff, Hans-Werner (Hg.): Angewandte Sozialpsychologie, Weinheim 2003

Eschenröder, Christof T.:
- Selbstsicher in die Prüfung (1993), München 2002

Fertsch-Röver-Berger, Cordelia:
- Familiendynamik und Lernstörungen, Praxis der Kinderpsychologie und Kinderpsychiatrie, 34, 1985

Freud, Sigmund:
(zit. nach: GW = Gesammelte Werke – Imago Ausgabe), Frankfurt a.M. 1999
- Studien über Hysterie (1895), GW Bd. I
- Über die Berechtigung von der Neurasthenie einen bestimmten Symptomenkomplex als „Angstneurose" abzutrennen (1895), GW Bd. II
- Einige Charaktertypen aus der psychoanalytischen Arbeit (1916), GW Bd. X
- Trauer und Melancholie (1917), GW Bd. X
- Hemmung, Symptom und Angst (1926), GW Bd. XIV
- Die Zukunft einer Illusion (1927), GW Bd. XIV
- Der Humor (1928), GW Bd. XIV

Fromm, Erich:
- Furcht vor der Freiheit (1941), Frankfurt a.M. 1980
- Psychoanalyse und Ethik (1947), München 1985
- Psychoanalyse und Zen-Buddhismus, in: derselbe (Hg.): Zen-Buddhismus und Psychoanalyse, Frankfurt a.M. 1972

Fuchs-Brüninghoff, Elisabeth/Gröner, Horst (Hg.):
- Arbeit und Arbeitslosigkeit, Beiträge zur Individualpsychologie, Bd. 17, München 1993

Gadamer, Hans-Georg:
- Wahrheit und Methode. Grundzüge einer philosophischen Hermeneutik (1960), Tübingen 1975

Gartner, Friederike/Jirasko Marco:
- „Ehrgeizige" Eltern und schlechte Schulleistungen, Report Psychologie, 23. Jg., Heft 4, 1999,

Gebsattel, Viktor-E. v.:
- Prolegomena einer medizinischen Anthropologie, Berlin 1954

Geissler, Jürgen:
- Psychologie der Karriere (1977), Reinbek b. Hamburg 1979

Goethe v., Johann Wolfgang:
- Wilhelm Meisters Lehrjahre, in: Goethes Werke, 1. Abt., 21. Bd., Weimar 1898 (Weimarer Ausgabe)

Graf, Gabriele/Krischke, Norbert R.:
- Psychische Belastungen und Arbeitsstörungen im Studium, Stuttgart 2004

Graf, Helmut:
- Psychotherapie in der Arbeitswelt, Wien 2003

Green, André:
- Die Hysterie, in: Eicke, Dieter (Hg.): Die Psychologie des 20. Jahrhunderts, Bd. II: Freud und die Folgen (I), Zürich 1976

Groskurth, Peter (Hg.):
- Arbeit und Persönlichkeit, Reinbek b. Hamburg 1979

Grün, Markus:
- Die tiefenpsychologische Fundierung von Personalentscheidungen, München 2003

Habermas, Jürgen:
- Erkenntnis und Interesse (1968), Frankfurt a.M. 1977

Hahne, Roland u.a.:
- Studium und psychische Probleme, Sonderauswertung zur 15. Sozialerhebung des Deutschen Studentenwerks, Bonn 1999

Hartmann, Nicolai:
- Zur Grundlegung der Ontologie (1948), in: Schischkoff, Georgi (Hg.): Philosphisches Wörterbuch, Stuttgart 1965

Hegel, Georg Wilhelm Friedrich:
- Phänomenologie des Geistes (1807), Hamburg 1988

Heidegger, Martin:
- Sein und Zeit (1927), Tübingen 1986

Heidegger, Martin:
- Was ist Metaphysik? (1929), Frankfurt a.M., 15. Aufl. 1998

Heigl, Franz:
- Neurotische Arbeitsstörungen in der analytischen Psychotherapie, Zeitschrift für psychosomatische Medizin, 1, 1954/55
- Zur Psychodynamik der Lernstörungen, Zeitschrift für psychosomatische Medizin, 15, 1969

Heigl-Evers, Annemarie:
- Zur Frage der hysterischen Abwehrmechanismen, Zeitschrift für psychosomatische Medizin, 13, 1967

Heigl-Evers, Anneliese/Heigl, Franz/Ott, Jürgen/Rüger, Ulrich:
- Lehrbuch der Psychotherapie (1993), Lübeck 1997

Heimann, Paula:
- Bemerkungen zum Arbeitsbegriff in der Psychoanalyse, Psyche 5, 1966

Henseler, Heinz:
- Narzißtische Krisen, Zur Psychodynamik des Selbstmords (1974), Reinbek b. Hamburg 1980

Herzberg, Frederick I. u.a.:
- The Motivation to Work, New York 1959

Hesse, Jürgen/Schrader, Hans Christian:
- Die Neurosen der Chefs (1994), München 1998

Hilgers, Micha:
- Arbeitslosigkeit, Qualifikationsoffensive und der Verlust der Würde, in: Lehmkuhl, Ulrike (Hg.): Sinnverlust und Kompensation, Beiträge zur Individualpsychologie, Bd. 24, München 1998

Hillebrand, M.J.:
- Psychologie des Lernens und Lehrens (1958), Bern 1962

Hirsch, Mathias:
- Arbeitsstörung und Prüfungsangst, in: derselbe (Hg.): Psychoanalyse und Arbeit, Göttingen 2000

Hoffmann, Nicolas/Hofmann, Birgit:
- Arbeitsstörungen, Weinheim 2004

Hoffmann, Sven O./Hochapfel, Gerd:
- Einführung in die Neurosenlehre und psychosomatische Medizin (1979), Stuttgart 1987
- Neurotische Störungen und Psychosomatische Medizin (1979), Stuttgart 2004

Hohage, Roderich:
- Zur Psychoanalyse des Arbeitens und der Arbeitsstörungen, in: Hirsch, Mathias (Hg.): Psychoanalyse und Arbeit, Göttingen 2000

Holm-Hadulla, Rainer M.:
- Psychische Schwierigkeiten von Studierenden und ihre Behandlung, in: derselbe (Hg.): Psychische Schwierigkeiten von Studierenden, Göttingen 2001
- Kreativität. Konzept und Lebensstil, Göttingen 2005

Horney, Karen:
- Arbeitshemmungen, Psyche 7, III. Jg., Stuttgart 1949
- Neue Wege in der Psychoanalyse (1939), München 1977

Israël, Lucien:
- Die unerhörte Botschaft der Hysterie (1976), München 2001

Jaeger, Siegfried/Staeuble, Irmingard:
- Die Psychotechnik und ihre gesellschaftlichen Entwicklungsbedingungen, in: Stoll, Francois (Hg.): Arbeit und Beruf, Bd. 1, Weinheim 1983

Jahoda, Marie:
- Die Arbeitslosen von Marienthal (1933), Frankfurt a.M. 1975
- Wieviel Arbeit braucht der Mensch? Weinheim 1983

Jaspers, Karl:
- Allgemeine Psychopathologie (1949), Berlin 1973

Johannsson, S.E./Sundquist, J.:
Unemployment is an important risk factor for suicide in contemporary Sweden, Public health 1997

Jores, Artur:
- Der Mensch und seine Krankheit (1956), Stuttgart 1970

Jung, Carl Gustav:
- Definitionen und Allgemeine Beschreibung der Typen, GW Bd. 6, Olten 1921/1950

Kern, Horst/Schumann, Michael:
– Industriearbeit und Arbeiterbewusstsein, Frankfurt a.M. 1970

Kets de Vries, Manfred F.R.:
– Führer, Narren und Hochstapler, Essays über die Psychologie der Führung (1998), Stuttgart 2004

Keupp, Heinrich:
– Psychosoziales Elend an den Hochschulen als Handlungsfeld der Studentenberatung – Wahrnehmungs- und Handlungsmöglichkeiten über den „Klinischen Blick" hinaus zur Prävention, Verhaltenstherapie und psychosoziale Praxis, 17, 1985

Kiefer, Lydia:
– Psychische Schwierigkeiten von Studierenden und deren Veränderung im Rahmen integrativer tiefenpsychologisch orientierter Psychotherapie, Regensburg 1997

Kierkegaard, Sören:
– Der Begriff Angst (1844), Hamburg 1984

Kluge, Friedrich:
– Etymologisches Wörterbuch der Deutschen Sprache, Berlin 1989

Kocyba, Hermann:
– Die falsche Aufhebung der Entfremdung, in: Hirsch, Mathias (Hg.): Psychoanalyse und Arbeit, Göttingen 2000

König, Karl:
– Angst und Persönlichkeit. Das Konzept vom steuernden Objekt und seine Anwendungen (1981), Göttingen 1991
– Kleine psychoanalytische Charakterkunde, Göttingen 1992
– Arbeitsstörungen und Persönlichkeit, Bonn 1998

Kohut, Heinz
– Narzissmus (1971), Frankfurt a.M. 1973
  (engl.: The analysis of the self, International Universities Press, New York 1971)

Kohut, Heinz/Wolf, Ernest S.:
– Die Störungen des Selbst und ihre Behandlung, in: Peters, Uwe Henrik (Hg.): Die Psychologie des 20. Jahrhunderts, Bd. X: Ergebnisse für die Medizin, Zürich 1980

Kroug, Wolfgang:
- Konfrontation mit dem Nichtkönnen, Psyche 3, 1951, V. Jg.

Kühne, Norbert:
- Wie Kinder Sprache lernen, Darmstadt 2003

Künkel, Fritz:
- Einführung in die Charakterkunde (1928), Leipzig 1931

Kutter, Peter:
- Der Zwang in Neurose und Gesellschaft, in: Eicke, Dieter (Hg.): Die Psychologie des 20. Jahrhunderts, Bd. II: Freud und die Folgen (I), Zürich 1976

Lersch, Philipp:
- Aufbau der Person (1941), München 1962

Lewin, Kurt/Zeigarnik, Bluma W.:
- Über das Behalten von erledigten und unerledigten Handlungen, Berlin 1927

Leymann, Heinz:
- Mobbing, Reinbek b. Hamburg 1994

Lohmann, Hans:
- Krankheit oder Entfremdung, Psychische Probleme in der Überschußgesellschaft, Stuttgart 1978

Lüders, Wolfram:
- Lern- und Leistungsstörungen. Ein Beitrag zur Psychoanalyse der Arbeitsstörungen, Psyche 21, 1967

Lütjen, Reinhard/Frey, Dieter:
- Gesundheitspsychologie – Sozialpsychologische Aspekte von Gesundheit und Krankheit, in: Schultz-Gambard, J. (Hg.): Angewandte Sozialpsychologie, München 1987

Marx, Karl:
- Das Kapital (1867), 1. Bd., MEW Bd. 23, Berlin 1973

Maslow, Abraham H.:
- Motivation und Persönlichkeit (1954), Reinbek b. Hamburg 1981
- Psychologie des Seins, München 1973

Mayo, Elton:
- The human problems of an industrial civilization, Boston 1933
- The social problems of an industrial civilization, Boston 1945

Menschik, Jutta:
- Gleichberechtigung oder Emanzipation? Die Frau im Erwerbsleben der Bundesrepublik, in: Altvater, Elmar u.a. (Hg.), Frankfurt a.M. 1974
- Feminismus - Geschichte, Theorie und Praxis, Köln 1977
- Ein Stück von mir, Mütter erzählen, Frankfurt a.M. 1985

Menschik-Bendele, Jutta:
- Die Erlernung des „Aufrechten Ganges" – Entwicklungsbedingungen für eine demokratische Persönlichkeit, in: Szanya, Anton (Hg.): Brüder, zur Sonne, zur Freiheit! Mythen und Legenden über das Revolutionäre, Wien 1997
- „Plötzlich ist die Selbstsicherheit weg" – Größenphantasie und Schuldgefühl bei männlichen und weiblichen Jugendlichen, in: Menschik-Bendele, Jutta/Ottomeyer, Klaus (Hg.): Sozialpsychologie des Rechtsextremismus (1998), Opladen 2002
- Geschlechterdynamik in der Gruppenanalyse: „Das Ich ist vor allem ein körperliches", in: Hayne, Michael/Kunzke, Dieter (Hg.): Moderne Gruppenanalyse, Gießen 2004

Menschik-Bendele, Jutta/Ottomeyer, Klaus u.a.:
- Sozialpsychologie des Rechtsextremismus. Entstehung und Veränderung eines Syndroms (1998), Opladen 2002

Mentzos, Stavros:
- Hysterie (1980), Frankfurt a.M. 1992
- Neurotische Konfliktverarbeitung (1982), Frankfurt a.M. 1992

Möller, Markus Lukas u.a.:
- Psychotherapeutische Studentenberatung, Stuttgart 1974

Moser, Ulrich:
- Psychologie der Arbeitswahl und der Arbeitsstörungen, Bern 1953

Neuberger, Oswald:
- Messung der Arbeitszufriedenheit, Stuttgart 1974

Neumann, Johannes:
- Angst und Krankheit vor dem Examen, Gütersloh 1933

Niedl, Klaus:
– Mobbing/Bullying am Arbeitsplatz, München 1995

Offord, David R./Boyle, Michael H. u.a.:
– One-Year Prevalence of Psychiatric Disorder in Ontarians 15 to 64 Years of Age, Canadian Journal of Psychiatry, Vol. 41, No. 9, November 1996

Ottomeyer, Klaus:
– Ökonomische Zwänge und menschliche Beziehungen (1977), Münster 2004
– Über Arbeit, Identität und eine paranoide Tendenz in den Zeiten der Globalisierung, in: Hirsch, Mathias (Hg.): Psychoanalyse und Arbeit, Göttingen 2000

Piaget, Jean:
– Das moralische Urteil beim Kinde (1932), Zürich 1954
– Das Erwachen der Intelligenz beim Kinde (1936), Stuttgart 1969

Plattner, Ilse E.:
– Zeitstreß. Für einen anderen Umgang mit der Zeit (1993), München 1996

Portele, Gerhard:
– Psychotherapie und Arbeitswelt, in Petzold, Hilarion/Heinl, Hildegund (Hg.): Psychotherapie und Arbeitswelt, Paderborn 1983

Prahl, Hans-Werner:
– Prüfungsangst (1977), Frankfurt a.M. 1979

PSYCHOLOGIE HEUTE:
– Muss ich oder will ich? 31. Jg., Heft 9, Sept. 2004

Quint, Hans:
– Über die Zwangsneurose (1971), Göttingen 1976

Radebold, Hartmut:
– Die dunklen Schatten unserer Vergangenheit, Stuttgart 2005

Rattner, Josef:
– Anleitung zum Umgang mit schwierigen Menschen (1971), Augsburg 1999
– Selbsterkenntnis und Menschenkenntnis (1973), München 1975
– Sozialisation in der Familie, in: Juristische Rundschau, Heft 1, 1974

– Arbeitsunfähigkeit, in: Jahrbuch für Verstehende Tiefenpsychologie und Kulturanalyse, Bd. 3, Berlin 1983
– Kritisches Wörterbuch der Tiefenpsychologie für Anfänger und Fortgeschrittene, Berlin 1994
– Arbeitsfähigkeit, in: Charakterstudien, Jahrbuch für Verstehende Tiefenpsychologie und Kulturanalyse, Bd. 18/19, Berlin 1996

Rattner, Josef/Danzer, Gerhard:
– Medizinische Anthropologie, Frankfurt a.M. 1997
– Hundert Meisterwerke der Tiefenpsychologie, Darmstadt 1998
– Erziehung zur Persönlichkeit – Wachsen, lernen, sich entwickeln, Darmstadt 2003
– Psychosomatik und Psychohygiene. Ein Gesundheitsbuch für Leib, Seele und Geist, Jahrbuch für Verstehende Tiefenpsychologie und Kulturanalyse, Bd. 27, Berlin 2004
– Homo insipiens oder der dumme Mensch, Jahrbuch für Verstehende Tiefenpsychologie und Kulturanalyse, Bd. 28, Berlin 2004
– Philosophie für den Alltag, Darmstadt 2004

Reich, Wilhelm:
– Charakteranalyse (1933), Köln 1997

Richter, Horst Eberhard:
– Eltern, Kind und Neurose (1963), Reinbek b. Hamburg 1971
– Patient Familie (1970), Reinbek b. Hamburg 1980

Riemann, Fritz:
– Grundformen der Angst (1961), München 1977
– Grundformen helfender Partnerschaft (1974), München 1979

Riesman, David et al.:
– Die einsame Masse (1951), Frankfurt a.M. 1955

Roethlisberger, Fritz J./Dickson, William J.:
– Management and the worker, Cambridge, Mass. 1939

Rogers, Carl:
– Counseling and psychotherapy, Boston 1942, dtsch.: Die nichtdirektive Beratung (1972), München 1981

Rohrlich, Jay B.:
– Arbeit und Liebe (1980), München 1982

Rosenstiel v., Lutz:
- Arbeitssituation, Arbeitszufriedenheit und seelische Störung, in: Reimann, Helga und Horst (Hrsg.): Psychische Störungen, München 1975

Roth, Jenni:
- Wenn der Job auf den Magen schlägt/Mobben – leicht gemacht, in: DER TAGESSPIEGEL, 61. Jg., Nr. 18753 vom 20.02.2005

Rudolf, Gerd:
- Versorgungsforschung, in Tress, W. (Hg.): Psychosomatische Medizin und Psychotherapie in Deutschland, Göttingen 1992
- Psychotherapeutische Medizin und Psychosomatik (1993), Stuttgart 2000

Russel, Bertrand:
- Eroberung des Glücks (1951), Frankfurt a.M. 2005

Sartre, Jean-Paul:
- Das Sein und das Nichts (1943), Reinbek b. Hamburg 1976

Schäfer, Annette:
- Was in Unternehmen wirklich vor sich geht, in: PSYCHOLOGIE HEUTE, 31. Jg., Heft 11, Nov. 2004

Schaff, Adam:
- Entfremdung als soziales Phänomen, Wien 1977

Scheler, Max:
- Wesen und Formen der Sympathie (1913), Bonn 1985

Schmale, Hugo:
- Psychologie der Arbeit, Stuttgart 1983

Schmidbauer, Wolfgang:
- Die hilflosen Helfer, Reinbek b. Hamburg 1977
- Alles oder nichts. Über die Destruktivität von Idealen (1980), Reinbek b. Hamburg 1988

Schmidtchen, Gerhard:
- Betriebsklima und Arbeitszufriedenheit, in: Stoll, Francois (Hg.): Arbeit und Beruf, Bd. 1, Weinheim 1983

Schopenhauer, Arthur:
- Aphorismen zur Lebensweisheit (1851), in: Parerga und Paralipomena I, Sämtl. Werke Bd. IV, Frankfurt a.M. 1986

Schultz-Hencke, Harald:
- Der gehemmte Mensch (1940), Stuttgart 1982
- Lehrbuch der analytischen Psychotherapie (1951), Stuttgart 1985

Schwendter, Rolf:
- Therapie und Arbeit, in: Petzold, Hilarion/Heinl, Hildegund (Hg.): Psychotherapie und Arbeitswelt, Paderborn 1983

Schwidder, Werner:
- Neopsychoanalyse, in: Handbuch der Neurosenlehre und Psychotherapie, Bd. 3, München 1959
- Zur Strukturspezifität von Arbeitsstörungen, Zeitschrift für psychosomatische Medizin, 13, 1967

Seidler, Günter H.:
- Hysterie heute. Metamorphosen eines Paradiesvogels, Stuttgart 1996

Seligman, Martin E.P.:
- Erlernte Hilflosigkeit, München 1979

Shapiro, David:
- Neurotische Stile, Göttingen 1991

Showalter, Elaine:
- Hystorien. Hysterische Epidemien im Zeitalter der Medien, Berlin 1997

Singer, Kurt:
- Lernhemmung, Psychoanalyse und Schulpädagogik (1970), München 1974
- Verhindert die Schule das Lernen? (1973), München 1983
- Psychisch bedingte Lernstörungen im Kindes- und Jugendalter, in: Spiel, Walter (Hg.): Psychologie und Erziehung, Bd. 1, Weinheim 1986

Soeder, Ulrich/Bastine, Reiner/Holm-Hadulla, Rainer M.:
- Empirische Befunde zu psychischen Beeinträchtigungen von Studierenden, in: Holm-Hadulla, Rainer M. (Hg.): Psychische Schwierigkeiten von Studierenden, Göttingen 2001

Sperling, Eckhard:
– Müdigkeit, ein Leitsymptom neurotischer Lernstörungen bei Studenten, Zeitschrift für psychosomatische Medizin, 1967
– Gruppierungen an der Universität und ihre Beziehung zu Behandlungsproblemen bei Studenten, Zeitschrift für psychosomatische Medizin 15, 1969

Sperling, Eckhard/Jahnke, Jürgen (Hg.):
– Zwischen Apathie und Protest, Bd. 1, Bern 1974

Stern, William:
– Allgemeine Psychologie auf personalistischer Grundlage (1935), Haag, Nijhoff 1950

Tabbert-Haugg, Christine:
– Alptraum Prüfung. Gestörtes Prüfungsverhalten als Ausdruck von Schwellenängsten und Identitätkrisen, Stuttgart 2003

Taylor, Frederick W.:
– Scientific Management (1911), dtsch.: Die Grundsätze wissenschaftlicher Betriebsführung (1913), Weinheim 1977

Tellenbach, Hubertus:
– Typus melancholicus, in: Peters, Uwe Henrik (Hg.): Die Psychologie des 20. Jahrhunderts, Bd. X: Ergebnisse für die Medizin, Zürich 1980

Uexküll, Thure v.:
– Psychosomatische Medizin (1979), München 1998

Ven, F. van der:
– Sozialgeschichte der Arbeit, 3 Bde., München 1972

Wacker, Ali u.a.:
– „Hin und wieder denke ich, daß ich gar nichts tauge" – Arbeitslosigkeit und Selbstwertgefühl, in: Blätter der Wohlfahrtspflege – Deutsche Zeitschrift für Sozialarbeit 7 + 8, 1998

Wagner, Nike u.a.:
– Mann, sei nicht so hysterisch, München 1991

Wagner, Wolf:
– Uni-Angst und Uni-Bluff (1977), Berlin 1992

Wallas, G.:
- The art of thought, New York 1926, zit. in: Zimbardo, Philip G.: Psychologie (1974), Berlin 1983

Weber, Max:
- Die protestantische Ethik (1905), Gütersloh 1979

Wehr, Gerhard:
- Der Begriff der Individuation bei Jung, in: Eicke, Dieter (Hg.): Tiefenpsychologie, Bd. 4: Individualpsychologie und Analytische Psychologie, Weinheim 1982

Wexberg, Erwin:
- Arbeit und Gemeinschaft, Leipzig 1932

Winkel, Rainer:
- Schulische und soziale Ängste, in: Spiel, Walter (Hg.): Psychologie und Erziehung, Bd. 1, Weinheim 1986

Winnicott, David W.:
- Vom Spiel zur Kreativität (1971), Stuttgart 1993

Wurmser, Leon:
- Die Flucht vor dem Gewissen (1987), Berlin 1990

Zander, Wolfgang:
- Arbeitsstörungen und Neurosestruktur, Zeitschrift für psychosomatische Medizin, 13, 1967

Zimbardo, Philip G.:
- Psychologie (1974), Berlin 1983

Ziolko, Horst-Ulfert:
- Psychische Erkrankungen bei Studierenden, Umschau 48, 1965
- Psychische Störungen bei Studenten, Stuttgart 1969

10 ANHANG

Inhaltsverzeichnis

Phänomen Arbeitsstörungen

1 Verzeichnis der Schaubilder

1.1 Stufen der psychosozialen Entwicklung

Stufen der psychosozialen Entwicklung

Ungefähres Alter	Erikson	Freud	Angemessene Lösung	Unangemessene Lösung
I Säuglingsalter	Vertrauen versus Misstrauen (erstes Lebensjahr): Der Säugling lernt in dieser Phase, seiner Umwelt zu vertrauen und sie als geordnet zu betrachten, oder aber ihr zu misstrauen und sie zu fürchten.	Orale Phase: Über die Mundregion (Ernährung) wird der Kontakt zur Umwelt hergestellt.	Stabiles (grundlegendes Sicherheitsbewusstsein	Unsicherheit, Angst
II Kleinkindalter	Autonomie versus Scham und Zweifel (zweites und drittes Lebensjahr): Die Entwicklung der motorischen und geistigen Fähigkeiten verschaffen dem Kleinkind ein Gefühl der Selbstständigkeit.	Anale Phase: Das Kind hat bei Ausscheidungsprozessen Lustgewinn, der aber in den meisten Kulturen unterdrückt wird.	Selbstwahrnehmung als Handelnde(r), als fähig zur Körperbeherrschung, als Verursacher von Geschehnissen	Zweifel an der eigenen Fähigkeit zur Kontrolle von Ereignissen
III Spielalter	Initiative versus Schuldgefühl (4. und 5. Lebensjahr): Die Reaktion der Eltern auf Eigeninitiative des Kindes kann Gefühle der Freiheit und der Initiative, aber auch Schuldgefühle hervorrufen.	Phallische Phase: Exploration und Stimulierung des eigenen Körpers	Vertrauen auf eigene Initiative und Kreativität	Gefühl fehlenden Selbstwertes
IV Schulalter	Leistung/Kompetenz versus Minderwertigkeitsgefühl (6. bis 11. Lebensjahr): Das Kind experimentiert und interessiert sich dafür, wie Dinge funktionieren. Wenn diese Bemühungen als störend und „kindlich" hingestellt werden, können Minderwertigkeitsgefühle entstehen.	Latente Phase: Die Sexualität tritt für einige Zeit in den Hintergrund	Vertrauen auf angemessene grundlegende soziale und intellektuelle Fähigkeiten	Mangelndes Selbstvertrauen, Gefühle des Versagens
V Pubertät und Adoleszenz	Identität versus Rollenkonfusion (12. bis 18. Lebensjahr): In dieser Phase muss der junge Mensch lernen, seine eigene Identität zu begreifen.	Genitale Phase: Sexuelle Differenzierung, Abwendung von der Selbsterotik, Kontakt mit den Genitalien anderer.	Festes Vertrauen in die eigene Person	Wahrnehmung des eigenen Selbst als bruchstückhaft; schwankendes unsicheres Selbstbewusstsein

Ungefähres Alter	Erikson	Freud	Angemessene Lösung	Unangemessene Lösung
VI Frühes Erwachsenen-alter	Intimität versus Isolierung (junges Erwachsenenalter): Mit anderen Personen werden soziale Kontakte hergestellt. Daraus können sich sexuelle, emotionale und moralische Verpflichtungen ergeben.		Fähigkeit zur Nähe und zur Bindung an jemand anders	Gefühl der Einsamkeit, des Abgetrennt-seins; Leugnung des Bedürfnisses nach Nähe
VII Erwachsenen-alter	Zeugende Fähigkeiten/ Generativität versus Stagnation – soziale Aufgeschlossenheit versus Selbstversunkenheit (mittleres Alter): In dieser Phase entwickeln sich Interessen, die über die eigene Person hinausgehen.		Interesse an Familie, Gesellschaft, künftigen Generationen, das über unmittelbar persönliche Belange hinausgeht	Selbstbezogene Interessen; fehlende Zukunfts-orientierung
VIII Reifes Erwachsenen-alter	Lebenserfülltheit/Verzweiflung versus Ich-Integrität (hohes Alter): Der Rückblick auf das bisherige Leben kann Gefühle der Erfüllung und Zuversicht geben. War das Leben falsch gesteuert und unbefriedigend verlaufen, kann ein Gefühl der Verzweiflung auftreten.		Gefühl der Ganzheit, grundlegende Zufriedenheit mit dem Leben	Gefühl der Vergeblichkeit, Enttäuschung

Vgl. Zimbardo, P.G.: Psychologie (1974), Berlin 1992, S. 84

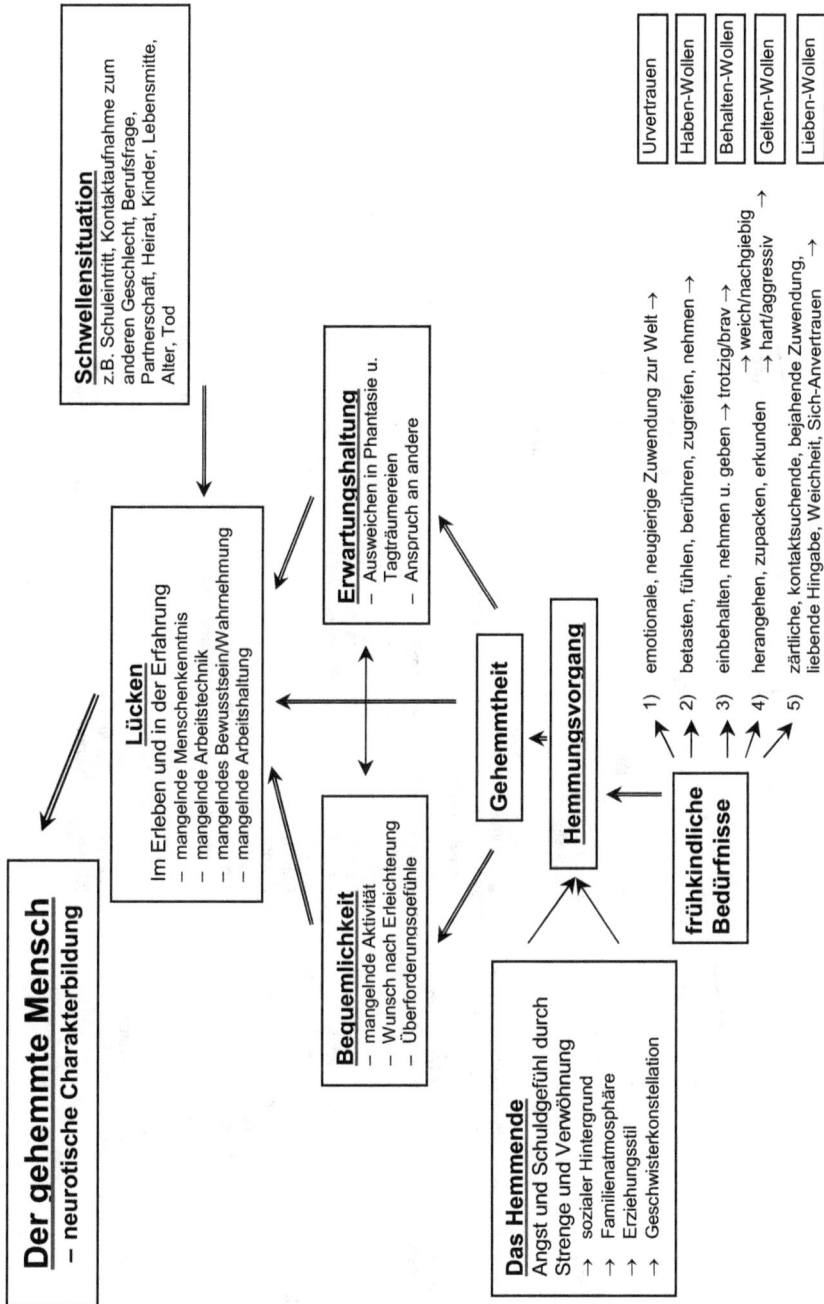

Der gehemmte Mensch
– neurotische Charakterbildung

Schwellensituation
z.B. Schuleintritt, Kontaktaufnahme zum anderen Geschlecht, Berufsfrage, Partnerschaft, Heirat, Kinder, Lebensmitte, Alter, Tod

Lücken
Im Erleben und in der Erfahrung
– mangelnde Menschenkenntnis
– mangelnde Arbeitstechnik
– mangelndes Bewusstsein/Wahrnehmung
– mangelnde Arbeitshaltung

Erwartungshaltung
– Ausweichen in Phantasie u. Tagträumereien
– Anspruch an andere

Bequemlichkeit
– mangelnde Aktivität
– Wunsch nach Erleichterung
– Überforderungsgefühle

Gehemmtheit

Hemmungsvorgang

frühkindliche Bedürfnisse

1) emotionale, neugierige Zuwendung zur Welt →
2) betasten, fühlen, berühren, zugreifen, nehmen →
3) einbehalten, nehmen u. geben → trotzig/brav → weich/nachgiebig →
4) herangehen, zupacken, erkunden → hart/aggressiv → weich/nachgiebig →
5) zärtliche, kontaktsuchende, bejahende Zuwendung, liebende Hingabe, Weichheit, Sich-Anvertrauen →

Urvertrauen

Haben-Wollen

Behalten-Wollen

Gelten-Wollen

Lieben-Wollen

Das Hemmende
Angst und Schuldgefühl durch Strenge und Verwöhnung
↑ sozialer Hintergrund
↑ Familienatmosphäre
↑ Erziehungsstil
↑ Geschwisterkonstellation

1.3 Arbeitsstörungen und Lernhemmungen (nach Schultz-Henke/F. Heigl)

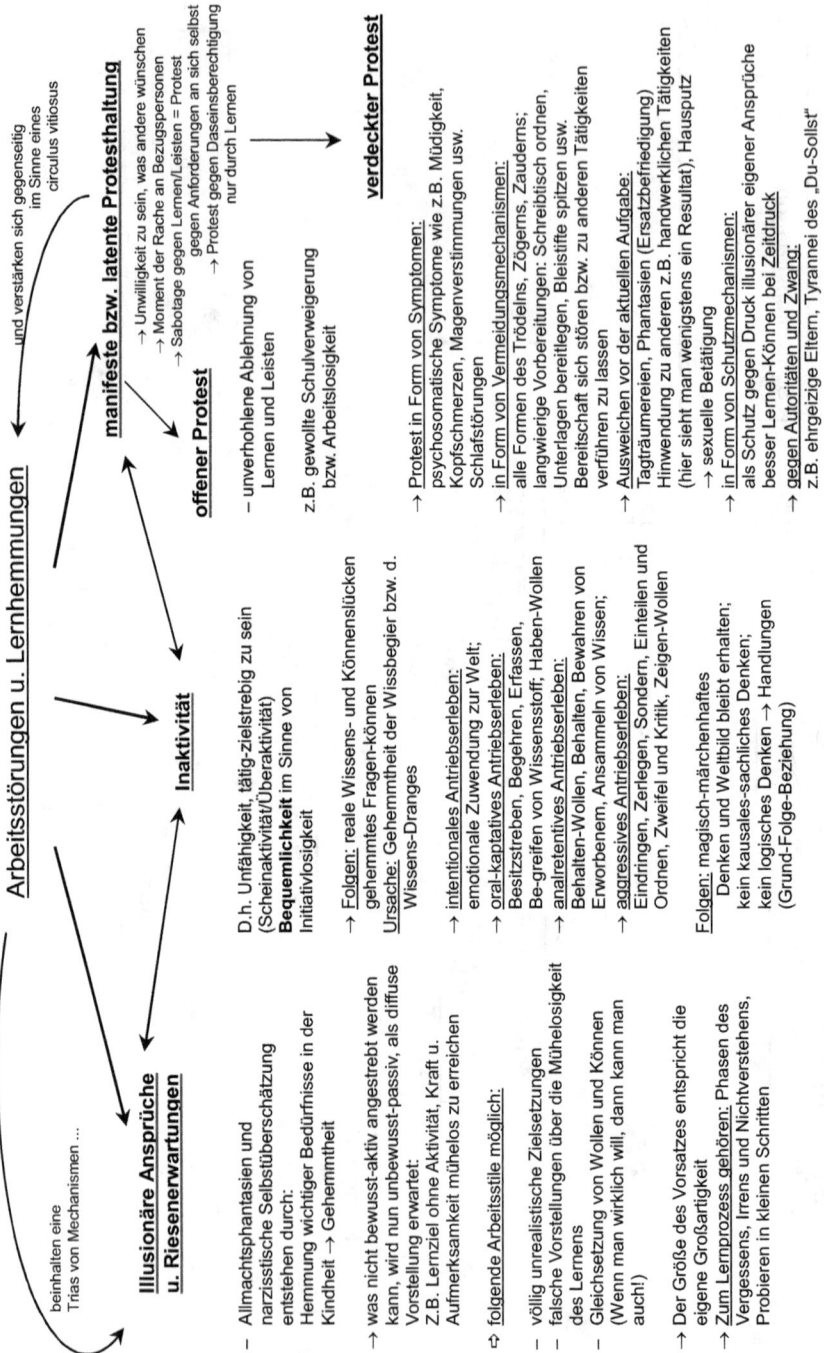

Arbeitsstörungen u. Lernhemmungen

beinhalten eine
Trias von Mechanismen ...

und verstärken sich gegenseitig
im Sinne eines
circulus vitiosus

manifeste bzw. latente Protesthaltung

→ Unwilligkeit zu sein, was andere wünschen
→ Moment der Rache an Bezugspersonen
→ Sabotage gegen Lernen/Leisten = Protest gegen Anforderungen an sich selbst
→ Protest gegen Daseinsberechtigung nur durch Lernen

offener Protest

- unverhohlene Ablehnung von Lernen und Leisten

z.B. gewollte Schulverweigerung bzw. Arbeitslosigkeit

verdeckter Protest

→ Protest in Form von Symptomen:
psychosomatische Symptome wie z.B. Müdigkeit, Kopfschmerzen, Magenverstimmungen usw. Schlafstörungen

→ in Form von Vermeidungsmechanismen:
alle Formen des Trödelns, Zögerns, Zauderns; langwierige Vorbereitungen: Schreibtisch ordnen, Unterlagen bereitlegen, Bleistifte spitzen usw. Bereitschaft sich stören bzw. zu anderen Tätigkeiten verführen zu lassen

→ Ausweichen vor der aktuellen Aufgabe:
Tagträumereien, Phantasien (Ersatzbefriedigung) Hinwendung zu anderen z.B. handwerklichen Tätigkeiten (hier sieht man wenigstens ein Resultat), Hausputz
→ sexuelle Betätigung

→ in Form von Schutzmechanismen:
als Schutz gegen Druck illusionärer eigener Ansprüche besser Lernen-Können bei Zeitdruck
→ gegen Autoritäten und Zwang:
z.B. ehrgeizige Eltern, Tyrannei des „Du-Sollst"

Inaktivität

D.h. Unfähigkeit, tätig-zielstrebig zu sein (Scheinaktivität/Überaktivität) **Bequemlichkeit** im Sinne von Initiativlosigkeit

→ Folgen: reale Wissens- und Könnenslücken gehemmtes Fragen-Können
Ursache: Gehemmtheit der Wissbegier bzw. d. Wissens-Dranges

→ intentionales Antriebserleben:
emotionale Zuwendung zur Welt;

→ oral-kaptatives Antriebserleben:
Besitzstreben, Begehren, Erfassen, Be-greifen von Wissensstoff; Haben-Wollen

→ analretentives Antriebserleben:
Behalten-Wollen, Behalten, Bewahren von Erworbenem, Ansammeln von Wissen;

→ aggressives Antriebserleben:
Eindringen, Zerlegen, Sondern, Einteilen und Ordnen, Zweifel und Kritik, Zeigen-Wollen

Folgen: magisch-märchenhaftes Denken und Weltbild bleibt erhalten; kein kausales-sachliches Denken, kein logisches Denken → Handlungen (Grund-Folge-Beziehung)

Illusionäre Ansprüche u. Riesenerwartungen

- Allmachtsphantasien und narzisstische Selbstüberschätzung entstehen durch: Hemmung wichtiger Bedürfnisse in der Kindheit → Gehemmtheit

→ was nicht bewusst-aktiv angestrebt werden kann, wird nun unbewusst-passiv, als diffuse Vorstellung erwartet:
Z.B. Lernziel ohne Aktivität, Kraft u. Aufmerksamkeit mühelos zu erreichen

⇨ folgende Arbeitsstile möglich:

- völlig unrealistische Zielsetzungen
- falsche Vorstellungen über die Mühelosigkeit des Lernens
- Gleichsetzung von Wollen und Können (Wenn man wirklich will, dann kann man auch!)

→ Der Größe des Vorsatzes entspricht die eigene Großartigkeit

→ Zum Lernprozess gehören: Phasen des Vergessens, Irrens und Nichtverstehens, Probieren in kleinen Schritten

Minderwertigkeitsgefühl und Angstüberwindung

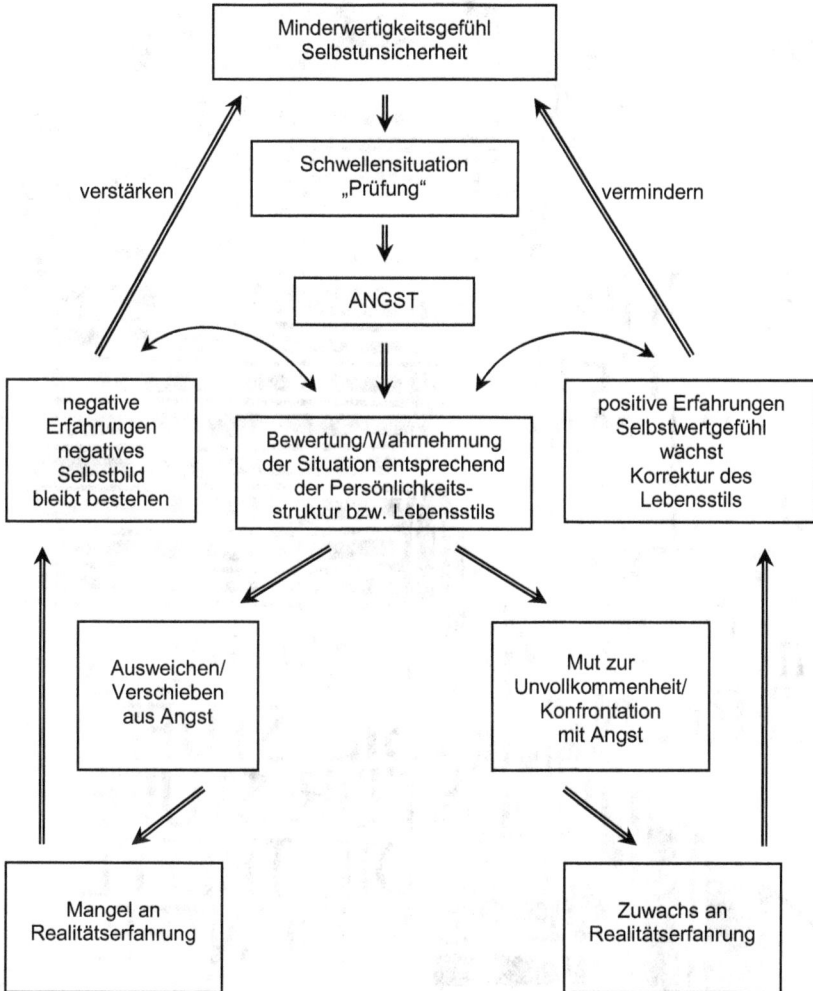

```
                    ┌──────────────────────────┐
                    │  Minderwertigkeitsgefühl │
                    │    Selbstunsicherheit    │
                    └──────────────────────────┘
                               ⇓
                    ┌──────────────────────────┐
   verstärken       │    Schwellensituation    │    vermindern
                    │        „Prüfung"         │
                    └──────────────────────────┘
                               ⇓
                       ┌──────────────┐
                       │    ANGST     │
                       └──────────────┘
                               ⇓
┌──────────────┐  ┌──────────────────────┐  ┌──────────────────────┐
│  negative    │  │  Bewertung/Wahrnehmung │  │ positive Erfahrungen │
│  Erfahrungen │  │  der Situation         │  │  Selbstwertgefühl    │
│  negatives   │  │  entsprechend          │  │      wächst          │
│  Selbstbild  │  │  der Persönlichkeits-  │  │   Korrektur des      │
│ bleibt       │  │  struktur bzw.         │  │   Lebensstils        │
│ bestehen     │  │  Lebensstils           │  │                      │
└──────────────┘  └──────────────────────┘  └──────────────────────┘

        ┌──────────────┐        ┌──────────────────────┐
        │ Ausweichen/  │        │    Mut zur           │
        │ Verschieben  │        │ Unvollkommenheit/    │
        │ aus Angst    │        │ Konfrontation        │
        │              │        │  mit Angst           │
        └──────────────┘        └──────────────────────┘

┌──────────────┐                ┌──────────────────────┐
│  Mangel an    │                │    Zuwachs an         │
│Realitätserfahrung│             │ Realitätserfahrung    │
└──────────────┘                └──────────────────────┘
```

EINE GEWOHN-HEIT KANN MAN NICHT ZUM FENSTER HINAUS-WERFEN

MAN MUSS SIE STUFE FÜR STUFE DIE TREPPE HINUNTER LOCKEN

MARK TWAIN

2 Verzeichnis der Tabellen

2.1 Häufigkeit von psychischen Problemen männlicher und weiblicher Studierender

Häufigkeit von psychischen Problemen männlicher und weiblicher Studierender

Störungsart	Männer (in Prozent)	Frauen (in Prozent)	gesamt (in Prozent)
Leistungsprobleme	19,1	22,8	20,6
Selbstwertgefühl	16,1	22,7	18,9
Depressive Verstimmung	15,0	21,9	18,0
Prüfungsangst	15,1	21,3	17,8
Labilität	15,3	21,1	17,8
Ängste	14,0	19,8	16,5
Kontakt	11,8	12,8	12,4
Psychosomatische Beschwerden	7,5	13,9	10,1
Sexuelle Probleme	8,2	8,5	8,4
Essstörungen	5,1	12,2	8,1
Selbstmordgedanken	5,5	7,5	6,3
Aggressionen	4,6	5,9	5,1
Sucht	5,3	3,4	4,5
Zwang	4,0	4,4	4,1
Psychiatrische Erkrankungen	2,0	2,7	2,3

Die Rangfolge ist nach Problemhäufung über beide Geschlechter geordnet. Mehrfachnennungen waren möglich; Die Summe ist deshalb über 100 %.

(Hahne, R.; Lohmann, R.; Krzysycha, K.; Österreich, S.; App, A.: Studium und psychische Probleme. Sonderauswertung zur 15. Sozialerhebung des Deutschen Studentenwerks. Deutsches Studentenwerk. Bonn 1999)

2.2 Psychische und psychosomatische Beschwerden bei Mobbingbetroffenen

Psychische und psychosomatische Beschwerden bei Mobbingbetroffenen

Schweden	n = 85	
Deutschland	n = 299	
Österreich	n = 109	n = Anzahl der Befragten in Prozent

	Krankheitsgruppe	Schweden	Deutschland	Österreich
1	Depression	41	75	64
2	Reizbarkeit/Aggression	41	60	91
3	Angst	32	51	55
4	Unsicherheitsgefühl	28	66	35
5	Antriebslosigkeit	37	32	64
6	Schlafstörungen	36	78	42
7	Konzentrationsschwierigkeiten	35	62	55
8	Kopfschmerzen	51	60	74
9	Rückenschmerzen	44	50	64
10	Nackenschmerzen	36	45	55
11	Magen-Darm-Störungen	29	13	28

(Zit. in: Graf, H.: Psychotherapie und Arbeitswelt, Wien 2003, S. 109)

2.3 Belastungsquellen bei Führungspersonen im Berufsalltag

Ranking der Belastungsquellen bei Führungspersonen im Berufsalltag und die Verbindung mit Motivation.

(N = 133).

Psychosoziale Belastungen	Mittelwert ***	Anteil kritischer Antworten in %[a]	Korelation (mit Motivation)
1. Arbeits-, Zeitdruck	.89	69.2	–.16
2. Stress	.95	62.8	–.18*
3. Psychische Überforderung	.93	61.0	–.03
4. Fachliche Überforderung	1.07	58.5	.25**
5. Wenig Zeit f. Familie u. Privatleben	.97	55.8	–.10
6. Management. Führung. Organisation	.89	41.9	–.30**
7. Konflikte mit MitarbeiterInnen	.80	23.1	–.22*
8. Demotivierendes Betriebsklima	.84	19.2	–.37**
9. Entfaltung	.89	15.4	–.51**
10. Belastung: körperliche Überforderung	.85	14.6	–.04
11. Private Konflikte	.79	9.2	–.23**
12. Unsicherer Arbeitsplatz	.75	9.3	–.38**
13. Nikotin	.74	7.8	–.24**
14. Rollenkonflikte	.71	7.0	–0.7
15. wenig Sinn im Berufsleben	.72	7.7	–.54**
16. Mobbing	.63	5.6	–.35**
17. Alkohol	.60	6.3	.01
18. sex. Belästigung	.22	.8	–.24**

*   Korrelation ist auf dem Niveau von 0.05 signifikant (2-seitig).
**   Korrelation ist auf dem Niveau von 0.01 signifikant (2-seitig).
***   Berechnung Mittelwert: vierstufig, 0 = nicht stark, 3 = stark.
[a]   Relativer Anteil jener Antworten, welche in Richtung Belastung gehen (eher stark bzw. stark).

(Graf, H.: Psychotherapie in der Arbeitswelt. Wien 2003, S. 182)

3 Subjektives Erleben von Arbeitsstörungen

3.1 Sozialer Hintergrund der Befragten

3.1.1 Geschlechtsverteilung

Geschlecht	n = 42
Anteil d. Befragten weibl.	42,86 %
Anteil d. Befragten männl.	57,14 %

Geschlecht

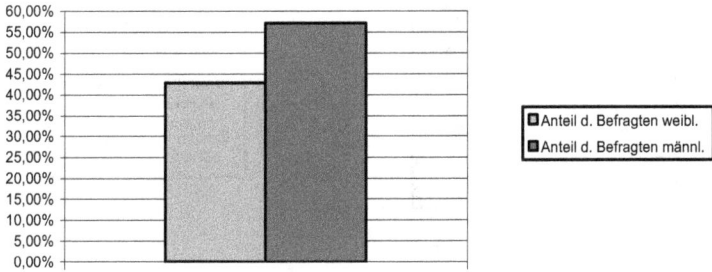

n = 42

3.1.2 Altersverteilung

Altersdurchschnitt	n = 42
Anteil d. Befragten bis 30	19,05 %
Anteil d. Befragten bis 40	21,43 %
Anteil d. Befragten bis 50	11,90 %
Anteil d. Befragten bis 60	35,71 %
Anteil d. Befragten bis 70	11,90 %

Altersdurchschnitt

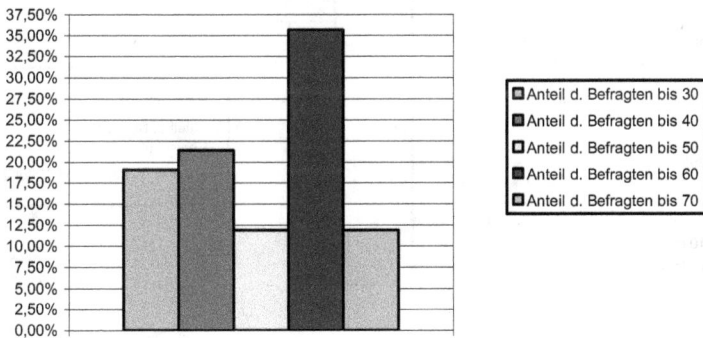

n = 42

3.1.3 Lebensform

Lebensform	n = 42
Anteil d. Befragten allein lebend	42,86 %
Anteil d. Befragten in Partnerschaft/Ehe lebend	45,24 %
Anteil d. Befragten gesch.	11,90 %

Lebensform

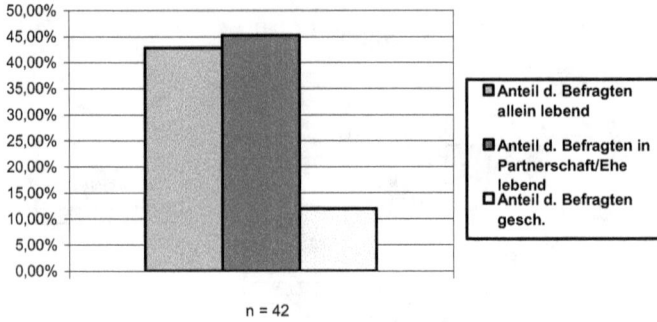

n = 42

3.1.4 Schulabschluss

Schulabschlüsse	n = 42
Anteil d. Befragten mit Hauptschule	7,14 %
Anteil d. Befragten mit Realschule	16,67 %
Anteil d. Befragten mit Abitur	76,19 %
	davon 2. Bildungsweg
	21,43 %

Schulabschlüsse

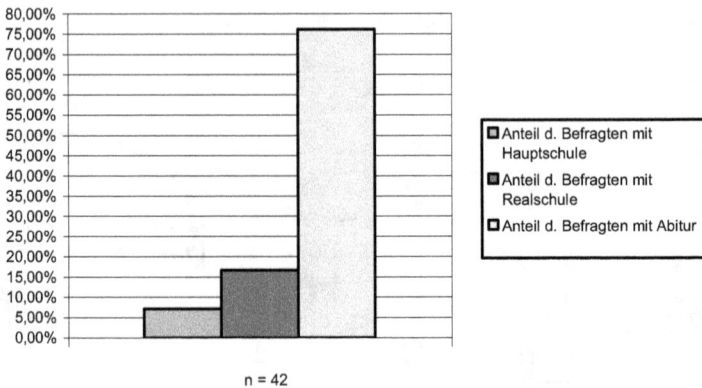

n = 42

3.1.5 Allgemeine Verteilung der Schulabschlüsse in Deutschland

Deutschland, allgemeine Schulbildung	n = 65723000
ohne Abschluss	2,82 %
in Ausbildung	4,51 %
Hauptschulabschluss	44,04 %
Realschulabschluss	26,68 %
Fachhochschul-/Hochschulreife	21,94 %

allg. Schulbildung Deutschland

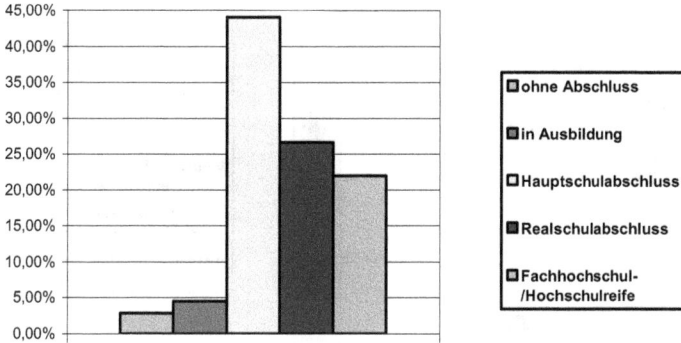

Quelle: Statistisches Bundesamt (Destatis) 2002

3.1.6 Anzahl der Kinder der Befragten

Kinder	n = 42
Anteil d. Befragten ohne Kinder	59,52 %
Anteil d. Befragten mit einem Kind	23,81 %
Anteil d. Befragten mit zwei Kindern	14,29 %
Anteil d. Befragten mit drei Kindern	2,38 %

Kinder

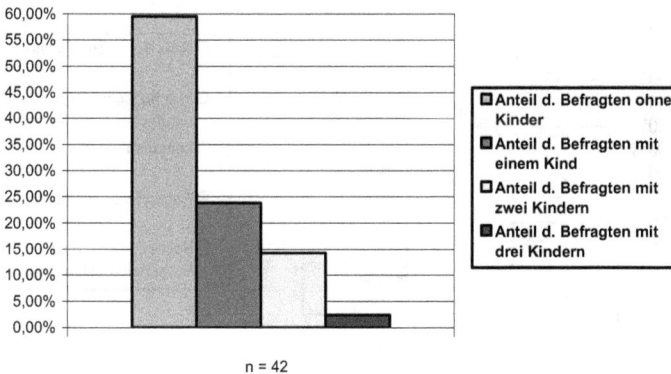

n = 42

3.1.7 Ausbildungsberufe

Ausbildungsberufe	n = 42
Anteil d. Befragten mit technischer Ausbildung	4,76 %
Anteil d. Befragten mit medizinischer Ausbildung	7,14 %
Anteil d. Befragten mit pädagogischer Ausbildung	9,52 %
Anteil d. Befragten mit künstlerischer Ausbildung	2,38%
Anteil d. Befragten mit wirtschaftl. Ausbildung	19,05 %
Anteil d. Befragten mit Hochschulausbildung	57,15 %

Ausbildungsberufe

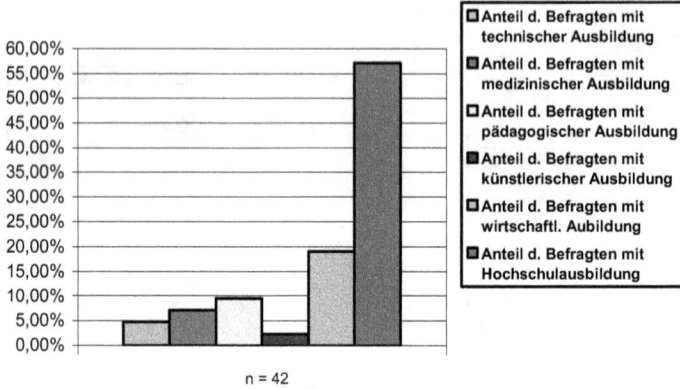

n = 42

3.1.8 Allgemeine Verteilung der beruflichen Bildungsabschlüsse in Deutschland

Deutschland beruflicher Bildungsabschluss	n = 63402000
ohne Bildungsabschluss	19,71 %
in schulischer oder beruflicher Ausbildung	9,47 %
Lehrausbildung	51,92 %
Fachschulabschluss	7,96%
Hochschulabschluss/Fachhochschulabschluss	10,94 %

beruflicher Bildungsabschluss Deutschland

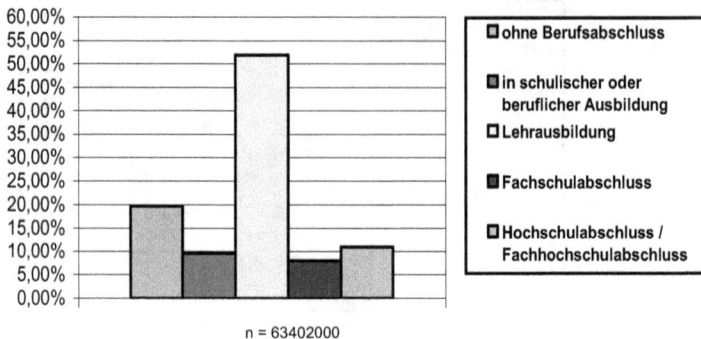

n = 63402000

Quelle: Statistisches Bundesamt (Destatis) 2002

214

3.1.9 Hochschulabschlüsse der Befragten

Hochschulabschlüsse	n = 42
Anteil d. Befragten mit technischem Studium	9,52 %
Anteil d. Befragten mit geisteswiss. Studium	33,33 %
Anteil d. Befragten mit medizinischem Studium	7,14 %
Anteil d. Befragten mit pädagogischem Studium	2,38 %
Anteil d. Befragten mit wirtschaftl. Studium	16,67 %
Anteil d. Befragten mit künstler. Studium	2,38 %
Anteil d. Befragten mit verw. Studium	2,38 %
Anteil d. Befragten ohne Studium	26,19 %

Hochschulabschlüsse

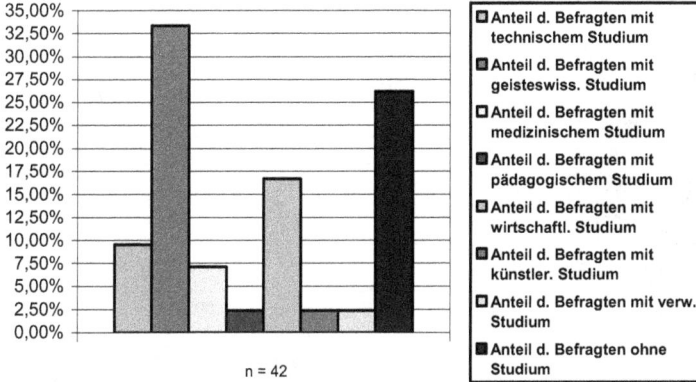

n = 42

3.1.10 Anzahl der Berufsausbildungen

Anzahl der Berufsausbildungen	n = 42
Anteil d. Befragten ohne Beruf	7,14 %
Anteil d. Befragten mit 1 Beruf	52,38 %
Anteil d. Befragten mit mehreren Berufen	35,71 %
Anteil d. Befragten in Ausbildung	4,76%

Anzahl der Berufsausbildungen

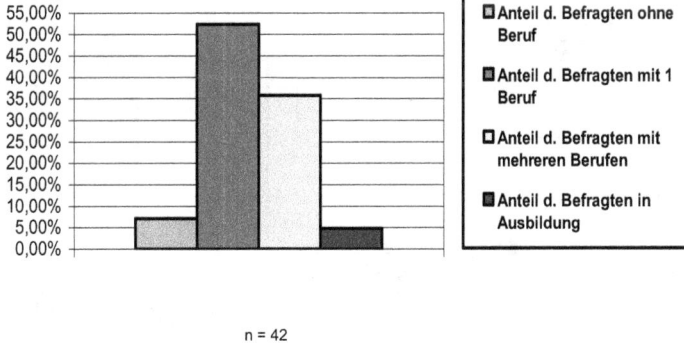

n = 42

Äußerungsformen der Arbeitsstörungen

N = 42 Mehrfachnennungen waren möglich

Nr.	Begriff	Prozent	Nennungen
1	Konzentrationsstörungen	52,38	22
2	Hinausschieben	40,48	17
3	hohe Perfektion, ganz genau sein wollen	33,33	14
4	in Details aufhalten	40,48	17
5	lange Vorbereitungen treffen	19,05	8
6	nichts aufs Papier bringen	16,67	7
7	viel Material sammeln, anhäufen	21,43	9
8	Druckgefühle	42,86	18
9	Gedankenkreisen	35,71	15
10	Widerwillen, Verweigerungshaltung, Protest	42,86	18
11	auf den letzten Drücker tun, Zeitdruck	45,24	19
12	sich nicht festlegen können	21,43	9
13	Flüchtigkeit, Ungenauigkeit, Fehler machen	23,81	10
14	lustorientiertes Verhalten	19,05	8
15	Tagträumen und Phantasien	23,81	10
16	Ausweichen und Vermeidungsverhalten wie: Putzen, Waschen, Einkaufen, Aufräumen, Telefonieren, Zeitung lesen, Computer, TV, mit Freunden treffen	138,1	58
17	Ersatzhandlungen: Streit m. Partner, soziale Konflikte	19,05	8
18	Schlafen, Müdigkeit	21,43	9
19	süchtiges Verhalten: naschen, essen, trinken, rauchen	52,38	22
20	Lebensinhalt: Arbeit (Arbeitssucht?)	19,05	8
21	Unzufriedenheit, Ärger, Frustration	19,05	8
22	Angst, Versagensangst, Panik	33,33	14
23	depressive Verstimmung	28,57	12
24	zwanghaftes Verhalten	7,14	3

Äußerungsformen

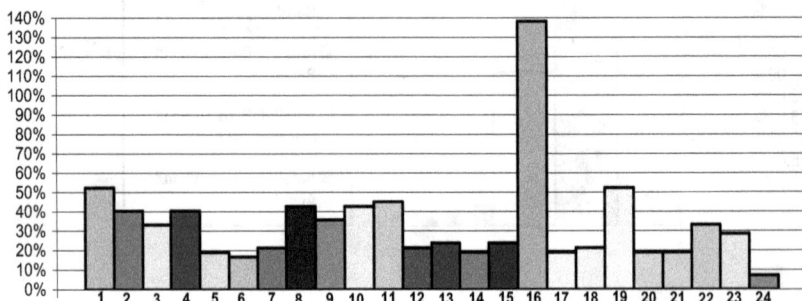

Bildrechte: G. Köhnlein

3.3 Körperliche Beschwerden

Körperliche Beschwerden

N = 42   Mehrfachnennungen waren möglich

Nr.	Begriff	Prozent	Nennungen
1	Funktionsstörungen im Bereich der Sinnesorgane	23,61	10
2	Migräne, Kopfschmerzen	28,57	12
3	Schlaf- und Erholungsstörungen	30,95	13
4	Müdigkeit und Erschöpfung	52,38	22
5	Störungen im Verdauungssystem	23,81	10
6	Magendruck	23,81	10
7	Störungen im Herz-Kreislauf-System	23,81	10
8	Schweißausbrüche, Erröten	26,19	11
9	Störungen im Skelett- und Muskulatur-System	19,05	8
10	Störungen im Urogenital-System	9,52	4
11	Störungen der Atmungsfunktion	16,67	7
12	Störungen durch Angst-Stress-Überforderung	69,05	29

Körperliche Beschwerden

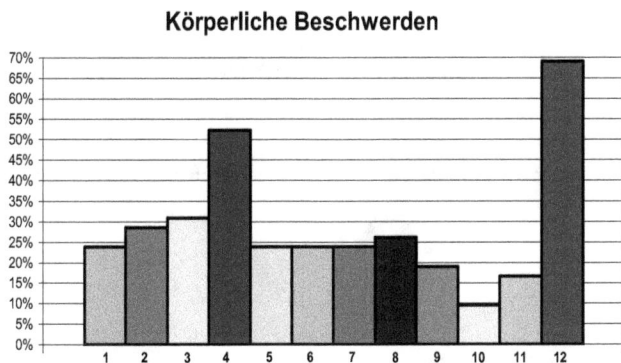

Bildrecht: G. Köhnlein

4 Fragebogen

Günther Köhnlein
Dipl.-Psychologe
Psychologischer Psychotherapeut

Kastanienallee 26
14052 Berlin
Tel.: 3018490
Fax: 30100890

Statistische Angaben:

Alter: _____   Geschlecht: weiblich ☐   männlich ☐

Familienstand: _____   Kinder: _____

Schulbildung: (bitte ankreuzen)   Berufsausbildung: _____

  Hauptschule ☐

  Mittlere Reife ☐   Studium: _____

                      Beruflicher
                      Werdegang: _____

  Abitur ☐

  Sonstiges   Jetzige
  _____   Berufstätigkeit: _____

...... ☐ ....

Günther Köhnlein
Dipl.-Psychologe
Psychologischer Psychotherapeut

Kastanienallee 26
14052 Berlin
Tel.: 3018490
Fax: 30100890

Fragebogen: ARBEITSSTÖRUNGEN UND PERSÖNLICHKEIT

1. Welche Äußerungsformen von Arbeitsstörungen haben Sie bei sich schon feststellen können?
z. B. Konzentrationsstörungen, Gedankenkreisen, Tagträume, Widerwillen, Druckgefühle, Hinausschieben, auf den letzten Drücker tun, ganz genau sein wollen, entweder - oder, nichts aufs Papier bringen können, sich an Details aufhalten, lange Vorbereitungen treffen, Material sammeln, sich nicht festlegen können, Flüchtigkeit, Ungenauigkeit, Fehlermachen, Ausweichen, Vermeiden: wie telefonieren, aufräumen, Staubsaugen, mit Freunden treffen, ausschlafen, naschen, Essanfälle, trinken, erotische Phantasien. Streit mit dem Partner, soziale Konflikte, sich zuerst etwas gönnen bevor die Härte der Arbeit kommt oder in der Arbeit aufgehen. BITTE ERGÄNZEN SIE ...

2. Haben Sie auch körperliche Beschwerden festgestellt?
z. B. Magendruck, Durchfall, Verstopfung, Kopfschmerzen / Migräne, Müdigkeit, Erschöpfung, Schlafstörungen, Schwindel, hoher Blutdruck, Schweißausbrüche, Unruhe- und Spannungszustände. BITTE ERGÄNZEN BZW. BESCHREIBEN ...

3. Wie wurde in der Kindheit mit Lern- und Leistungsproblemen umgegangen?
z. B. Erziehungsverhalten, Lob, Ermutigung, Anerkennung nur durch Leistung, Strafe, Liebesentzug, Desinteresse oder ? ...

4. Welches Arbeitsverhalten bzw. Arbeitsstörungen wurden Ihnen von der Eltern / Erziehungsberechtigten vorgelebt?
z. B. welche Werte waren wichtig, Ansprüche / Erwartungen / Ideale, welche Charakterschwerpunkte hatten die Erzieher?

5. Gab es in Ihrer Entwicklung positive Vorbilder, Lehrer, Idole usw., denen Sie nachgestrebt haben?
z. B. Welche Rolle haben diese gespielt im Hinblick auf Arbeitshaltungen / Leistung / Leistungsbereitschaft / konkrete Arbeitshaltungen und -techniken, was hat Sie besonders angesprochen?

6. Welche Lern- und Arbeitsgeschichte haben Sie im Laufe Ihres bisherigen Lebens erfahren?
a) <u>Welche Lernhaltung:</u> z. B. in Schule und Berufsausbildung, Leistungsorientiert oder nur das Nötigste gemacht, Probleme und Schwierigkeiten gehabt, Interesse oder Desinteresse entwickelt oder Weiteres ...
b) <u>Welche soziale Situation:</u> z. B. in Klassengemeinschaft integriert, angepasst, Anführer, Außenseiter, Bezug zu Autoritäten / Lehrer, ...

7. Erleben Sie bei sich selbst im Sozialkontakt (z. B. Partnerschaft, Kindern, in Freundschaften) ähnliche Probleme / Hemmungen wie beim Thema Arbeitsstörungen geschildert?
Was haben Sie bei sich schon beobachten können ...

8. Welche äußeren Bedingungen und Verhältnisse haben Sie in Ihren Arbeitshaltungen und Arbeitsstörungen mitbeeinflusst?

z. B. Fließband- und Akkordarbeit, Arbeitszeitmodelle (gleitende Arbeitszeit, Halbtagsarbeit, Sabbatjahr), selbstentfaltete / selbstentfremdete Arbeit, Arbeitsteilung oder ganzheitliche Arbeitsmodelle, ideelle oder materielle Gratifikation (Lohnerhöhung, mehr Freizeit, Beförderung, beruflicher Aufstieg), Konkurrenz, Rivalität, Anregung zu Kreativität bzw. Unterdrückung.

9. Welche Ursachen für Arbeitshaltungen bzw. -störungen vermuten Sie bei sich selbst?

z. B. Minderwertigkeitsgefühle, Versagensängste, Sicherheits- und Perfektionsstreben, geringes Selbstwertgefühl, Autoritätsängste, Protest gegen Autoritäten, Freiheitsstreben, sich nicht hingeben können, Bedürfnis sich anlehnen wollen, Größenideale, Schamgefühle, festhalten wollen, Erwartungshaltung und Verwöhnungswünsche, u. a. sich nicht festlegen wollen, Entscheidungsschwierigkeiten, sich für „alles" verantwortlich fühlen, sich aufopfern, Anerkennungswünsche, Bewunderung bekommen, Tendenz zur Versachlichung bzw. sich von Dingen und Aufgaben bedrängt fühlen, Ruhe haben wollen.

10. Was hat Ihnen bei der Bewältigung von Arbeitsstörungen geholfen?

z. B. Wille und Vorsatz, Fürsprache und Förderung durch Beziehungspersonen, solidarische Mithilfe, Abbau von Größenphantasien und Perfektionsideale, Akzeptanz der eigenen Unterlegenheit angesichts der Aufgabe, Erkennen und Verstehen der eigenen Werdensgeschichte, zunehmendes Interesse, Zielstrebigkeit, Politik der kleinen Schritte, Sublimierung, innere Reifung, personales Wachstum.

Beschreiben Sie bitte auf 2 oder mehreren Seiten anhand von Beispielen Ihre Erlebnisweisen.

11 Personenregister

DANKSAGUNG

Das Projekt dieser Arbeit umfasst eine lange und aufregende Reise, einen Prozess des Werdens und Entstehens und hätte ohne die tatkräftige Mithilfe und Unterstützung von anderen Menschen nicht entstehen können. Dafür bin ich allen dankbar.

Die Alpen-Adria-Universität Klagenfurt hat die vorliegende Arbeit als Dissertation angenommen. Besonderer Dank gilt hierbei Frau Universitätsprofessorin Jutta Menschik-Bendele, die durch ihre wohlwollenden und erfrischenden Anregungen, meine Auseinandersetzung mit dem Thema befördert hat. Daher gilt ihr mein aufrichtiger Dank. Besonders wohltuend empfand ich auch die freundliche Aufnahme, den respektvollen Umgang und die förderliche Atmosphäre, die ich in der Universität Klagenfurt erleben durfte.

Der intensive beratende Austausch und die Anregungen zu weiterführenden Fragestellungen durch Herrn Professor Gerhard Danzer half mir meine Gedanken zu sortieren und beförderte die sprachliche Umsetzung meines Anliegens. Bereichernd waren auch die Gespräche und Diskussionen in dem von ihm geleiteten Doktoranden-Seminar. Dafür sage ich ein herzliches Dankeschön.

Besonderer Dank gilt Herrn Professor Josef Rattner für die jahrelange Förderung und Unterstützung als „Lehrer in Psychotherapie", der mit seiner „adlerianischen Haltung" der Ermutigung meinen persönlichen wie beruflichen Werdegang maßgeblich geprägt hat.

Danken möchte ich meinen Freunden und Mitarbeitern des Instituts für Tiefenpsychologie, Berlin, für Konversation und Diskussion, die mir geholfen haben, mein Verstehen und Denken zu erweitern.

Herzlich danken möchte ich meinen PatientInnen aber auch KollegInnen, die bereit waren sich persönlich mit dem Thema auseinanderzusetzen, den Fragebogen ausfüllten und durch ihre Fallbeispiele zur lebenspraktischen Veranschaulichung der Arbeit beitrugen.

Dank gilt Regina Gaedke für den tatkräftigen Einsatz bei der schriftlichen Erstellung dieser Arbeit, Lars Gaedke für die Hilfe bei der Aufbereitung der Untersuchungsdaten, Schaubilder, Tabellen sowie Gestaltung des Anhangs und Dieter Gaedke für Korrekturarbeiten. Dankbar bin ich Günter Kalies für seine Arbeitsfreude und spontanen Einsatz bei der stilistischen und grammatischen Überarbeitung des Textes.

Ein spezieller Dank gilt meiner Familie, meiner Tochter Tina mit Sven-Erik, Jens und Nicholas, die durch ihre Geduld, Unterstützung und endlosen Diskussionen die Arbeit bereichert haben. Ein besonderes Dankeschön möchte ich meiner Frau Eva aussprechen, die unermüdlich durch Wort und Tat Ermutigung spendete und durch ihren Einsatz mir „den Rücken frei hielt". Ihr optimistisches und ausgleichendes Wesen bot mir den Rückhalt, auch die „harten Phasen" des Projektes zu überstehen und das Gelingen der Arbeit zu ermöglichen.

Die Hilfsbereitschaft, die ich während des Arbeitsprozesses von vielen Seiten erfahren durfte, weiß ich sehr zu schätzen.

Juli 2010   Günther Köhnlein

Über den Autor

Günther Köhnlein, Dr. phil., Psychologischer Psychotherapeut,
Dipl.-Psych., M.A., Dipl.-Betriebswirt;
geb. 1947 in Sindelfingen, Ausbildung zum Bankkaufmann.
Studium der Betriebswirtschaft an der FHW Berlin 1969 – 1972;
Studium der Bildungsökonomie, Volkswirtschaftslehre und Pädagogik
an der Technischen Universität Berlin 1972–1976;
Studium der Psychologie an der Freien Universität Berlin 1976–1980;
Ausbildung zum psychologischen Psychotherapeuten (1979–1984) und fortlaufende Weiterbildung in tiefenpsychologisch fundierter Psychotherapie am Institut für Tiefenpsychologie, Gruppendynamik und Gruppentherapie e. V., Berlin
(Leitung: Prof. Dr. Dr. J. Rattner);
Ausbildung zum „Mediator" bei Zusammenwirken im Familienkonflikt e.V.,
Berlin 1998–2000.
2006 Promotion im Fach Psychologie an der Alpen-Adria-Universität Klagenfurt.
Lehrtherapeut und Supervisor für Tiefenpsychologie in der Aus- und Weiterbildung zum Psychologischen Psychotherapeuten;
Langjährige Tätigkeit als Dozent für Psychologie an der Fachhochschule für
Verwaltung und Rechtspflege, in der Ausbildung von Krankenpflegeberufen, in
Lehrgängen mit Arbeitssuchenden, bei der Caritas, Gewerkschaft und in Volkshochschulen.
Seit 1991 eigene psychotherapeutische Praxis in Einzel-, Paar- und Gruppentherapie für Erwachsene, Kinder und Jugendliche. Psychotherapeutische Praxisgemeinschaft mit Kollegin und Ehefrau Eva Marten-Köhnlein.

Sie erreichen den Autor unter: Dr. phil. Günther Köhnlein
Diplom-Psychologe
Kastanienallee 26
14052 Berlin
guenther-koehnlein@t-online.de

Arbeitsschwerpunkte sind:

– Psychologische Beratung und Psychotherapie bei Arbeits-, Lern- und Studienproblemen (berufliche Belastung, Stress, Mobbing, berufliche Konflikte, Prüfungs- und Versagensangst, Depression und Sinnfindung);
– Supervision für soziale und Gesundheitsberufe;
– Arbeits-, gesundheits-, organisationspsychologische- und Institutsberatung;
– Mediation bei Wirtschafts- und Familienkonflikten.

Reinhold Köpke

Keine Angst vor Goethe

Eine Annäherung in 23 Kapiteln

234 S., Hardcover, erschienen Juli 2017

ISBN: 978-3-946130-12-3

14,00 €

Bestellungen über alle Buchhandlungen und alle Online-Plattformen (Amazon etc.) sowie Tredition.de.

Über den Inhalt:

Reinhold Köpkes Reiseerlebnisse, seine Vorträge und Aufsätze bringen uns Goethe und die anderen Personen des klassischen Weimars auf unaufgeregte und informative Weise nahe. Wir lesen von Goethes Genie und Schaffenskraft, seiner Arbeit und seiner Geselligkeit, von seinem Liebesleben und von seinem Umgang mit Muße und Stille.

Seit 1980 hat der Berliner Psychologe Köpke mehr als 100 Mal Weimar und damit Goethe besucht. Diese Beschäftigung war ein Tor in die Welt des menschlichen Seelenlebens, denn die Person Goethes wirft ein vielfältiges Licht auf die menschliche Existenz im Allgemeinen.

Das Buch mit seinen 23 Aufsätzen und Vorträgen eignet sich hervorragend zur Vorbereitung auf eine Weimarreise und kann ebenso angenehmes Erinnerungsstück eines Besuchs dieser kulturell so anregenden Stadt sein.

Über den Autor:

Reinhold Köpke, geboren 1940, lernte zunächst Büromaschinen-Mechaniker, dann wurde er Installateur- und Klempnermeister. Nebenher studierte er Psychologie an der Freien Universität Berlin. 1999 gab er seine Handwerkertätigkeit auf; seither arbeitet er als niedergelassener Psychotherapeut in Berlin. Daneben hielt er Dutzende Kurse an Berliner Volkshochschulen, schulte Mitarbeiter in Firmen, leitete Seminare an der Berliner Lessing-Hochschule und in einem Duisburger Arbeitskreis für Tiefenpsychologie. Weimar hat er seit 1980 mehr als 100 Mal besucht.

VTA-Verlag, Berlin; verlagta@gmail.com; verlag-ta.de

Babette Kozlik-Voigt
Karen Horney
Auf der Suche nach dem verlorenen Selbst 294
Seiten, Hardcover, erschienen 2015 ISBN:
978-3-9816670-5-9
29,50 €

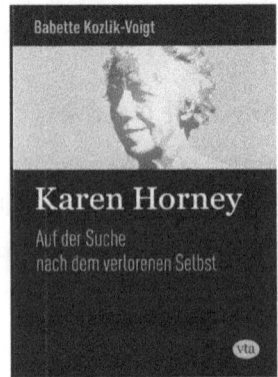

Monika Schoene
Frauengestalten im Werk Theodor Fontanes
Tiefenpsychologische und anthropologische Aspekte
155 Seiten, Hardcover, erschienen 2014
ISBN: 978-3-9816670-1-1
27,50 €

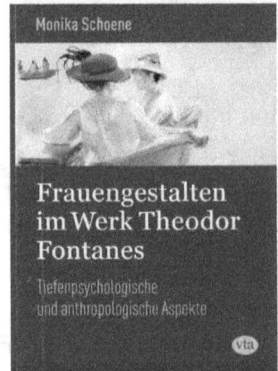

Doris Schildknecht
Theodor Reik und sein Hören mit dem dritten Ohr
Ein Beitrag zur Theorie des Zuhörens und
Verstehens
188 Seiten, Hardcover, erschienen 2016
ISBN: 978-3-9816670-9-7
32,00 €

John Burns
Ethik im Vergleich
Eine Auseinandersetzung mit der Moral- und
Sozialphilosophie von Peter Singer, John Rawls
und Alasdair MacIntyre
163 Seiten, Hardcover, erschienen 2016
ISBN: 978-3-946130-0-5-6-6
29,00 €

www.ingramcontent.com/pod-product-compliance
Lightning Source LLC
Chambersburg PA
CBHW072001260326

41914CB00004B/879